나남출판 원고지

나남출판 원고지

반도체
주권국가

나남
nanam

나남신서 2160

반도체 주권국가

2024년 1월 10일 발행
2024년 2월 1일 3쇄

지은이 박영선 · 강성천 · 차정훈
발행자 趙相浩
발행처 (주) 나남
주소 10881 경기도 파주시 회동길 193
전화 (031) 955-4601(代)
FAX (031) 955-4555
등록 제 1-71호(1979.5.12)
홈페이지 http://www.nanam.net
전자우편 post@nanam.net

ISBN 978-89-300-4160-7
ISBN 978-89-300-8655-4 (세트)

책값은 뒤표지에 있습니다.

나남신서 2160

반도체 주권국가

박영선 · 강성천 · 차정훈

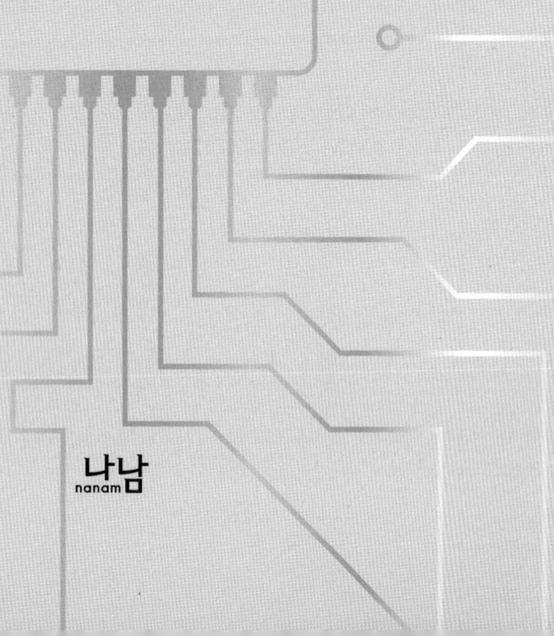

나남
nanam

프롤로그

2023년 봄가을 보스턴 하버드대 교정에서는 무기화된 반도체Weaponized semiconductor를 주제로 한 포럼과 심포지엄이 봇물 터지듯 연이어 열렸다. 하버드대 내부뿐만 아니라 미국 정부와 기업, 해외에서 온 다양한 참석자들은 이 주제가 현재 세계적으로 뜨거운 관심이 쏠리는 시대적 화두라는 데 공감하고 있었다. 개인적으로도 당연히 관심이 갈 수밖에 없어서 거의 모든 세션에 참석하려고 애썼다. 그러나 한국의 중소벤처기업부 장관을 지낸 경력 탓인지 다른 사람들이 기대 섞인 시선을 보내는 바람에 뭔가 한마디 해야 할 것 같은 압박감으로 어깨가 무겁기도 했다.

찬란한 봄날의 개화를 간절하게 기다리는 마음을 모르는지, 여전히 매서운 보스턴의 강추위가 맹위를 떨치던 2023년 3월 초였다.

대만의 국회의원을 지냈고 하버드대와 예일대의 펠로우fellow로 와 있는 대만 정치인에게서 만나자는 연락이 왔다. 한국・대만・일본 반도체 등 테크 관련 정치인 연합체를 만들어 보자는 것이다. "긍정적으로 생각해 보겠다"고 답변은 했지만 과연 그것이 어떤 역할을 할 수 있을지는 회의적이었다.

일본에서 온 국회의원에게도 의견을 물어봤더니 그런 협의체가 필요하다는 데 동의하지만 구체적 방안에 대해서는 만나서 좀 더 얘기해 보자는 반응이었다.

이후 반도체 세미나에서 대만의 정치인은 아예 노골적으로 "대만의 TSMC(대만반도체)는 대만의 안보와 직결된 대만을 지키는 보험"이라고 강조했다. 삼성전자와 TSMC의 기술 격차도 언급했고, 나와 대화를 나눈 동북아 지역의 반도체 문제에 대해서도 내 이름을 언급하며 거론했다.

얼마 지나지 않아 케네디스쿨에서 TSMC 미국 부사장을 초청해 포럼을 개최하였다. 그는 TSMC의 애리조나공장 기공식에 미국 바이든 대통령이 참석했다고 수없이 강조했다. 하버드대 학생들은 반도체의 미래, 특히 미・중 갈등 속 반도체 이슈에 대해 진지한 관심을 보였다.

그날 TSMC 부사장의 말 가운데 "미국이 중국에 많은 반도체 규제를 가하고 있지만 민간 시장용 수요는 제재대상이 아니다. TSMC의 제품이 중국에 팔리고 있다"는 답변은 내게 생각의 꼬리를 물게 했다. 중국 수출 물량이 어느 정도인지 내가 다시 물었더니 10% 정도라고 답변했지만 그의 대답은 뭔가 힘이 없게 느껴졌다.

그 후 4월 말 윤석열 대통령의 하버드대 방문 후 5월에는 대대적인 중국 포럼이 열렸다. 3일 연속 반도체를 비롯한 첨단기술 문제를 다루는 포럼이었다. 대만에서도 대규모 사절단이 왔다.

2023년 가을에도 하버드대 케네디스쿨에서는 이틀에 걸쳐 반도체 심포지엄이 열렸다. 이번에는 대만은 물론 일본 경제산업성 실장까지 초대되어 일본의 홋카이도 반도체단지 설립계획을 발표했다. 일본을 다시 21세기 반도체의 섬나라 국가로 만들겠다는 것이다.

이렇게 2023년 봄가을에 걸쳐 봇물 터지듯 반도체 포럼과 심포지엄이 연이어 열렸으나 거기에 한국은 없었다.

의도적으로 주최 측에서 배제한 것인지 아니면 포럼과 심포지엄 펀딩과 관련하여 한국 정부와 기업이 소극적이었던 것인지는 알 수 없다. 그러나 대만 TSMC의 지정학적 중요성과 첨단기술이 소개되고 일본의 새로운 반도체 정책과 공장 설립 계획이 발표되고 있었으나 한국은 없었다.

케네디스쿨의 중국 담당자에게 "왜 반도체 이슈와 관련해 한국을 초청하지 않았느냐?"고 물었다. 돌아온 답변은 전혀 엉뚱한 것이었다.

"한국 정부나 기업의 문화가 너무 수직적이고 경직되어 있어서 의사결정에 시간이 많이 소요되어서 섭외하기가 힘들어요."

뭐라고 반문할 말이 없었다. 그러나 그의 답변에서 뭔가 말 못할 사정이 있음을 짐작할 수 있었다. 대만의 TSMC와 일본의 최대 경쟁자는 한국이니 말이다. 심상치 않은 불안감이 느껴졌다. 하버드대 케네디스쿨 세미나는 백악관에 여러 경로로 전해지기에 더욱 그랬다. 이렇게 가만히 보고만 있을 수는 없었다.

반도체의 무기화. 이것은 단순한 수식어가 아니다.

그것은 미국 달러의 기축통화화만큼이나 중요한 지난 100년의 미국 패권의 역사요, 미래 100년의 미국 패권의 운명이 달려 있는 문제다.

나는 이 책에서 "왜 반도체가 무기화되었는지 그리고 반도체 주권국가가 되기 위해 무엇이 필요한지, 그것이 대한민국의 운명과 미래를 어떻게 결정지을지"를 정리하고자 한다.

이 책을 쓰도록 만든 사람은 중소벤처기업부에 근무할 당시 차관을 지냈던 강성천 경기도경제과학진흥원 원장과 창업벤처혁신실장을 지냈던 차정훈 카이스트홀딩스 대표다.

이 두 분이 어느 날 "장관님, 강의만 하지 마시고 저희가 도와드릴 테니 책을 내셔요"라고 나를 설득했다. 즉답하지 않고 생각해보니 대한민국 경제가 움츠러드는 상황에서 뭔가 한 번 정리가 필요하다는 결론에 도달했다.

그래서 2023년 하버드대에서의 가을은 시간을 쪼개 《반도체 주권국가》에 몰입해 보기로 했다. 이 책은 하버드대에서의 내 연구주제 발표 내용이기도 하다.

책 쓰기를 시작하면서 강성천, 차정훈 두 분을 제 2의 공저자로 초대했다. 강성천 원장은 1989년 공직에 입문한 이후 산업부에서 잔뼈가 굵은 최고의 정책통으로서 대한민국 산업정책의 역사를 꿰뚫고 있다. 차정훈 대표는 23년간 반도체 분야에서 일하면서 글로벌기업, 엔비디아의 성장을 지켜본 엔지니어 출신 반도체 마케팅 전문가이다. 강 원장은 한·일 반도체 전쟁과 반도체 주권국가를 위한 G7 프로젝트 부분을, 차 대표는 대한민국 반도체에 있는 것과 없는 것 경쟁력 부분을 맡아 전문성을 발휘하여 함께해 주셨다.

아울러 하버드대 케네디스쿨에서 나의 연구조교를 담당한 산업통상자원부 연수생 윤경민 사무관에게도 감사의 마음을 표한다.

2023년 하버드대 가을학기는 밤하늘의 별마저도 반도체 칩처럼 보일 만큼 하루하루가 그렇게 채워졌다.

2023년 가을 케임브리지에서

대표저자 박영선

차 례

PART 2

21세기 반도체 패권국가

박영선

PART 3

대한민국 반도체의 과거, 현재 그리고 미래

PART 1

반도체 무기화 시대의 본격적 개막

박영선

- 반도체는 왜 무기화되었나: 반도체 무기화의 역사
- 미래 전쟁의 서막: 소련의 붕괴 그리고 걸프전

1

반도체는 왜 무기화되었나

반도체 무기화의 역사

세상의 혁신과 발전은 아이러니하게도 역사의 모순 속에서 이루어진다.

미국이 베트남전쟁에서 당한 쓰라린 패배가 현대 반도체 산업 발전의 계기와 원동력이 되었다는 사실은 역사의 아이러니다. 반도체 산업은 기계산업에서 전자산업으로 진전된 기술 발전에 가장 큰 밑바탕이 되었다. '실패는 성공의 어머니'라는 오래된 격언이 반도체 무기화의 역사에도 적용될 것이라고는 생각지 못했었다.

결론부터 말하자면 미국의 베트남전 패배가 역설적으로 미국 반도체 산업의 획기적 발전을 초래한 촉매제였다.

롤링선더 작전

패전에서 얻은 교훈

1965년 2월 13일. 베트남전에 미국이 개입한 지 약 7개월 되던 시점에 미국의 린든 존슨 대통령은 북베트남에 대한 제 2단계 확전을 승인한다. 이름하여 롤링선더 작전Operation Rolling Thunder.

지상군을 투입하지 않은 상태에서 북베트남의 수송로를 파괴하고 주요 군사기지와 산업기반을 초토화시켜 전쟁 수행능력을 떨어뜨리겠다는 융단폭격 작전이었다. 그러나 그 결과는 한 마디로 미국의 완벽한 전략적 패배로 끝나고 만다. 결국 이 작전이 실패함에 따라 미군은 마지막 단계로 지상군을 본격적으로 투입할 수밖에 없었다.

1964년 참전해 1973년 베트남 철수까지 9년간의 베트남전쟁은 미국에 너무나 큰 상처를 남겼다. 그러나 이 상처는 미국 군사체계와 군사력에 대한 근원적 변화를 만들어냈다.

그 변화의 핵심이 바로 반도체에 대한 투자였다.

베트남전 초기인 1965년 3월부터 1968년 11월 2일까지 약 3년 8개월의 롤링선더 작전 기간 동안 미국은 86만 4,000톤의 폭탄으로 북베트남을 융단폭격했다.[1]

이는 6·25 한국전쟁이 벌어진 3년 동안 65만 3,000톤, 2차

---

1 1967년 12월 31일 미 국방부 발표자료

세계대전 기간 동안 태평양에 투하된 50만 3,000톤보다 많은 양이다. 2차 세계대전 이후 냉전기간 동안 벌어졌던 공대지 폭격 가운데 가장 막강한 화력을 퍼붓고도 미국의 롤링선더 작전은 실패로 끝났다.

지상군을 투입하지 않고 북베트남의 운송시스템, 산업기지, 방공망을 파괴하겠다는 미국의 작전은 당초 예상과는 그 결과가 너무도 달랐다.

하버드대 케네디스쿨 애쉬센터에서는 현재도 미국의 베트남 전쟁 패배에 대한 연구와 전쟁의 실상을 파헤치는 연구가 진행 중이다. 어느 날 베트남에서 온 역사 전문가들과 베트남전쟁에 대한 토론을 하다가 매우 중요한 책 한 권을 발견했다. 미 국방부에서 프로그램 평가국장을 역임한 조지타운대 안보연구센터 연구원인 배리 와츠Barry Watts가 쓴 《60년간의 유도무기와 전투네트워크 그리고 진행상황과 전망》이었다.

이 책에서 배리 와츠는 베트남전쟁의 실패 원인을 수치로 보여주고 있었다. 그가 제시한 실패의 주요 원인 중의 하나는 바로 미군 포탄의 명중률이었다. 미군의 명중률은 너무나 낮았다.

베트남전쟁에서 사용된 AIM-7 공대공 스패로우 미사일의 경우를 보더라도 1965~1973년 명중률은 평균 9.2%였다.[2] 100발

---

2 Barry D. Watts, *Six decades of Guided Munitions and Battle Networks and*

을 쏘면 90발은 목표지점을 벗어났다는 얘기다. 좀더 상세히 살펴보면 1965~1968년 명중률은 7.9%에 그쳤고 1971년 12월~1973년 명중률도 고작 10.7%에 불과했다.

당시 손으로 납땜한 진공관 전자장치는 베트남의 습한 기후, 이착륙 시 받는 충격 등으로 66%는 고장이 났고 나머지는 엉뚱한 곳을 향했다.

미·중 갈등 속 반도체의 미래에 대한 이야기를 나누기 위해 보스턴에서 몇 차례 만난 크리스 밀러 교수도 저서 《칩 워》에서 '정밀타격Precision Strike'과 관련하여 상세히 기술하고 있다. 밀러는 반도체와 관련한 역사를 기술하기 위해 처음에 은퇴한 반도체 전문가 혹은 퇴역한 군인을 만나 이야기를 듣기 시작했다. 그의 주장이다.

"베트남전쟁은 폭탄과 마이크로 전자기술이 결합할 때 어떤 일이 벌어질 수 있는지를 볼 수 있는 실험장이었고, 미국에게는 전쟁의 패러다임을 혁신하고 미국의 군사력을 변혁시킬 방법을 제시했다."[3]

Progress and Prospects, 140p.

3 Chris Miller, *Chip War: The Fight for the World's Most Critical Technology*, Scribner Book Company, 2022, 61p. 원문은 다음과 같다. "Vietnam had been a successful testing ground for weapons that married microelectronics and explosives in way that would revolutionize warfare and transform American military power."

베트남전쟁에서 AIM-7의 전투 성과

기 간	시도(회)	명중(회)	명중률
1965. 6. ~ 1968.10.	331	26	7.9%
1971.12. ~ 1973. 1.	281	30	10.7%
1965. ~ 1973. 합계	612	56	9.2%

2차 세계대전 당시에는 대규모 물량 투하작전이 주로 도시 지역에서 이루어져 산업혁명을 주도하던 유럽 선진국들의 산업시설과 주요 군사시설을 파괴하는 데는 유효했다. 그러나 이러한 폭탄 투하작전의 물량공세는 베트남전쟁에서는 더 이상 통하지 않았다.

농업 국가였던 북베트남은 특별한 산업시설과 군사시설이 발달하지 않았다. 그나마 극히 미미한 숫자의 산업시설과 군사시설마저 밀림에 가려 찾기 쉽지 않았다. 정밀도가 떨어진 미군의 포탄은 대부분 북베트남의 논밭에 떨어졌다.

2차 세계대전 당시 기계산업은 전성기를 구가했다. 1, 2차 산업혁명의 결과였다. 기계산업을 바탕으로 한 군수물자의 제조공장은 미국이었다. 미국은 전쟁 당사국보다 더 많은 탱크와 대포와 기관총을 만들었고 영국, 프랑스의 배후기지 역할을 했다. 미국의 군수 제조공장은 2차 세계대전을 연합군의 승리로 이끄는 중요한 요인이었으며 미국을 20세기 패권국가로 만드는 병참기지와 같은 것이었다.

2차 세계대전은 산업의 중심이 기계산업에서 전자산업으로 넘어가던 시기에 걸쳐 벌어졌다. 이 전쟁에서 연합군의 승리를 이끌었던 비밀병기 중 하나가 레이더이다. 그런데 베트남전에서는 레이더 같은 비밀병기가 더 이상 연합군의 전유물이 아니었다. 1960년대 북베트남은 소련의 지원을 받아 촘촘한 방공망을 갖추고 있었다. 북베트남 방공망에 걸려들어 추락한 미군 전투기의 수는 예상을 초월했다.

정밀도를 갖추지 못한 융단폭격은 작전실패와 전쟁혐오에 대한 비판만 불러일으켰다. 양으로 승부하던 2차 세계대전식의 작전이 더 이상 통하지 않았다. 어찌 보면 미국의 오만이 낳은 실패라고도 할 수 있다. 이미 2차 세계대전이 막을 내리기 직전에 미국이 투하한 원자폭탄이 새로운 미래 전쟁을 예고하고 이에 대한 경각심을 불러일으켰기에 더욱 그렇다.

미국이 주도하고 영국과 캐나다가 참여했던 맨해튼 프로젝트[4]를 통해 개발한 원자폭탄은 히로시마와 나가사키에 투하되어 한 시대의 종식을 알렸다. 양적 재래식 무기로 승부하던 2차 세계대전식 전쟁을 종식시키는 폭탄이면서 동시에 석탄과 강철로 상징되는 산업시대에서 전자와 원자력시대로의 대전환을 알리는 신호탄이기도 했다.

---

4 1942년부터 1946년까지 민관 합동으로 진행된 미국의 핵폭탄 개발 프로그램

전자시대, 원자력시대의 핵폭탄은 물량공세를 퍼붓는 융단폭격 작전과는 달라야 했다. 그런데 문제는 바로 적중률이었다. 미국은 베트남전쟁의 여러 패인 중 하나가 적중률이었다고 분석했다. 그래서 미래의 전쟁에서는 보다 정밀한 타격이 승부를 가를 것으로 내다봤다.

적중률은 곧 정확도이자 계산력, 즉 연산능력이었다. 베트남전쟁의 뼈아픈 패배 경험을 통해 미국은 포탄에 센서와 통신장치를 결합하는 마이크로 전자기술이야말로 미래 전쟁에서 승리를 가져올 전략무기가 될 것임을 간파했다.

미국은 그동안 중점을 두었던 재래식 무기 생산에서 목표물에 정밀한 타격이 가능한 유도무기로의 전략무기체계 변화를 시도하며 유도무기 개발에 박차를 가한다.

또한 미국이 베트남전쟁에서 시간을 낭비하는 동안 1970년대 초 소련은 미국보다 더 많은 탱크와 비행기를 보유하게 되었는데 이들 중 상당수가 서유럽을 향하고 있다는 점도 미국을 긴장시켰다. 미국은 군사력에서 양보다는 질적 우위를 갖는 것이 더욱 절실해졌다.

윌리엄 페리 국방차관의 발탁

1977년 윌리엄 페리William J. Perry가 미국 국방부 엔지니어링·연구기술 담당차관으로 발탁되었다. 유도무기 개발을 비롯해 주요 무기체계의 연구개발을 관장하는 자리였다. 그는 1960년대와 1970년대 실리콘 밸리에서 기술업체를 창업한 이력이 있었다. 너무나 탁월한 선택이었다. 마이크로 전자기술과 메모리칩을 활용해 각각의 무기를 유도무기화하는 과정은 당시 페리 국방차관에 의해 주도되었다.

이것은 재래식 무기의 양에서 소련에 뒤처져 있던 미국을 다시 깨어나게 만들었다. 무기시스템의 혁신이 시작된 것이다.

유도무기 이론은 수십 년 전에 나와 있었지만 현실화되지 못했다. 그러나 반도체를 이해하고 그것을 무기에 이용할 줄 알았던 사람의 눈에는 그 방법이 보였다. 미사일에 탑재될 수 있는 더 작고 더 강력한 연산력을 가진 반도체 칩 개발이 가능하다는 것을 알고 있었던 페리 차관은 유도무기 개발에 박차를 가한다. 한때 세계를 놀라게 했던 토마호크 순항미사일, 스텔스기 등의 탄생을 예고하고 있었다.

나는 2007년 윌리엄 페리와 서울에서 만난 적이 있다. 당시 정동영·손학규·이명박·박근혜 등 여야의 대선후보들과 면담한 후였다. 그는 미 국방장관(1994~1997년) 재임 시절, 1994년 3월 북한의 '서울 불바다' 발언, 4월 영변 원자로 폐연료봉 교체 등으로 한반도 전쟁 위기가 고조되는 상황에서 북한 영변 원자로 정밀공습을 계획했던 장본인으로 우리에게 잘 알려진 인물이기도 하다. 국방장관 퇴임 이후에는 북한의 핵무기 개발과 관련하여 대북정책 조정관(1998~2000년)을 역임하기도 했다.

페리 전 장관은 2007년 정치적 쟁점으로 부상한 전시작전권 이양문제와 관련해서 북핵 문제의 진전 상황과 연계해 보아야 한다는 입장을 보였다. 그는 낮은 목소리, 깊은 눈매, 온화한 인상의 소유자였지만 사안을 꿰뚫는 시각은 매우 날카로웠다.

1999년 김대중 대통령 당시 '페리프로세스'[5]를 통해 북한의 핵개발을 멈출 수 있는 기회를 놓친 것에 대해서 매우 안타까워했다. 페리프로세스는 북한과의 점진적 관계 개선을 골자로 미국의 개입정책, 한국의 햇볕정책, 북한의 생존전략을 절충한 것이었다.

윌리엄 페리가 없었다면 실리콘 밸리도 없다?

미국의 실리콘 밸리 발전과 미 국방부의 무기시스템 혁신은 상호보완적이었는데, 당시 윌리엄 페리 차관이 그 매개자이기도 했다. '페리 전 장관이 없었다면 오늘날의 실리콘 밸리가 과연 저렇게 번성할 수 있었을까?'라는 평가가 나오는 이유이다.

센서와 통신장비를 장착하면 무기는 살아 있는 유도무기가 된

---

5 1999년 10월 작성된 북한 비핵화 해결방안.

다는 것, 그리고 이 기술이 곧 우주 개발, 우주 영토 확장과 직결된다는 사실을 1970년대 당시에 알아차린 사람은 미국에서도 그리 많지 않았다. 1990년 벌어진 걸프전을 통해 실제 전투상황을 눈으로 확인하기 전까지도 마찬가지였다.

포탄과 마이크로 전자기술의 연결. 더 빠르게 그러나 더 작게, 컴퓨터의 연산력 강화와 소형화 싸움이 시작되었다. 그것은 바로 반도체 전쟁이었다.

반도체 무기화의 본질

반도체 무기화를 검색하면 최근에는 '광물 무기화', '자원 무기화'라는 말들까지 연달아 뜬다. 이제는 무기화라는 단어가 모든 것에 붙이는 수식어처럼 되어 버렸다. 그만큼 세계 각국이 자국우선주의의 주권적 전략 보호책을 꺼내든다는 얘기다. 반도체 주권국가는 물론 광물 주권국가, 자원 주권국가가 되겠다는 청사진을 그리고 있다는 것이다.

현재 전 세계 반도체는 메모리칩의 90%, 프로세서칩[6]의 75%, 실리콘 웨이퍼의 80%를 한국, 대만, 일본, 중국, 싱가포르에서 생산한다.[7]

중국은 모든 칩의 15%를 생산한다. 물론 중국에서 생산되는 칩은 그동안 기술 수준이 낮은 단계에 있는 것으로 간주되었지만 최근 화웨이가 내놓은 새로운 스마트폰 '메이트60 프로'는 중국에서 설계, 제조된 7nm[8]의 새로운 칩을 탑재해 중국 기술력의 새로운 이정표를 만들어 미국을 긴장시키고 있다.

한국은 모든 메모리칩의 44%, 모든 프로세서칩의 8%를 생산한다. 대만은 모든 프로세서칩의 44%, 최첨단 칩의 90%를 생산

---

6 중앙처리기기의 모든 기본요소와 제어 명령어, 산술처리, 기억장치를 포함하는 집적회로.

7 미국 반도체 산업협회 자료

8 1nm는 10억분의 1m(성인 머리카락 굵기의 10만분의 1에 해당).

한다. 일본은 모든 종류의 칩의 17%를, 싱가포르는 모든 종류의 칩의 5%를 생산한다.[9]

현재 상황이 유지된다고 가정할 경우 반도체의 지정학적 요건은 반도체 무기화와 직결된다. 대만의 TSMC 혹은 한국의 삼성전자 가운데 한 곳의 공장만 멈춰도 세계 반도체 시장은 물론 미국 군사력에 타격을 줄 수도 있다. 대만은 TSMC가 '대만의 보험'이라고 아예 노골적으로 미국에게 얘기하며 대만의 안보와 반도체를 직결시킨다.

2차 세계대전 이후인 1948년 벨연구소의 과학자들은 반도체로 된 트랜지스터를 발명해, 기존에 부피가 크다는 단점이 있었던 진공관을 대체했다. 이어서 1958년 미국 텍사스인스트루먼트TI: Texas Instruments는 트랜지스터의 단점을 보완한 반도체 집적회로IC, 集積回路를 개발했다. 이처럼 20세기 컴퓨터 산업을 리드했던 미국은 동아시아에 집중된 미국의 반도체 조립공장이 동아시아에 수많은 일자리를 제공했다는 시혜적 인식을 갖고 있다. 중국을 제외하면 반도체 조립공장이 위치한 곳은 대부분 미국의 동맹국들이다. 1970~80년대에는 주로 여성 인력들이 조립공장에 채용됐고 이는 젓가락을 사용하는 동아시아 여성의 섬세한 손기술 그리고 값싼 노동력과 무관하지 않았다.

---

9 국제반도체장비재료협회(SEMI), 2019년 반도체 웨이퍼 생산능력 기준

물론 동아시아의 이들 나라들도 그 당시 반도체 조립공장을 유치함으로써 괄목할 경제성장을 이루어 산업화에 성공했다. 따라서 미국과의 수직적 관계 속 상호 필요충분조건을 충족해 왔다고 볼 수 있다.

미 · 중 수교와 건설적 관여정책

1972년 닉슨의 중국 방문 이후 미 · 중 관계는 1979년 카터 대통령 시기의 미 · 중 국교 정상화와 함께 지난 40여 년간 비약적으로 발전했다. 여기에는 미국의 대중국 정책의 근간을 이뤄왔던 건설적 관여정책Constructive Engagement 프레임이 한몫했다.

이 정책은 관계가 유지되어야 영향력을 행사할 수 있으며 경제 관계가 확대되어야 경제발전에 의해 민주화가 촉진된다는 논리를 정당화시켜 왔다. 여기에는 '하나의 중국' 정책 — 중국이 대만을 영토로 보는 주장을 인지하나 수용하지는 않고, 미군이 아시아에 주둔하는 것이 그 지역의 평화와 번영에 기여한다는 것을 내포하고 있었다. 10

미국은 중국에 대한 관여정책을 통해 중국을 자유주의 국제질서에 통합시킴으로써 미국의 지도적 위치를 보다 확고히 할 수 있다고 간주해 왔다.

---

10 하버드대 미 · 중 특강(2023), 마리아 에이들 캐러이 · 제니퍼 루돌프 · 마이클 스조니, 10p.

그러나 2023년 4월 27일 워싱턴 D. C. 브루킹스연구소에서 있었던 제이크 설리번 백악관 국가안보보좌관의 "새로운 워싱턴 컨센서스" 연설은 그동안의 미국의 대중국에 대한 '관여정책'이 더 이상 지속되지 않을 것임을 분명히 했다.

그는 "2차 세계대전 이후 미국은 분열된 세계를 이끌고 새로운 국제질서를 구축했으며 수억 명의 사람들을 빈곤에서 벗어나게 했고 놀라운 기술혁명을 지속하고 미국과 세계의 많은 국가들이 새로운 차원의 번영을 이룰 수 있도록 도왔다"고 전제했다. 2차 세계대전 후 세계 경제 질서를 지배해온 무역에 대한 전통적 접근방식은 "과도하게 단순화된 가정"에 기반했다고 본 것이다.

그런데 "이러한 기반에 균열이 왔다"고 진단했다. "시장은 항상 생산적이고 효율적으로 자본을 배분하고, 경제성장은 불평등을 없애고 민주화와 개방으로 이어질 것이라 여겨졌지만 그렇지 않았다"는 것이다. 그래서 "세계 경제의 변화 속에 미국의 근로자와 지역사회가 뒤처지게 되었다"고 평가했다.

여기서 성장이 불평등을 없애지 못했다는 것은 미국을 비롯한 전 세계적 공통점이지만 경제성장이 민주화로 이어질 것이라 여겨졌으나 그렇지 않았다는 것은 그동안의 중국에 대한 미국의 바람이 예상과 달랐다는 것을 의미한다. 이 발언은 중국에 대한 미국의 '관여정책'이 더 이상 지속될 수 없다는 정책적 변화를 강하게 시사하는 대목이다.

각국을 규칙 기반 질서로 끌어들이면 규칙 준수의 동기부여가 마련될 것이라고 보았지만 실상은 그렇지 않았다. 2021년 바이든 대통령 취임 당시 "거대한 비시장경제가 국제경제 질서에 통합되는 현실과 싸워야 했고 이는 상당한 도전이었다"는 것이 설리번 보좌관의 해설이다.

여기서 거대한 비시장경제에 대해 설리번 보좌관은 중국의 예를 들면서 "중국은 철강, 청정에너지, 디지털 인프라, 첨단 생명공학에 이르기까지 미래의 핵심 산업에 막대한 규모의 보조금을 지급하고 있었다"고 적시했다.

따라서 "미국은 제조업만 잃은 것이 아니라 미래의 핵심기술에서도 경쟁력이 약화되었다"고 밝혔다. 결국 미국은 미래의 핵심기술의 패권을 놓치지 않기 위해 '반도체 무기화' 전략을 빼들 수밖에 없었다. (설리번 보좌관의 워싱턴 컨센서스 연설에 대한 분석은 4장에서 좀더 자세히 살펴본다.)

미국은 이미 2019년 5월 트럼프 행정부 시절부터 국가 안보를 위협한다는 이유로 중국의 화웨이를 우려거래기업에 등재했고, 이후 1년 뒤 2020년 5월부터 보다 엄격한 기준으로 FDPRForeign Direct Product Rule, 즉 해외직접생산품규칙을 적용하기 시작했다. 미국 기술을 사용한 모든 제품에 수출통제가 적용되는 것으로 이는 대만의 TSMC, 한국의 삼성전자, SK하이닉스에도 모두 영향을 끼치게 되었다.

미국의 '반도체 무기화' 전략은 암세포만 쫓아가 죽이는 표적

항암치료제가 아닌 살아 있는 세포에까지도 치명상을 가하는 일반 화학항암치료제와 같은 결과를 낳으면서 동아시아 동맹국들과의 공급망 재편을 촉발하였고, 특히 한국 경제를 긴장시키고 있다.

2

미래 전쟁의 서막

소련의 붕괴 그리고 걸프전

"러시아의 달이 지구를 돈다"

1957년 10월 5일

"러시아의 달이 지구를 돈다"는 미국 일간지 〈샌프란시스코 크로니클〉의 1957년 10월 5일 자 헤드라인은 불후의 명제목이다. 그 시대 미국의 걱정을 서정적인 시적 표현으로 장식한 이 헤드라인에는 지금도 심금을 울리는 무엇인가가 있다. 어쩌면 당시 미국인들이 받은 충격을 이렇게 노래하듯 표현할 수 있는 여유가 미국의 힘이었을지도 모른다. 미국은 바짝 긴장하고 있었지만 그래도 여유를 잃지는 않았다.

소련의 양적 우위에 맞서기 위해 미국은 질적으로 더 우수한 무기를 개발하기 위해 1972년부터 국방부 산하의 DARPADefence

Advanced Research Project Agency를 통해 반도체에 집중 투자했다. 이는 군사력뿐만 아니라 컴퓨터 등 과학기술 분야에서 우위를 점하는 일거양득의 효과를 가져 오는 전략이었다.

유명한 DARPA, 방위고등연구계획국은 1972년에 만들어졌는데, 그 전신인 ARPAAdvanced Research Project Agency에 뿌리를 두고 있다. ARPA는 1957년 소련이 쏘아올린 세계 최초의 인공위성 스푸트니크 1호에 위기의식을 느낀 미국이 1958년 아이젠하워 대통령 시절에 만든 것이다.

DARPA는 미 국방부 산하 R&D 기획평가 전담기관으로 여러 연구기관이나 방산업체를 경합시켜 필요한 프로젝트를 선정하는 기구로서 그 역할을 톡톡히 했다.

미래 기술에 장기적 연구자금을 지원해서 이 세상에 없는 기술을 만드는 것이 DARPA의 미션이었다. 세상을 바꾼 최첨단 기술들이 DARPA 프로젝트에 의해 탄생되었다. 인터넷, 마우스, 전자레인지, 탄소섬유, GPS, 드론 등이 그러하다.

실리콘 밸리도 DARPA가 아니었다면 세계를 움직일 수 없었을 것이다. 실리콘 밸리가 이러한 위상을 만들어 가기까지 앞서 언급한 1977년 미 국방부에 차관으로 입성한 윌리엄 페리의 역할이 매우 주효했다.

카터 대통령 시절인 1977년부터 4년간 미 국방부의 연구기술 담당을 역임한 페리 차관은 미국이 개발에 박차를 가하는 유도미사일은 소련의 양적 우위뿐 아니라 소련의 재정을 힘들게 할 것으로 내다봤다. 미국의 유도미사일에 대응하기 위해 소련은 미사일 요격시스템을 갖춰야 했다. 페리 차관은 미국 펜타곤이 배치할 3,000기의 순항 미사일을 방어하기 위해 소련이 요격미사일을 만드는 데 300억~500억 달러가 소요될 것으로 추정했다.[1]

1957년 스푸트니크 1호 발사를 기점으로 소련은 과학기술 분야에서 미국의 패권을 넘봤다. 그로부터 약 30년 뒤인 1986년 아이슬란드의 수도 레이캬비크에서 소련공산당의 고르바초프 서기장과 미국의 레이건 대통령이 마주 앉는다.

스타워즈—별들의 전쟁 전략[2]으로 소련과의 군비 경쟁을 최고조로 끌어 올렸던 레이건 대통령과 고르바초프 서기장의 첫 번째 회담은 비록 실패로 끝났지만 냉전의 종식을 알리는 군축회담을 시작했고 결국 그 결실을 맺는다.

한때 우주를 점령할 것 같았던 소련이 미국과의 군축 협상테이블에 나올 수밖에 없었던 이유는 미국의 반도체 투자와 기술 정복 그리고 유도무기를 중심으로 한 무기시스템의 혁신이 주효했기 때문이다.

---

1 Chris Miller, *Chip War. The Fight for the World's Most Critical Technology*, Scribner Book Company, 2022, 159p.

2 1982년 3월 레이건 미국 대통령 시절 미국의 대소련 ICBM 방어계획의 일환으로 우주 미사일기지 건설을 골자로 하는 신개념의 미국의 전략 방위 구상.

물론 소련도 반도체의 중요성을 알아차리고 모스크바 근교에 젤레노그라드라는 '소련의 실리콘 밸리'를 만들었다. 그러나 스파이를 통한 기술 탈취에 주력하고 상명하복식 기술개발에 익숙했던 소련은 결국 미국의 첨단 반도체 기술에 주도권을 뺏기게 된다.

"러시아의 달이 지구를 돈다"는 〈샌프란시스코 크로니클〉의 헤드라인(1957년 10월 5일)에서 소련 붕괴(1991년 12월 26일)까지는 불과 34년밖에 걸리지 않았다.

소련 붕괴의 배후에도 반도체 패권의 주도권과 리더십을 잃은 소련의 그림자가 드리워져 있다.

RUSS SATELLITE SIGHTED OVER S.F.

San Francisco Chronicle
THE VOICE OF THE WEST

SATURDAY, OCTOBER 5, 1957 10 CENTS

Teamsters' Convention

Hoffa Is Elected; Probers Subpoena Union's Records

Some Facts About That Satellite

Russ 'Moon' Circling Globe--18,000 mph

Watchers In Midwest Sight It

Tiny Satellite

Reds Beat U. S.--- First Into Space

Stations Pick Up Signals

A Big Step Toward Space

Thousands Battle Police In Warsaw

You get 3% on your savings ... something else besides at The Bank of California

Satellite Reported Seen Over S. F.

Christopher Reports on City's Year

Surviving Quints Have First Food

Egypt Vessel's Seizure Reported

Jury Chosen For Spy Trial

Labor Leaders Gunning For Me, Knowland Says

Weather Delays Last A-Blast

The Chronicle Index

Scattered showers are forecast for the Bay Area Saturday and tomorrow.

〈샌프란시스코 크로니클〉 - 1957년 10월 5일 자

사막의 폭풍작전

전쟁을 안방에서 즐긴다?

1990년 걸프전은 전쟁을 TV로 중계하는 시대를 알렸다. 진보한 기술로 안방을 점령하며 전자산업의 꽃이 피었다고나 할까.

1990년 8월 2일부터 1991년 2월 28일까지 6개월여 중동에서 치러진 걸프전은 그동안의 전쟁의 양상을 완전히 바꿔 놓았다. 걸프전은 베트남전 패배 이후 미국이 야심차게 준비한 유도·순항미사일들의 실험장이었다.

걸프전을 안방에서 TV로 접한 일반인들의 눈에는 전쟁이 마치 게임처럼, 전자게임의 한 장면으로 보인 첫 순간이었다. 당시 MBC-TV에서 걸프전 상황을 실황중계 방송하던 나도 위성을 통해 수신되는 공중에서 불꽃 튀는 장면들이 신기하기도 하고 게임처럼 느껴지기도 했던 기억이 있다.

1991년 1월 17일 미군이 토마호크 미사일로 이라크를 폭격하면서 시작한 사막의 폭풍 작전Operation Desert Storm은 예상을 뒤엎고 다국적군의 승리를 이끌었다. 그동안 반도체 연산능력에 투자한 미국이 군사력에서 세계 최강임을 입증하는 전쟁이었다.

베트남전쟁에서 명중률 9.2%에 그쳤던 AIM-7은 작지만 빠른 연산력을 가진 반도체 칩을 장착하며 성능이 개선되어 1991년 '사막의 폭풍 작전'에서는 명중률을 59.1%까지 끌어올렸다.[3]

약 25년, 4반세기 만의 큰 진전이었고, 이를 가능케 한 것은

DARPA를 통한 반도체 투자였다.

전쟁을 일으킨 이라크의 사담 후세인 대통령은 베트남전쟁에서 패배한 미국에 대한 잔상이 지워지지 않은 상태에서 미국이 천하무적이 아니라고 판단했다. 당시 이라크군은 이란-이라크 전쟁을 승리로 이끌면서 100만 명이 넘는 군대를 보유하고 있었고, 바그다드의 방공능력은 비록 구형이긴 했지만 고밀도로 구성되어 모스크바에 견줄 만큼 힘을 자랑하고 있었다. 그러나 중동의 강자 이라크도 반도체 연산능력을 바탕으로 정밀타격을 시도한 미국의 최첨단 군사력에는 속수무책이었다.

군축협상을 시도하면서도 '별들의 전쟁'을 선포했던 레이건의 미국에 이어 군사력 패권을 확인할 수 있었던 순간이었다. 걸프전은 한편에서는 많은 비판도 있었지만 베트남전쟁 패배 이후 무기와 반도체를 연결한 정밀타격에 중점을 둔 미국의 투자가 결실을 보는 미래 전쟁의 대전환점이기도 했다.

---

3 Barry D. Watts, *Six decades of Guided Munitions and Battle Networks and Progress and Prospects.*

세계화와 반도체 국제분업 가속화

소련 붕괴 이후 지난 30년간 미국의 세계화 전략은 성공한 것일까?

동맹이론과 신현실주의 이론의 최고 권위자 스티븐 월트Stephen M. Walt 교수[4]는 소련 붕괴 이후 미국은 힘으로 민주주의를 밀어붙이려 했으며, 미국의 시장이 더 커질 것이라 예상하며 글로벌화, 세계화 전략으로 밀어붙인 자유무역주의는 현 시점에서 보면 실패했다고 했다.[5]

지난 30년간 미국의 독주가 낳은 결과가 '신냉전'이라는 말이 등장할 정도의 국제정세를 만들었고 그 대표적 예가 오늘날의 미·중 갈등이라고 봤다. 그래서 미국은 반성이 필요하다는 것이 월트 교수의 견해다.[6]

소련이라는 강력한 라이벌이 붕괴하면서 세상을 거머쥔 미국은 효율만능주의에 빠져 미국의 제조공장을 노동력이 싼 중국 등 해외로 이전한다. 특히 반도체의 경우 임금도 문제였지만 자동화 이전 그 당시에는 손놀림이 빠르고 섬세한 손기술이 중요했을 뿐만 아니라 환경오염 문제를 유발했기에 더욱 그랬다.

---

4 스티븐 월트는 하버드대 케네디스쿨의 국제문제 교수이다. 신현실주의 이론에 중요한 공헌을 했으며 위협의 균형 이론을 만드는 데 기여했다.

5 2023년 5월 2일 인터뷰.

6 박영선 페이스북 #백문일견-2023 32. #하버드리포트(2023. 5. 5) 참조.

스티븐 월트 교수와 함께

여기에 더해 떠오르던 세계의 2번째 경제대국 일본을 1985년 플라자합의로 한 방에 주저앉힌 경험은 어쩌면 미국을 또다시 오만하게 만들었는지도 모른다.

당시 미국은 "NO라고 말할 수 있는 일본"을 플라자합의[7]를 통해 굴복시키면서 베를린장벽 붕괴, 소련 붕괴로 이어지는 세계사의 격변 속에서 팍스아메리카나 시대를 구가하며 지난 30년간 중국의 성장을 방관해 왔다.

스티븐 월트 교수 역시 지난 30년간 미국이 반성해야 할 4가지

---

7 1985년 9월 22일 미국 뉴욕 플라자호텔에서 G5 경제선진국(미국, 영국, 프랑스, 서독, 일본) 재무장관, 중앙은행 총재 모임에서 발표된 환율에 대한 합의. 플라자합의에서 미국 달러화 가치를 내리고 일본 엔화와 독일 마르크화의 가치를 인위적으로 높이는 합의를 채택. 발표 다음 날 달러화 환율은 1달러 235엔에서 약 20엔이 하락한 215엔을 기록했고 1년 후에는 달러 가치가 절반으로 떨어져 120엔을 형성하였다.

사항 가운데 하나가 중국의 성장을 등한시하고 방관한 것이라고 2023년 5월 나와 만난 자리에서 지적한 바 있다.

첫째, 힘으로 밀어붙인 민주주의(이라크, 아프가니스탄 사태 등) 둘째, 글로벌화 전략에 따른 자유무역주의, 셋째, 중국 성장의 방관, 넷째, 기후위기 대처이다.

1972년 닉슨의 중국 방문으로 대중국 교류의 역사적 물꼬를 튼 이후 미국은 1979년 미・중 수교와 함께 앞서 언급한 관여정책으로 중국을 필요에 의한 상호의존 대상으로 간주했다고도 볼 수 있다. 1980년 10억 달러에 불과하던 미・중 교역량이 2023년에는 6,000억 달러를 넘어섰으니 미・중 상호간에 경제적 의존도가 어느 정도였는지는 긴 설명이 필요하지 않다.

중국의 경우 덩샤오핑의 개방정책에 따라 새로운 성장엔진이 필요했고, 미국은 1980년대의 13.5%까지 치솟던 고물가와 19%를 기록한 고금리로 인한 경제적 고통으로 중산층이 붕괴되고 있었다. 2차 세계대전 이후 가장 가파른 경제침체에서 탈출구를 찾아야 했던 미국과 새로운 성장엔진과 시장이 필요했던 중국의 상호 필요조건이 맞아떨어진 것이다.

저렴한 임금을 바탕으로 한 중국 상품이 미국 시장으로 밀려들면서 미국의 중산층은 싼값에 원하는 상품을 구매할 수 있게 되고 소비가 살아나기 시작했다.

중국 역시 1978년 1인당 국민소득 200달러의 최빈국에서 미국과 수교 후 수출이 늘어나기 시작했다. GDP에서 차지하는 수출의 비중이 1980년 6%에 그쳤으나 1990년 15%, 2009년 37%로 급격히 늘어난다. 1978년부터 2007년의 30년간 중국은 연평균 10%의 경이적인 경제성장률을 기록한다.

미국은 1인당 국민소득이 지난 150년간 15배 증가했는데 중국은 1980년대 약 500달러에서 2023년 1만 3,000달러로 지난 40년간 약 25배가 증가했다.

중국의 GDP가 G2 국가였던 일본을 추월한 것은 2010년이다. 미국의 상당수 제조공장들이 중국으로 이전했다. 반도체공장도 대부분 미국을 빠져나갔다. 대형컴퓨터에 이어 PC 시대를 구가하던 미국 반도체 기업들의 제조공장이 대만, 한국, 중국, 싱가포르, 말레이시아에 의존하기 시작했다. 2007년 등장한 스마트폰의 애플Apple도 직접 칩을 설계했으나 생산하지는 않는다.

스마트폰 시대 초기에는 애플이 대만과 한국에서 칩을 제조해 중국으로 보내 마지막 조립 작업을 했다. 최근에는 대만에서 제조한다. 한국의 삼성전자가 같은 스마트폰 사업의 경쟁자인 데다가 대만의 TSMC가 애플에 집중하면서 애플이 요구하는 생산역량을 TSMC가 더 갖췄다고 판단했다는 후문이다. 이후 TSMC와 삼성전자 간의 경쟁 역시 매우 치열해졌으나 최근엔 TSMC가 삼성전자를 훨씬 앞서고 있다.

미국이 반도체공장, 그 가운데서도 메모리칩 공장의 해외 의존도가 높아진 것은 글로벌화, 즉 세계화 전략에 따른 효율의 극

대화와도 관련 있지만 메모리칩 공장의 경우 거대 자본이 투여되는 장치산업이라는 이유도 있다. 반도체 무기화는 2023년을 관통하는 화두였고 그런 시대적 흐름 속에서 최첨단 기술 전쟁이 질주하고 있다.

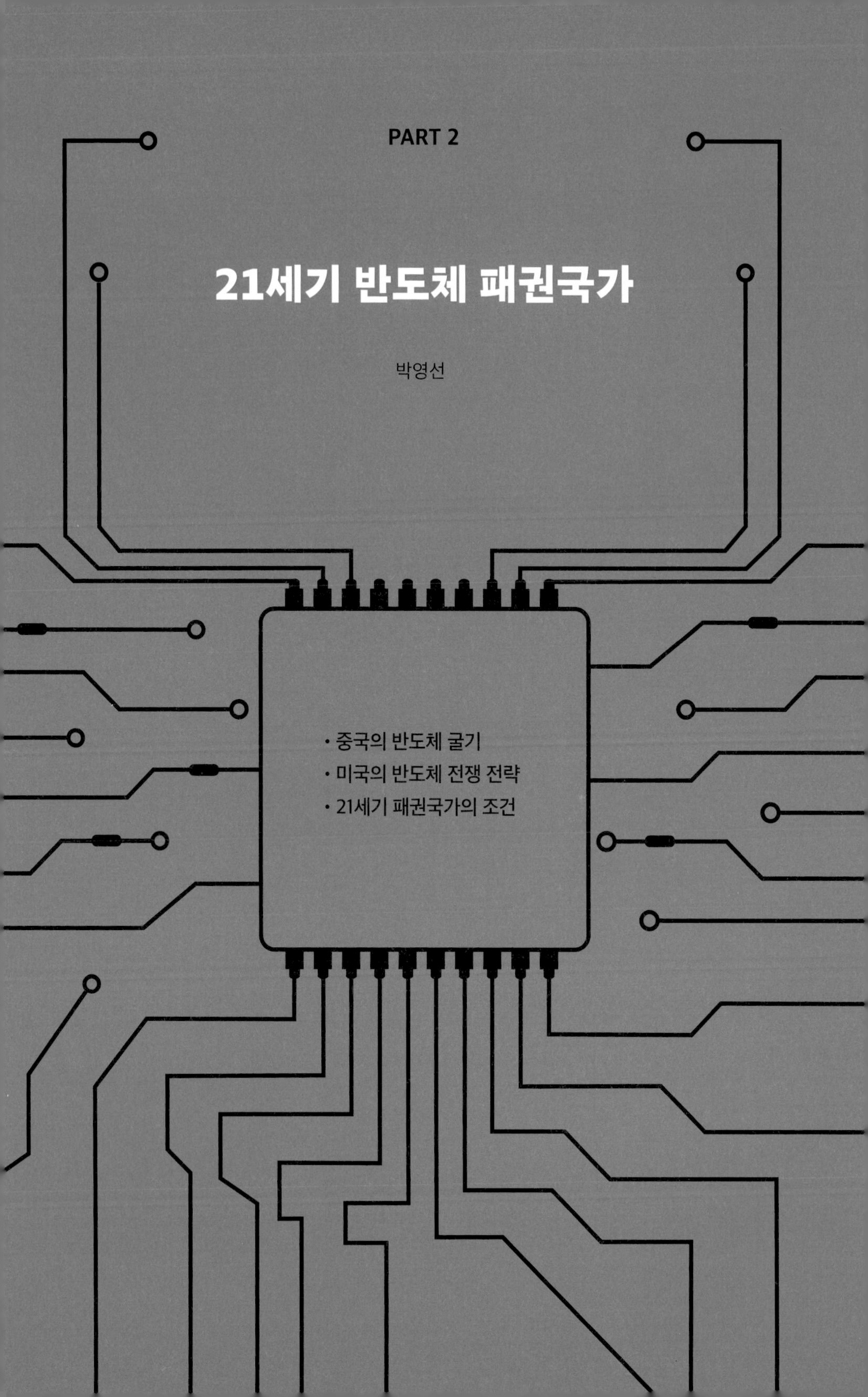

PART 2

21세기 반도체 패권국가

박영선

- 중국의 반도체 굴기
- 미국의 반도체 전쟁 전략
- 21세기 패권국가의 조건

1

중국의 반도체 굴기

미국의 세계화와 중국의 WTO 가입

미국은 세계화 전략 속에 2001년 중국을 세계무역기구WTO에 가입시키는 데 주요한 역할을 한다. 중국의 WTO 가입은 결과적으로 현재의 중국의 위상을 만드는 데 결정적 계기를 제공했다. 중국이 오늘날 오히려 WTO에서 큰소리를 치게 되기까지는 불과 20여 년 밖에 걸리지 않았다.

중국의 WTO 가입 당시 국제사회에서는 많은 반대가 있었다. 무역자유화를 통한 전 세계의 경제발전을 목적으로 하는 WTO의 회원국이 되려면 자유무역 시장경제를 해야 하는데 중국은 그렇지 못했다. 중국은 아직 공산주의 국가였지만, 미국은 밀어붙였다.

미국의 빌 클린턴 대통령이 "중국이 WTO에 가입하면 미국 상품을 더 많이 수입하게 될 뿐만 아니라 민주주의의 가장 소중한 가치인 '경제적 자유'를 받아들일 것이다."[1]라고 운을 뗀 지 1년이 지나서 중국의 WTO 가입은 성사되어 2001년 143번째 정식회원국이 된다.

중국을 국제무역 질서에 편입시키면 중국이 국가 간 교역에서 보다 규범을 따르고 중국의 민주주의가 발전될 것이라는 것이 미국의 논리였고 바람이었다. 미국은 중국이 보다 신사의 나라가 돼 주길 바랐던 것이다.

당시 WTO 사무총장은 "13세기 마르코 폴로의 중국 탐험 이후 중국과 서방을 교역으로 연결하는 다리가 완성되었다"고 중국의 WTO 가입에 의미를 부여했다.

이 당시까지만 해도 미국은 중국에게 주어진 WTO 가입국이라는 지위가 상상을 넘어설 만큼 중국의 수출을 성장시킬 것이라고는 계산하지 못한 듯했고, 중국의 깊은 마음속에 자리 잡고 있는 야심을 읽어내지 못한 것으로 보인다.

중국은 WTO 가입 10년 만에 수출입 규모가 2001년 5,098억 달러에서 2010년 30조 달러로 약 6배 증가했으며 경제규모 세계 2위로 올라섰다.[2]

---

1 존스홉킨스 국제관계대학원(SAIS) 연설(2000. 3).

세계은행 자료를 보면 WTO 가입 이후 중국의 수출액이 세계 경제에서 차지하는 비중은 2002년 2%에서 2003년 5%, 2022년 15%로 폭발적으로 증가했다.

한국도 2007년 한・미 FTA를 체결하면서 미국의 세계화 전략에 합류했다.

그로부터 10년이 지난 2017년 트럼프 대통령이 '미국 우선주의 America First'를 들고 나오면서 미국이 그렇게 외쳐오던 자유무역주의의 시대가 더 이상 지속될 수 없음을 천명한다.

미국의 자유무역주의에 대한 경고는 오바마 대통령 시절부터 이미 있었다. 늘어나는 무역적자와 재정적자 속에서 중국 의존도가 예상보다 너무 빠르게 심화되자 미국의 전문가들의 경고가 시작된 것이다.

미국의 첫 흑인 대통령 오바마는 세계 인권 대통령 이미지를 지키기 위해 '다자주의'라는 점잖은 표현을 썼다. 너무 보편적 의미를 담아 일반인들이 어떤 속내가 있는지를 알아차리기는 쉽지 않았지만, 여기에는 중국 무역의존도를 줄여나가겠다는 뜻이 깔려 있었다. 미국 전문가들은 오바마 집권 당시 그렇게 점잖은 표현으로 접근하기보다는 미국의 중국 의존도를 줄이는 문제에 보다 적극적으로 나섰어야 한다고 지적한다.

결국 미국은 세계화 전략의 일환으로 밀어붙인 자유무역주의

---

2 중국 〈인민일보〉(2011.12.10).

가 힘으로 밀어붙이는 민주주의와 맞물려 돌아가며 중동 국가들의 반발을 샀고 미국의 시장보다는 중국의 시장을 더 넓혀주는 결과를 초래하고 말았다.

설리번 국가안보보좌관의 표현에서 알 수 있듯이 WTO라는 규칙 기반 질서로 중국을 끌어들여 동기부여를 하면 중국이 그에 상응하는 규칙을 지킬 것이라고 기대했지만 중국은 국가자본주의[3] 정책을 구사하며 미국의 기대와는 방향이 다른 세계를 구축하고 있었던 것이다.

---

3 국가가 대자본과 결합하여 정책을 통해 직접 관리 · 통제하는 자본주의적 경제제도.

"전 인민이 나서서 반도체를 만들어야 한다."

특정한 전문지식은 특권이고 사회주의적 평등을 침해한다는 이념에서 만들어진 이런 구호 아래 중국 방방곡곡에 반도체공장이 만들어진다. 여기에 더해 과학자들 엔지니어들을 친미주의자라고 핍박하고 탄압했다. 과학자들을 시골로 내려보내 농사를 짓게 한 것도 이때다.

시진핑도 이때 시골로 하방했다. 시진핑 부친이 마오쩌둥에 반기를 든 펑더화이의 측근인 데다 반동을 미화한 소설을 쓴 주범으로 몰려 가족 전체가 박해를 당했다.

문화대혁명기를 거치면서 중국의 반도체 산업은 급격히 쇠락하게 된다.

중국이 역사상 처음으로 미국과 대립한 6·25 한국전쟁 이후 세계적으로 냉전이 심화되면서 중국의 고립은 중국 산업을 더욱 어렵게 만들었다. 대공산권 수출금지 조약에 따라 미국과 서방의 공산국가에 대한 첨단기술 제공이 금지되었고, 소련과의 관계도 악화되어 과학기술 측면에서도 중국은 완전한 고립 상태에 빠져 들어갔다.

등소평의 개혁개방과 반도체(1976~2000)

1976년 마오쩌둥이 사망한 이후 등소평은 1978년부터 개혁개방을 내걸었다. 외국 기술을 적극적으로 받아들였다. 그러나 생산성은 쉽게 높아지지 않았다.

미국 퍼듀대를 졸업한 당시 중국 최고의 반도체 전문가인 왕서우우王守武 박사는 1977년 7월 전국과학자 회의에서 중국 반도체 산업을 이렇게 평가했다.

"중국 전역에서 600개 반도체공장들이 1년 동안 생산한 반도체가 일본의 대기업 반도체공장 하나의 한 달 생산량의 1/10에 불과하다."[4]

1986년부터는 중앙정부 주도 아래 외국 반도체 기업들에게 중국의 노동시장과 상품시장을 활용할 수 있도록 허용하는 대신 기술이전을 요구하는 정책을 편다. 시장과 기술을 교환한다 해서 '시장환기술'이라고 칭했다.

네덜란드의 필립스, 일본의 NEC 등이 중국에 합작공장을 설립했지만 실제로는 국영기업과 비슷한 수준의 통제를 받아야 했다. 중국에 진출한 외국 기업들도 첨단기술이 아니라 철 지난 설비와 기술만을 가지고 들어갔다. 결국 이 정책도 실패한다.

민간 기업이 아니라 국가가 사업주체라는 것이 문제의 핵심이었다. 또한 문화혁명 후유증으로 반도체 같은 고급기술을 다룰 인력도 부족했다.

---

4 Xi Kang, China's Core past, Interesting and Deep Hard Core Finance Industry Story No. 8, 2020. 5. 8

중국의 WTO 가입과 반도체 산업(2000~2015)

앞서 언급했듯이 2001년 WTO가 중국을 회원국으로 받아들였다. 개혁개방 이후 25년이 지나긴 했으나 중국은 2001년 당시에도 시장주의를 받아들인 공산주의 국가였다. WTO 가입 전에는 반도체 같은 산업은 국가 중요산업이었기에 민간 기업에게 허용되지 않았다. 그러나 중국의 WTO 가입은 반도체 산업에 획기적 전기를 마련한다.

중국도 WTO 회원국으로서 어느 정도는 글로벌 스탠더드를 받아들일 수밖에 없는 상황이 되어 버렸다. 반도체를 포함한 중요 산업에 대해 민간 기업의 참여를 허용할 수밖에 없게 된다. 이후 많은 민간 반도체 기업들이 생겨나게 된다.

2000년 장루징 SMIC 상하이에 설립

최근 화웨이의 7nm 신형 스마트폰 칩을 제조해 주목받고 있는 SMIC도 중국 난징 태생으로 대만에서 성장한 장루징에 의해 2000년 상하이에 설립된다. 위탁생산을 전문으로 하는 파운드리를 세운 것이다.

SMIC는 현재 일부 국영기업의 형태를 띤 중국 최대 칩 제조업체이며 시장점유율 5.3%의 세계 5위 기업으로 성장했다. 설립자 장루징은 대만의 TSMC 설립자 모리스 창과 함께 미국의 텍사스인스트루먼트[TI]에서 근무했고 모리스 창 밑에서 경력을 쌓은 사람이라는 점이 흥미롭다.

2001년 WTO 가입 이후 글로벌 스탠더드를 어느 정도 도입한 후 중국의 반도체 산업은 상당한 발전을 이뤘다.

2022년 현재 세계 반도체 시장에서 각 국가별 시장점유율은 미국이 46%, 한국은 19%, 일본 9%, 유럽 9%, 대만 8%, 중국 7% 순이다.[5]

시진핑의 반도체 굴기(2015~현재)

2013년 시진핑이 등장하면서 중국은 반도체 자급자족에 박차를 가한다. 시진핑의 중국몽中國夢이 제시한 국가의 목표 가운데 하나가 반도체였다.

2015년 시진핑의 중국 정부는 반도체 굴기를 선언한다. 향후 10년간 1조 위안(160조 원)을 투자해서 15%인 반도체 자급률을 2025년까지 70%로 올리겠다는 내용이었다. 반도체 강국인 한국의 지위가 흔들릴 수도 있겠다는 우려가 제기되었다.

2014년 중국 정부 주도 빅펀드는 중국 반도체의 자급자족을 위한 시진핑의 중국몽, 중국 일대일로 정책의 핵심 수단이다.

이어 2015년에 선포한 중국 제조 2025 반도체 굴기는 2020년까지 반도체 자급률 40%, 2025년까지 70%를 달성하겠다는 결의이자 목표를 내걸었다. 미국과의 패권 경쟁에서 승리하겠다는

---

5 2022 State of the U.S. Semiconductor Industry, Semiconductor Industry Association, 2022.

것이다. 미국의 기술로부터 독립하는 길이 바로 반도체 주권국가가 되는 것이라는 전략이다.

2021년 현재 중국의 반도체 자급률은 16. 7%로 추정되고 2022년 반도체 장비 국산화율은 35%이다. 6

베트남전쟁 패배 이후 반도체 투자를 지속해온 패권국 미국도 과거의 중국에 대한 방관자적 시각에서 완전 탈피해 이러한 중국의 도전을 더 이상 좌시할 수 없었다. 중국의 기술 탈취와 국가 주도적 반도체 지원 정책으로 자칫 더 늦어버리면 중국에게 따라잡히게 생겼다는 판단에서다.

트럼프 대통령이 화웨이를 제재하고 무역관세로 중국에 대한 규제를 시작했다면 바이든 대통령은 보다 더 체계적인 칼을 빼들었다. 중국이 미국·대만·한국 등의 첨단 반도체를 수입하지도 못할 뿐 아니라 첨단장비의 공급도 차단되는 조치가 시행되었다. '디커플링'이라는 단어가 사용되기 시작했다.

중국으로서는 죽느냐 사느냐 생사를 건, 태평양을 사이에 둔 반도체 전쟁이 시작된 것이다. 야심차게 발표했던 중국의 반도체 굴기 계획도 차질이 불가피했다.

미국의 제재가 시작되면서 중국 반도체 기업들의 파산도 여럿 있었다. 2021년 7월 11일 중국 반도체 굴기의 핵심이라 할 수 있는 칭화유니그룹의 파산 구조조정 신청이 대표적이다. 7 시진핑

---

6 국제반도체장비재료협회(SEMI) 자료.

주석을 배출한 최고의 명문 칭화대의 산학연계 기업으로 1988년 설립된 칭화유니그룹은 산하에 낸드플래시 메모리 제조사인 양쯔메모리YMTC와 모바일칩 칭화유니UNISOC를 두고 있었다.

칭화유니그룹의 낸드플래시 메모리 사업을 하는 YMTC는 애플에 아이폰용 128단 3D 낸드플래시를 이르면 2022년부터 납품하기로 하였으나 바이든 정부의 대중 수출통제 등으로 인해 보류된 것으로 알려졌다. 애플은 당초 YMTC로부터 아이폰에 들어갈 낸드플래시의 약 40%를 구매하려고 검토했다고 알려졌다.[8]

칭화유니그룹은 충칭에 8,000억 위안(130조 원) 규모의 D램 사업도 계획했으나 2020년 착공을 못 하고 13억 위안(2,200억 원) 규모의 회사채를 상환하지 못해 결국 부도를 선언한 후 국유화의 길을 걸었다.

중국의 반도체 굴기 계획에 뭔가 뜻대로 잘 안 되고 있는 부분이 있음은 분명하다.

이처럼 반도체 기업들이 부진한 성과를 보이자 중국 정부가 직접 나서 투자 지분을 늘려가고 있다. 실질적 국유기업의 숫자가 늘고 있다. SMIC, HSMC 등의 민간 주도로 세워진 회사들이 중국 정부가 직접 통제하는 체제로 바뀌고 있다. 반도체 굴기 이후 다시 중국 반도체 기업의 국유화가 늘어가고 있다.

---

7 과학정보통신부 자료(2021. 7.11).

8 〈닛케이아시아〉(2022.10.17).

중국 500대 민영 제조업 기업의 세후순이익 합계

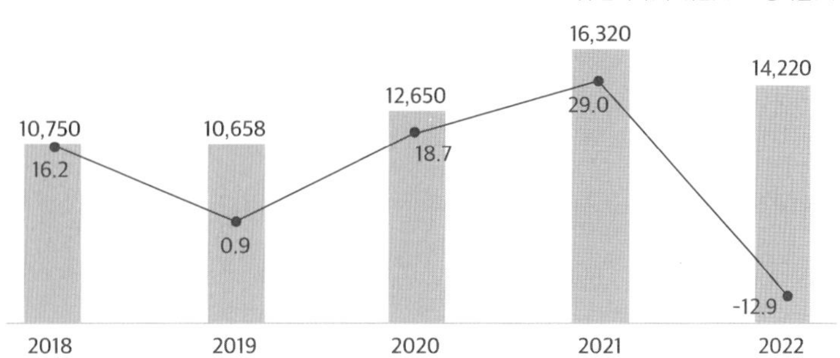

자료: 중국 전국공상업연합회

그런가 하면 중국 500대 민영 제조업 기업의 세후순이익은 급감하고 있다.

그러나 2023년 9월 화웨이가 발표한 SMIC가 자체 제작한 7nm 칩이 들어간 신형 스마트폰은 그간 미국의 제재로 중국 반도체가 흔들리고 있다는 세간의 평이 실제와는 다른 것 아니냐는 의문을 일으킨 대형 사건이었다. 미국의 제재가 과연 효과가 있는지에 대한 의심을 품게 했다.

시진핑을 알아야 중국의 반도체 굴기가 보인다

중국의 삼성전자라고 할 수 있는 SMIC는 2000년 설립되었다. 대만의 TSMC를 추격하는 것이 그들의 미션이라고 할 수 있다. 중국 정부는 2025년까지 자국에서 소비하는 반도체의 자국 생산 비율을 70%까지 끌어올린다는 목표를 세웠다. 중국이 세계 반도체 판매량의 1/3을 차지하는 거대 시장이지만 이 가운데 반도체 공급량의 약 80%를 수입에 의존하고 있었기 때문이다.

〈월스트리트저널〉에 따르면 중국에서 지난 3년간 반도체 굴기에 지원된 자금은 최소 23억 달러(약 2.8조 원)로 대부분 정부지원금이었다.[9] 2014년에는 1,390억 위안, 2019년에는 2,040억 위안의 국가 반도체 산업 투자펀드를 조성하기도 했다. 여기에는 시진핑 국가주석의 강력한 의지가 담겨 있다.

시진핑의 얼굴

보스턴대에서 중국 엘리트 정치를 연구하는 조지프 퓨스미스 Joseph Fewsmith는 "시진핑이 고위직에 오르기 전에는 모든 사람과 타협할 수 있는 사람으로 여겨졌다"라고 말했다.[10]

나도 그렇게 느꼈다. 나는 시진핑을 3번 만났다.

---

9 WSJ(2022. 1. 9).

10 BBC(2022.10.17).

첫 만남은 2011년 7월 민주당 정책위의장 시절 손학규 대표와 함께 베이징 조어대釣魚臺에서였다. 후진타오 국가주석 당시 중국의 2인자로 불리던 시진핑 부주석 시절이었다. 1시간가량의 비공개 대화시간 동안 시진핑 부주석의 목소리와 얼굴은 점점 포효하는 호랑이를 닮아갔다. 카메라가 없을 때 그의 모습은 너무나 달랐다. 내면의 격정과 외면의 미소가 공존하는 가운데 마치 철썩철썩 물결치는 성난 강물을 연상시켰다. 카메라 앞에서 보여주던 그의 온건한 미소는 온데간데없었다. 그는 두 얼굴을 가지고 있었다.

"피는 물보다 진하지 않습니까? 여러분이 대한민국의 민주당에서 오신 대표들이라서 제 견해를 얘기합니다. 대한민국은 피는 물보다 진하다는, 같은 민족인 남과 북이 대화할 때 힘을 가질 수 있습니다. 왜 북한과 미국이 대화하게 합니까? 직접 남과 북이 대화를 해야 힘을 가지고 한반도 문제를 해결할 수 있습니다. 그런 의미에서 이명박 정권은 참 바보 같은 정책을 취하고 있는 것입니다."

'피는 물보다 진하다….'[11]

중국의 지도자로부터 그런 얘기를 듣는 순간, '이 사람의 이런 자신감의 배경은 무엇일까?' 하는 생각이 뇌리를 스쳤다. 여러모로 많은 것을 생각하게 한, 긴 여운이 남는 만남이었다.

---

11 박영선(2015), 《누가 지도자인가》 참고.

두 번째 만남은 2014년 7월 대한민국 국회를 방문했을 때였다. 이때도 그는 특유의 미소를 잃지 않았고 낮은 목소리로 조용조용 이야기했다. 그렇다고 권위적이지는 않았다.

세 번째 만남은 두 번째 만남 직후 박근혜 대통령의 청와대 만찬에서였다.

당시 나는 민주당 원내대표였다. 만찬이 진행되는 동안 시진핑 주석은 박근혜 대통령 옆에 두 손을 모으고 의자에 등을 기대지 않은 채 몸을 다소곳이 구부리고 앉아서 뭔가를 매우 진지하게 설명했다. 마치 그 태도가 극진히 모시는 여왕 앞에서 머리를 조아리는 노회한 조언자 같았다.

그 장면을 보면서 은근히 걱정이 됐다.

'저분이 저렇게 다소곳한 사람이 아닌데 … 왜 저렇게 다소곳해야 하는지'에 대해 여러 의문이 생겼던 기억이다. 분명 그런 다소곳한 태도 뒤에는 시진핑 주석의 노림수가 숨어 있다고 생각했다. 결국 그것은 2015년 9월 3일 박근혜 대통령의 중국 전승절 기념행사 참석 논란으로 이어졌다고 나는 생각한다. 미국을 비롯한 서방 진영에서는 (독일, 폴란드, 체코는 제외) 국가정상은 물론 국가 사절을 파견하지 않는 행사에 박근혜 대통령이 참석한 것이다. 이것이 균형외교를 위함이었는지는 알지 못하나 이 상징적 행사 참석 이후에 미국의 강한 입김이 작용하면서 일본과의 위안부 합의나 사드 배치 등 외교적 논란이 더 세졌다.

최근 박근혜 전 대통령은 자신의 회고록에서 2015년 9월 3일 중국 천안문 광장에서 열린 중국의 전승절 열병식 행사에 대해 "중국은 행사 수개월 전부터 요청했고, 이를 고민하다 중국과의 경제 및 북핵 문제의 협력을 지속하기 위해 참석을 결정했다"고 밝혔다. 박 전 대통령은 "당시 중국과 북한의 사이가 점차 멀어지면서 균열이 생기고 있었고 전승절 참석은 중국과의 협력 공간을 넓히는 과정의 일환이었다. 지금도 그 결정을 후회하지 않는다"고 회고했다.[12]

당시 전승절 행사를 수행했던, 내가 만난 외교부의 한 고위관리는 "현장에 가 보니 당초 우리가 생각했던 것과는 전혀 다른 중국의 야심을 드러낸 행사였다는 것을 바로 느꼈다. 시진핑의 중국은 과거의 중국이 아니었고 우리가 잘못 판단하고 왔다고 느꼈다"고 말했다.

유라시아그룹Eurasia Group의 닐 토머스 중국 수석애널리스트도 시진핑 주석이 "큰 권력을 손에 넣기 전까지는 인내했지만 시험대를 통과한 후에는 무자비하고 영리한 정치인으로 판명"됐다며 "힘을 실어준 공산당 원로들도 시 주석의 권력 장악 속도와 범위에 놀랐을 것"이라고 설명했다.[13]

관측통들은 시진핑의 반부패 사정司正 운동이 당 내부 경쟁 상대와 다른 파벌의 제거에도 사용됐다고 본다.

---

12 〈중앙일보〉(2023.11.29).

13 BBC(2022.10.17).

2010년 내가 처음 시진핑 주석을 만날 때, 당시 충칭시 서기였던 보시라이薄熙來도 방문해 만났었다. 변호사 출신의 금수저 보시라이는 시진핑 부주석의 라이벌이었다. 충칭시 서기로서 자신의 업적을 설명하던 보시라이는 눈 밑 다크서클이 선명했고 얼굴도 유달리 검게 보였다. 사람을 응시하는 눈매가 매우 날카로웠지만 뭔지 모를 어두운 구석이 느껴지던 시선이 아직도 또렷하게 기억에 남아 있다. 그런 자신감 넘치고 부리부리한 눈의 보시라이도 '반부패 사정 운동'에 휘말려 제거됐다.

2018년 헌법 개정
: 시진핑 신시대 중국특색사회주의사상 명기

2018년 중국 헌법에는 국가주석의 연임제한 철폐와 함께 '시진핑 신시대 중국특색사회주의사상'이 명기됐다.

헌법개정안 32조는 헌법 서언 제 7단락에 '마르크스레닌주의, 마오쩌둥사상, 덩샤오핑이론의 3개 대표 중요사상의 인도 아래'를 '마르크스레닌주의, 마오쩌둥사상, 덩샤오핑이론 3개 대표 중요사상, 과학발전관, 시진핑 신시대 중국특색사회주의사상의 인도 아래'로 개정한다.

중국 근대화의 아버지 덩샤오핑조차 이름을 딴 '이론'만 존재하고, 시진핑의 바로 전임자인 장쩌민, 후진타오 전 국가주석 이름은 사상이나 이론에 이름이 거론되지 않는다.

마오쩌둥 이후 처음으로 시진핑의 이름을 딴 '시진핑 사상'이

헌법에 명기된다는 것은 시진핑의 위상을 보여주는 것이다. 그리고 이는 시진핑의 위상을 공고히 함은 물론 확실한 권력의 이동을 보여주는 것이라고 전문가들은 말한다.

시진핑은 중국 칭화대학 화공과 출신이다.

공과대학 출신의 시진핑은 과학에 대해 남다른 통찰력을 가지고 있었다. 처음 미국을 방문해 백악관에서 대화를 시작할 때도 그는 소련의 멸망을 되풀이하지 않을 수 있는 방안에 대해 집요하게 물었고, 첨단과학 기술에 대해 깊은 관심을 보였다고 당시 〈뉴욕타임스〉 베이징특파원 제인 펠레즈Jane Perlez는 회고한다.

그런 시진핑의 눈에는 반도체가 보였다.

2

미국의 반도체 전쟁 전략

미·중 갈등과 관련하여 트럼프 행정부가 미·중 무역전쟁을 치렀다면, 바이든 행정부는 수출통제 등의 경제안보 전쟁으로 넘어가는 양상을 보이고 있다.

미·중 양국은 역사상 처음으로 1950년 6·25 한국전쟁에서 부딪힌 후 20년간 적대관계였다. 1972년 닉슨의 중국 방문은 소련과의 경쟁에서 양국이 협력하는 계기를 만들었다. 1980년대 말부터 양국은 서로가 필요한 시장이었다. 미국은 1980년대 물가가 치솟는 상황에서 중국의 값싼 제품을 수입하여 인플레이션을 잡고 미국 중산층의 구매력을 향상시키며 경제회복에 나섰고, 중국은 경제성장을 위해 미국의 달러가 필요했다. 미국은 중국의 소비시장이 커질 것을 기대하며 2001년 중국의 WTO 가입을 적극 지지했다. 2016년까지 양국은 서로 상호 의존적 형태로 경제를 끌고 와 오늘날의 중국을 만들었다고도 할 수 있다.

2017년 트럼프의 등장 후 미·중 관계는 무역전쟁으로 급속히 악화되었다. 바이든 정부는 경제안보 전쟁으로 전환하면서 미국 경제 기본 틀의 대전환을 시작했고, 그것이 4대 신산업정책 골격으로 드러난다.

바이든 정부의 4대 신산업정책의 주요 골격

1. 〈미국 구조계획법 American Rescue Plan〉

1.9조 달러에 이르는 초대형 경기부양법. 코로나 팬데믹 시기의 경제부흥을 위한 예산법으로 그 결과 2021년 5.7%의 경제성장률 기록.

2. 〈인프라법 Bipartisan Infrastructure Law〉

전체 1.2조 달러 예산 가운데 신규 5,500달러 규모의 인프라 투자 예산법. 현재 50개 주에 3만 2,000개의 프로젝트 지원에 착수. (연방정부 역사상 가장 중요한 기후변화 조치로 평가 — 청정기술에 드는 비용을 줄이고 기후변화 유발 온실가스 저감을 유도, 전기자동차 배터리 등에 자금 지원)

3. 〈인플레 감축법 Inflation Reduction Act〉

5,000억 달러 규모의 클린에너지 투자, 헬스 케어 비용 저감, 7,500달러의 전기차 구매 세액공제 및 117억 달러의 에너지부 혁신 지원 대출 프로그램 포함.

4. 〈반도체 과학법 CHIPS and Science Act〉

총 2,782억 달러(약 365조 원)가 투자되는 미국 반도체 제조 지원 및 R&D, 테크 허브 촉진법. 이 법 이후 1,660억 달러 규모의 민간투자 발표 성과가 있었음. 미국 내 반도체 제조시설을 짓는 기업에 인센티브 제공.

이 중 〈반도체 과학법〉에 대해 좀더 살펴보면, 대문자로 표기된 CHIPS는 'Creating Helpful Incentives to Produce Semiconductors'의 약자이다. 따라서 '반도체와 과학법'이라는 직역보다는 '반도체 지원법'이 의미상 더 적절하다. 따라서 앞으로는 〈반도체 지원법〉으로 표기한다.

2022년 미국의 〈반도체 지원법〉

미국 백악관은 2022년 8월 반도체 산업의 미국 내 제조역량 강화 및 첨단기술 발전 촉진을 위한 〈반도체 지원법〉의 세부내용을 발표해 주목을 끌었다.[1]

모두 2,782억 달러가 투자되는 〈반도체 지원법〉은 주로 반도체 산업 지원과 기술 경쟁력 강화를 위한 연방 과학기관 지원 확대 등의 내용을 담았다.

우선, 반도체 분야에서 미국의 리더십을 강화하기 위해 반도체 연구개발, 제조, 인력개발 등에 527억 달러의 예산을 투자한다. 반도체 제조 인센티브에 390억 달러의 직접 지원금을 제공하고 2022년도에는 반도체 부족 사태를 일으킨 자동차 칩 생산에 20억 달러를 배정했다.

반도체 관련 장비 제조를 위한 시설투자에 25%의 투자세액 공제도 제공한다. 세액공제 규모는 앞으로 10년간 모두 240억 달러에 달할 것으로 전망된다. 하지만 지원금 및 세액공제 수혜기업이 중국 등 우려국가에 앞으로 10년간 반도체 제조시설 구축 확장을 제한하는 가드레일 조항이 명시되어 있다.

바로 이 조항 때문에 그동안 한국 기업들이 속앓이를 해왔다. 미국의 지원을 받는 경우 중국에 시설 확장을 제한한다는 것이었

---

1 미국 백악관 보도자료(2022. 8).

다. 중국에서 공장을 운영하고 있는 한국 기업과 대만 기업은 화들짝 놀라지 않을 수 없었다. 미국이 이러한 당근과 채찍정책을 통해 다른 나라, 특히 동맹국의 산업정책을 쥐락펴락하는 전략은 한국 정부와 국회도 면밀히 벤치마킹해 볼 필요가 있다.

한국의 언론은 주로 반도체 지원금과 세액공제 위주로 보도했지만, 실제로 가장 많은 예산이 지원되는 곳은 R&D와 교육 분야이다. 통틀어 2,000억 달러의 예산이 지원된다. 그 세부내역을 보면 2023년부터 2027년까지 5년간 연방 과학기관의 R&D 프로그램 등에 대한 예산권한을 대폭 확대하여 국립과학재단NSF 810억 달러, 국립표준연구소NIST 100억 달러, 에너지부 과학·혁신 활동 679억 달러 등이 대표적인 지원 액수이다.

미래 인재 양성을 위한 STEM 교육[2]의 강화를 통해 교육훈련을 실시하는 방안이 2,000억 달러 예산안에 포함되어 있다. 미국은 이 예산을 가지고 지방 커뮤니티 칼리지 등을 통해서 반도체 인재육성 계획을 세우고 있는데 앞으로 상당한 시간이 소요될 것으로 보인다.

반도체 및 첨단 컴퓨팅, 양자정보기술 등 국가적 집중 투자가 필요한 분야를 위해 국립과학재단 내에 기술혁신협력국Directorate

2 STEM은 과학(Science), 기술(Technology), 공학(Engineering) 및 수학(Mathematics)을 뜻한다.

for Technology, Innovation and Partnerships을 새로 만들고 기술 상업화를 지원한다. 주정부와 지방정부, 고등교육기관, 기업 및 지역사회 기반 조직을 연결한 '지역 기술혁신 허브'를 조성하여 혁신역량을 제고하고 일자리 창출을 지원하는 방안 등이다.

미국의 반도체 무기화 조치와 한국 기업

미국의 반도체 무기화 조치는 크게 3가지로 나눈다.

첫째, 앞서 언급한 2019년 5월의 화웨이를 우려거래기업에 포함시킨 미국의 기술을 사용한 해외직접생산품규칙FDPR 적용.

둘째, 2022년 8월 〈반도체 지원법〉.

셋째, 2022년 10월 포괄적 반도체 수출통제 패키지이다.

2022년 10월 7일 발표한 포괄적 반도체 수출통제 패키지는 고성능 슈퍼컴퓨터용 반도체와 반도체 제조장비에 대한 수출통제다. 최종사용자 통제End-Use Control 방식을 적용하였다. 물론 중국의 반도체 제조능력을 약화시키기 위한 정책이었다. 그러나 한국 기업에게는 치명타를 가하는 조치였다. D램에 대해서는 18nm 이하, 낸드플래시에 대해서는 128단 이상이 적용되는 조치였다.

미국의 포괄적 반도체 수출통제 패키지가 한국 기업에 큰 영향을 미칠 수밖에 없는 상황이 되었다.

첫째, 극자외선EUV 노광(빛으로 웨이퍼에 회로를 새기는 공정) 장비를 공급하는 네덜란드 ASML이 미국의 대중국 수출통제에 동참하고 있는데 이는 메모리칩에도 영향을 미친다. 메모리칩은 2025년부터 EUV 노광장비가 필요할 것으로 보이는데 중국에 있는 한국 기업에 대해 네덜란드 정부가 어떻게 판단할지가 관건이다. 또한 네덜란드는 최근 심자외선DUV 노광장비까지 수출통제를 확대하였는데 삼성전자와 SK하이닉스가 중국 시설에 ASML 장비를 도입하는 문제는 아직 해결되지 않은 상황이다(2023년 11월 기준).

둘째, 이 조치의 최종사용자 통제에 대해 발표 당시에는 엄청난 혼란이 있었다. 올브라이트 스톤브리지Albright Stonebridge의 폴 트리올로Paul Triolo 중국 기술정책 선임부회장은 "당시 발표대로라면 삼성과 SK하이닉스, 미국의 인텔 공장 등 미국의 모든 기술자들이 중국에서 철수해야 하는 상황이었다. 이 조치 발표 이틀 뒤인 10월 9일 미국은 다국적기업을 고려해 발표한 조치를 1년 유예하는 발표를 했지만 이러한 것들이 사전에 고려되지 않았다는 사실에 굉장히 놀랐다"라고 워싱턴 KEI(한미경제연구소) 세미나에서 밝혔다. 다행히 1년 후인 2023년 10월 미국 정부는 한국 기업들을 검증된 최종사용자VEU: Verified End User에 등재하면서 라이선스를 발급받지 않아도 장비를 수출할 수 있는 길을 열어주었다.

한편, 〈반도체 지원법〉의 가드레일 조항과 관련해서도 아직 불확실성의 여지가 남아 있다. 미국은 최종규정을 발표하면서 최첨단 시설의 경우 5%로 확장을 제한하고 기존 시설이나 범용 시설에 대해서는 10%로 확장을 제한하는 것으로 결론을 냈다. 그러나 이를 어떻게 이행할 것인지에 대해서는 미완결 상태다. 한국 정부와 삼성전자나 SK하이닉스가 미 상무부와 어떤 구체적 협상조건을 만들지 숙제가 남아 있다.

이에 대해 폴 트리올로는 워싱턴 KEI 세미나에서 "미국 정부 관계자와 이야기해 보면 결국 그들은 한국 기업들이 중국에서 공장 문을 닫기를 원한다"고 밝혔다. 이것은 중국 시장을 포기하지 않으려는 미국 기업들의 이해관계와도 상충된다.

그는 인텔의 예를 들었다. "인텔은 중국에서 충분한 수입을 얻지 못하면 미국 투자에 문제가 생긴다. 인텔 고객의 35%가 중국인데 중국에서 수익을 창출하지 못하면 다른 곳에 투자가 불가능해진다는 논리로 미 상무부에 주장하였다"고 소개했다. "한국 정부와 기업은 메모리칩과 로직칩(논리적 연산을 수행하는 비메모리 반도체)은 다르게 고려될 필요가 있다는 입장이었다"고 밝혔다. 앞으로도 한국 정부와 한국 기업들의 미 상무부와의 개별 협상이 중요한 과제로 남아 있음을 암시하는 대목이다.

미국은 최첨단 반도체의 대중국 수출통제에 이어 중국산 구형 반도체(레거시 칩)[3]에 대해서도 제재에 착수할 것으로 보인다. 2023년 12월 21일 미 상무부는 2024년 1월부터 상무부 산업안보국BIS이 방산, 자동차, 통신 등 주요 산업 분야의 미국 내 기업을 대상으로 구형 반도체의 사용현황 및 조달처 등을 조사할 계획이

---

3 레거시 칩(legacy chips)은 28nm 이상의 반도체 칩으로 자동차, 휴대폰 등 상업용과 더불어 군사용으로도 광범위하게 사용된다.

라고 밝혔다. 미국의 이 같은 움직임은 중국이 미국의 최첨단 반도체 수출통제에 대응하여 구형 반도체 생산 확대에 주력하고 있어 이를 견제하기 위한 것으로 보인다.4 러몬도 미 상무장관은 성명을 통해 "중국이 레거시 칩 생산을 확대하고 미국 기업의 경쟁을 어렵게 만드는 관행을 목격해 왔으며, 이번 설문조사가 다음 조치에 대한 정보를 제공할 것"이라고 밝혔다. 〈블룸버그 통신〉에 따르면 다음 조치가 관세 부과나 기타 무역수단이 될 수 있을 것으로 보인다.

그러나 미국의 대중국 제재의 실효성에 대해서 일각에서는 회의적 시각도 있다. 대중국 제재가 오히려 중국의 반도체 자립화를 가속화시키고 있기 때문이다. 앞서 언급했듯이 중국은 미국의 최첨단 반도체 수출통제에도 불구하고 2023년 8월 중국의 SMIC가 자체 제작한 7nm 칩이 들어간 '메이트60 프로' 스마트폰을 보란 듯 선보여 미국 정부를 당황케 하였다. 이처럼 미국과 중국이 숨바꼭질하듯이 제재→ 대응→제재 강화를 하고 있어 어느 쪽의 최종 승리로 귀결될지 예측하기 어렵다.

---

4 〈블룸버그 통신〉(2023.12.21).

바이든 행정부의 경제정책 바이블

미국 경제정책 리더십의 변화

2023년 4월 27일 워싱턴 D. C. 브루킹스연구소에서 연설했던 제이크 설리번 백악관 국가안보보좌관이 제안한 "새로운 워싱턴 컨센서스"로 돌아가 보자.

그의 연설 내용은 당분간 (적어도 바이든 정부하에서는) 미국 경제정책의 바이블이 될 것으로 보인다. 2024년 미국 대선에서 정권이 바뀐다 해도 미·중 갈등과 관련된 중요사안은 그 방향을 완전히 뒤집기 힘들 것으로 보여 이 내용을 심도 있게 분석해 볼 필요가 있다. 미국은 지금 무슨 생각을 하고 있으며 미래 산업의 로드맵을 어떻게 그리고 있는지 상세히 들여다보면 거기에 대한민국의 길도 보인다.

신자유주의, 자유무역에 대한 반성과 새로운 워싱턴 합의의 필요성

설리번 보좌관의 "새로운 워싱턴 컨센서스"를 보면 적어도 지금 미국은 반성을 시작한 것으로 보인다. 앞서 기술한 스티븐 월트 교수의 지적처럼 미국은 소련 붕괴 이후, 미국 독주의 지난 30년을 반성하고 있다. 미국의 패권을 더 강화하기 위해 힘으로 밀어붙였던 민주주의(이라크, 아프가니스탄 사태 등), 미국의 시장이 더 커질 것이라고 예상했던 글로벌화(세계화)의 자유무역주의에 대해 반성하고 있다. 진심으로 반성하고 있는지 아니면 전략 수정을 위한 전략적 일보후퇴인지는 잘 모르겠다. 적어도 전략 수정을 위해 반성을 기반으로 한 패러다임 변화를 추구하는 것은 확실하다.

첫째, 설리번 보좌관은 그동안 미국이 추진했던 감세와 규제완화, 민영화, 무역자유화의 '단순화된 시장 효율성'은 전략상품의 전체 공급망을 해외로 이동시켜 미국의 산업기반을 약화시켰고 일자리, 생산능력, 상품 수출에 도움을 주지 못했다고 보았다. 낙수효과 정책, 퇴행적 감세, 공공투자의 삭감. 무분별한 기업 집중은 미국의 중산층을 형성하고 있는 노동자계층을 약화시켰고, 이는 경제적 불평등, 특히 디지털 혁명 등의 구조적 문제와 얽혀 미국 중산층의 쇠퇴를 가져왔다고 진단했다. 이는 그동안 미국이 강조해오던 자유무역에서 보호무역으로의 회귀를 만들어 주는 논리로 해석된다.

둘째, "지정학적 안보적 경쟁이 치열해지면서 새로운 환경에 적응할 필요성"을 강조했다.

각국을 규칙 기반 질서로 끌어들이면 규칙 준수의 동기부여가 마련될 것이라고 보았지만 그렇지 않았다고 중국을 노골적으로 겨냥했다. 중국이 철강, 청정에너지, 디지털 인프라, 첨단 생명공학에 이르기까지 미래의 핵심산업에 막대한 규모의 보조금을 지급하고 있다는 것, 즉 중국식 자본주의로 인해 "미국은 제조업만 잃은 것이 아니라 미래의 핵심기술에서도 경쟁력이 약화되었다"고 적시한 대목이다.

여기서 바이든 행정부의 경제정책은 보다 분명해진다. 중산층과 미국 노동계층을 강하게 만들기 위해 더 이상의 감세와 자유무역정책은 취하지 않겠다는 것이다. 새로운 무역 패러다임을 들고 나왔다. 가치를 공유하는 동맹국끼리 규칙을 정하며 무역에서도 안보를 강조하고 있다. 그리고 공공투자를 과감히 늘려 공공재 확보를 통한 경제 활력을 되찾겠다는 것이다.

이 지점에서 우리는 대한민국의 대미 경제협상의 포인트를 짚어봐야 한다. 대한민국은 가치를 공유하는 동맹국으로서 대미 외교와 경제협상을 통해 미국의 공공투자에 함께 참여할 수 있는 전략적 접근을 해야 한다. 윤석열 대통령이 미국 국빈방문을 통해 〈아메리칸 파이〉를 부르며 바이든의 손을 번쩍 들어준 만큼 그에 따른 과실을 거두어 들여야 한다. '아메리칸 파이'를 나누는 전략에 대한 디테일이 필요하다.

미국과의 동조 속에서 반도체 등 중국 시장을 잃게 되는 만큼 그에 따른 상호보완의 필요성이 대두되고 있다. 그렇지 못하면 한국 경제는 상당 기간 침체될 수밖에 없다. 한국 경제가 힘을 잃게 되면 미국도 장기적으로 힘들어진다. 동맹은 서로에게 힘이 되어야 한다. 그것이 지속가능한 동반을 가능하게 하는 길이다.

지금 한국의 경제부처 수장들이 발 벗고 나서서 뛰어야 하는 일은 바로 '미국의 21세기판 디지털 뉴딜 공공투자'에 한국 기업이 참여할 수 있도록 길을 열어주는 것이다. 특히 공공투자를 민간 기업이 개별 차원에서 접근하는 것은 쉽지 않다. 그래서 정부가 목소리를 내고 길을 열어줘야 한다.

우리는 그런 목소리를 낼 만큼 그동안 미국의 요구를 충분히 들어줬고 대미투자도 해왔다. 따라서 이제는 우리도 목소리를 크게 낼 때다. 옛말에 '우는 아이 젖 준다!'는 말이 있다. 그렇다. 울어야 할 때다. '아메리칸 파이'를 함께 나눌 때다.

오일 이코노미에서 그린 이코노미로

바이든 대통령은 청정에너지 경제구축을 21세기 가장 중요한 성장기회로 보고 있다. 미국 경제정책의 매우 중요한 변화다. 이는 2차 세계대전 이후 미국 경제의 핵심 축이었던 "오일 이코노미에서 그린 이코노미로의 대변환"을 예고하는 중요한 키워드다.

청정에너지 이코노미에서 청정의 범위가 어디까지인지에 대해서는 환경론자들과의 갑론을박이 있을 수 있지만 원자력이 여기에 포함되는 것은 맞다. 그런데 어떤 원자력인가가 중요하다. 전통적 방식에서 벗어난 SMRSmall Modular Reactor, 즉 소형모듈원자로 기술에 의한 청정에너지의 선점방식에 대한 논의가 이미 바이든 정부 초기부터 있었다(2021년 5월 문재인 정부에서 한·미 정상회담을 통해 한·미 간 중점협력 분야로 이미 협의된 내용이기도 하다).

청정에너지 분야의 또 한 가지 중요한 포인트가 수소에너지이다. 소형원자로와 수소에너지는 모두 한·미 간 기술 접목으로 시너지를 낼 수 있는 분야다. 수소에너지는 그 인프라를 깔아야 하는 문제가 있어서 한국이 미국 그린에너지 경제 인프라 구축 사업에 뛰어들 수 있는 여지가 많은 분야다.

또한 전기배터리 제조 분야와 관련해서는 이미 한국 기업과 미국 기업의 대규모 합작투자와 협력이 진행되고 있는데, 전기배터리 제조뿐 아니라 미국 내 전기충전 인프라 구축에도 한국 정부가 보다 적극적 관심을 보여야 할 때라고 본다.

한국의 경제 수장들은 이런 부문에 주목하고 민간 기업이 풀기 어려운 공공투자 사업의 물꼬를 터줘야 한다.

트럼프 대통령 때와는 달리 바이든 행정부는 기후위기에 대한 대응에 깊은 관심을 표명하면서 청정에너지 경제를 기후위기와 함께 묶어서 끌고 가는 대응정책을 이미 상당히 진전시켰다. 하버드대에서 기후위기가 가져올 변화 관련 강좌가 성황을 이루고 있는 것도 이를 반영한다.

특히 디지털 인프라 구축과 그린에너지 공급에 대한 대규모 공공투자가 미국 경제의 회복력과 미국 중산층에게 기회를 부여할 것으로 보인다. 그만큼 바이든 행정부는 경제대공황 당시 뉴딜정책이 미국 경제에 회복력을 가져온 것처럼 디지털대전환 시대의 공공투자가 미국 경제를 살려낼 것이라고 굳게 믿고 있다.

여기서 한 가지 주목할 것은 디지털 인프라 구축과 관련하여 한국이 경쟁력 우위를 점하고 있는 5G 통신 분야이다.

중국 화웨이의 빈 공간을 대체할 수 있는 절호의 기회다. 5G 통신은 민간뿐 아니라 군사 부문의 인프라 구축도 매우 중요한 타이밍이다. 강력한 군사동맹국인 한국에게는 절호의 기회다. 또한 미국은 NATO와 동북아 동맹을 연결하는 5G 상호호환 네트워크 구축 계획을 가지고 있다.

그래서 한국 정부의 경제, 안보 수장들이 나서야 한다. 이 기회를 잡아야 한국도 살고 미국도 경제동맹으로서 오랜 기간 함께 할 수 있다. 한국과 미국의 미래가 여기에 있기도 하다.

향후 10년 바이든 대통령 의제에 따른 공공자본 및 민간투자는 3조 5,000억 달러에 이를 것으로 보인다. 2019년 이후 미국 내 반도체, 청정에너지 투자가 20배가 늘었다. 투자의 1/3이 외국 투자다. 물론 이 수치에는 바이든 집권 이후의 경제정책 홍보가 포함된 것이지만 이 기회를 어떻게 활용하느냐가 우리에게 매우 중요한 문제다.

특히 설리번 보좌관이 "미국이 경제와 무역 분야에서 동맹을 압박하지 않고 공급망과 안보를 함께 구축하는 상생을 지향할 것"이라는 점을 분명히 했다는 점을 기억할 필요가 있다.

디커플링에서 디리스킹으로

트럼프 대통령 시절 미국의 대중국 노선이 무역전쟁에 방점이 찍혔었다면, 바이든 행정부 들어와서는 경제에서 안보 분야까지 포함된 좀더 포괄적인 경제안보적 시각으로 다루어지고 있다.

디커플링(분리, 탈동조화)에서 디리스킹(위험 경감, 탈위험)으로의 변화는 겉으로는 미국의 대중국 규제가 완화된 것처럼 보이기도 한다. 그러나 그 속내를 들여다보면 미국이 중국 시장을 포기하지 않으면서 중국 견제를 선택적으로 오히려 강화하겠다는 입장이다.

혹자는 이에 대해 당연한 결과라고 말한다. 대중국 무역이 7,000억 달러에 육박하는 상황에서 두 나라가 '분리' 상태로 간다는 것은 애초부터 힘든 일이라는 이유에서다. 미·중 갈등 이후 미·중 간 무역규모를 보면 2016년 6,823억 달러에서 2019년 5,758억 달러로 감소했다가 다시 2020년 5,789억 달러, 2021년 6,915억 달러로 증가한다.

애초부터 불가능한 일을 벌인 미국은 용어를 '디커플링'에서 '디리스킹'으로 정리했고, 설리번 보좌관의 연설을 계기로 '디리스킹'이 공식적으로 사용되고 있다.

디리스킹(위험 경감)은 ① 다각화, ② 경제안보 강화, ③ 공급망에서의 강제노동 근절이라는 세 축으로 접근하며 위험요소를 경감한다는 전략이다.

재닛 옐런 재무장관은 '재균형'이라는 표현으로 설리번 보좌관보다 먼저 대중관계의 변화를 암시하기도 했다. '갈등이 아닌 경쟁', '분리가 아닌 위험 경감', '작은 마당Small Yard의 높은 울타리High Fence를 제외한 무역개방'의 원칙으로 대중관계를 가져가겠다는 것이다. 디리스킹은 결코 미국만의 문제는 아니다. 희토류의 98%, 항생제 제조 원료의 97%를 중국에서 수입하는 EU의 입장에서는 어찌 보면 더 절박한 문제다. 미국도 주요 광물의 80%를 중국에서 수입한다.

미국의 대중관계 변화는 EU 등 동맹국들의 숨통을 열어주면서 동맹국 간의 대화모드로의 변화를 촉발했다. 한국도 이 흐름에 당연히 합류하고 편승해야 하는 것은 물론이다. (그런데 한국 정부가 잘 하고 있는지는 아직 잘 모르겠다.)

미국은 디리스킹 정책을 펼치면서 소련 붕괴 이후 지난 30년 '힘의 미국'에 의한 정책 반성의 일환으로 전통적 무역협정, 즉 자유무역주의에 기반한 무역협정에서 디지털 시대, 현대적 무역협정으로의 변환을 촉구하고 있다.

설리번 보좌관은 "관세 인하를 통한 전통적 무역협정은 너무나 좁은 시각이며 이제 무역이 국제 경제정책에 어떻게 부합하며 어떤 문제를 해결하고자 하는가?"라는 물음을 던져야 한다고 반복적으로 강조했다. 이는 다양화에 기반한 탄력적 공급망 구축의 대변화를 예고하는 것이다.

대변화 가운데 특이한 것은 '작은 마당과 높은 울타리'라는 표현이다. 여기서 '작은 마당'은 차세대 핵심기술을 의미하며, '높은 울타리'는 미국의 독보적 존재감을 놓치지 않기 위해 조건과 규제를 가한다는 뜻으로 해석해 볼 수 있다. 작은 마당에 해당되는 차세대 핵심기술은 반도체·인공지능·양자컴퓨터·합성생물학·차세대 에너지 기술 등을 말한다. 다시 말하면 첨단기술에 대한 수출통제 정책 등이 작은 마당을 보호하기 위한 맞춤형 높은 울타리라는 것이다.

'높은 울타리'는 차세대 핵심기술을 철저히 미국 주도로 끌고 가되 높은 울타리에 해당되지 않는 것은 개방하겠다는 의미도 담겨 있다. 여기에 디커플링에서 디리스킹으로의 전략적 함의가 녹아 있다고 보인다.

작은 마당과 높은 울타리는 "차세대 기술이 민주주의와 안보를 위해 작동하도록 디지털 혁명의 새로운 문명을 이끌겠다"는 디지털 대전환 시대의 미국의 경제안보적 시각이다.

그렇다면 대한민국은?

우리에겐 위기이기도 하면서 기회이기도 하다. 대한민국 정부의 역량, 보다 구체적으로는 정부의 경제 수장들의 역할과 역량에 따라 위기가 기회로 전환될 수 있다.

미국과 캐나다 사례를 면밀히 벤치마킹해 볼 필요가 있다. 미국은 캐나다와 IRA 입법 초기 전담팀TF: Task Force를 꾸렸다. 캐나다는 최대 7,500달러가 지급되는 전기차 보조금과 관련해 최종 조립 요건과 부품 현지화율을 정할 때 캐나다를 포함시켜야 한다고 미국에 강하게 요구했다. '미국에서 생산된'이라는 당초 표현 대신 '북미에서 생산된'으로 문구 조정을 요청해 캐나다를 포함시켰다. 청정에너지 공급과 중산층 일자리를 위하는 것이 양국 경제에 득이 된다는 논리였다.

이 밖에도 바이든 행정부는 다자개발은행의 역할을 언급하면서 저소득 및 중간소득 국가의 인프라 격차 해소를 위한 수천억 달러의 글로벌 인프라 투자가 있을 것임을 예고했다.

한국 정부가 눈여겨보아야 할 또 하나의 대목이다. 윤석열 대통령이 미국 백악관에서 부른 〈아메리칸 파이〉가 애창곡으로만 머물 것인지 아니면 우리 손에 쥐어지는 "아메리칸 파이"로 만들 수 있을지의 여부가 대한민국 경제의 재도약과 미래를 결정할 매우 중요한 절체절명의 관건이다.

반도체의 애치슨라인?

미국 백악관의 〈반도체 지원법〉이 발표된 지 1년이 되던 즈음, 2023년 9월 11일과 12일 이틀에 걸쳐 하버드대 케네디스쿨에서는 반도체 심포지엄이 대대적으로 열렸다. 반도체 심포지엄이 끝난 후 집으로 돌아와 나는 애치슨라인Acheson line을 다시 검색해 보았다.

> 애치슨라인　1950년 미국 국무장관 애치슨이 발표한 태평양에서의 미국의 극동방위선. 대중공 정책상 태평양에서의 미국의 방위선을 필리핀–오키나와–일본–알류산 열도를 잇는 선으로 정한다는 내용. 그 결과 한국과 대만이 방위선에서 제외되었고, 이것이 한국전쟁 발발의 한 요인으로 작용했다는 비난을 받았다.

내가 다시 애치슨라인을 들여다보기 시작한 것은 미·중 갈등의 여파로 '반도체의 애치슨라인'이 다시 만들어지는 것은 아닐까 하는 의구심이 심포지엄에서 생겼기 때문이다.

바이든의 〈반도체 지원법〉 추진 상황을 점검하고 이를 뒷받침하기 위한 방안과 문제점들을 논의하기 위한 심포지엄이었다. 미 상무부에서도 사람을 파견할 만큼 이 심포지엄에는 무게가 실렸다. 대만, 일본, 미국 측의 전·현직 관료와 학계 교수 그리고 업계에서 참석했으나 이번에도 한국은 없었다. 한국인은 나를 제외하고 방청객으로 온 케네디스쿨 펠로우 한 사람이 전부였다.

에드워드 커닝햄 케네디스쿨 애쉬센터 중국 전문가의 사회로 진행된 포럼에서 전 백악관 반도체 조정관 로니 채터지Ronnie Chatterji는 미국의 〈반도체 지원법〉이 만들어진 경위와 과정을 설명하면서 앞서 언급한 바이든 행정부의 4개의 경제 기둥 법 가운데에 하나가 〈반도체 지원법〉이라며 바이든의 중요한 치적이라고 치켜세웠다.

그런데 약 1시간 이상 지속된 그의 발표내용 중에 내 눈을 의심하게 하는 자료가 있었다. 그가 반도체는 글로벌산업이라는 것을 강조하며 공급망 지도를 제시한 부분이었다. 그 지도에 일본과 싱가포르는 있었지만 한국과 대만은 표시되어 있지 않았다. 일본은 전·후방 산업의 제조 생산, 싱가포르는 후방산업의 조립·검사를 담당하는 역할로 표시되어 있었다.

미국의 백악관 반도체 조정관을 했던 사람의 머릿속에 한국과 대만이 비껴 있다는 사실은 현재 미국이 미래 반도체를 바라보는 시각의 한 단면을 그대로 보여준다. 미국은 한국과 대만을 첨단기술을 함께 연구하고 개발하는 미래의 파트너로 보기보다는 반도체 제조과정 중의 일정 부분을 맡아서 잘하는 나라 정도로 여기고 있는 것은 아닐까? 이러한 시각은 한국은 분단국이고 대만 역시 하나의 중국 정책과 배치되는 지정학적 리스크와도 무관하지 않아 보인다.

하버드대 반도체 심포지엄. 위는 로니 채터지(전 백악관 반도체 조정관),
아래는 에드워드 커닝햄(하버드대 케네디스쿨 애쉬센터 중국 책임자).

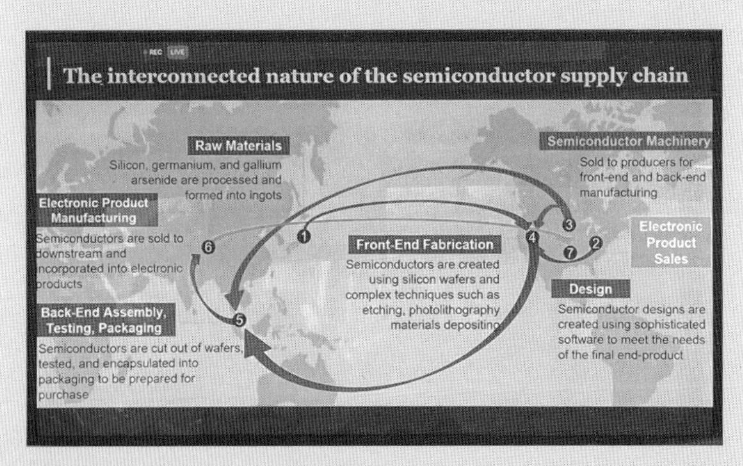

로니 채터지가 제시한 '신(新) 글로벌 반도체 공급망 지도'. 한국과 대만을 표기하지 않아 '반도체 애치슨라인이 아닌가' 우려를 자아냈다.

1950년대 중국과 소련의 영토적 야욕을 저지하기 위한 미국의 극동방위선에서 한국과 대만이 제외되었던 것처럼, 한국과 대만이 표시되지 않은 새로운 반도체 공급망 지도가 마치 반도체의 애치슨라인이 아닐까 하는 우려가 생겼던 것이다.

현재 듀크대에 있는 로니 채터지는 세미나 도중 한국의 삼성전자에 대해서는 전혀 예상치 못한 언급을 했다는 점도 많은 의구심을 낳게 했다.

듀크대에서 '삼성전자가 글로벌기업인가?'에 대한 인식과 관련하여 인텔과의 비교 조사를 언급한 부분이다. 듀크대 학생들에게 질문하면 대다수가 인텔은 글로벌기업이라고 인식하고 있지만, 삼성전자는 글로벌기업이 아닌 한국 기업이라고 인식하고 있다는 것이었다. 반도체 얘기를 하다가 튀어나온 이 발언의 진의는 어디에 있는 것인지 우리가 곱씹어 볼 대목이다.

미국 〈반도체 지원법〉 — 미국과 동맹국의 국가안보를 위한 것인가? 미국의 패권 유지를 위한 것인가?

인력난 — 사람이 없다

"TSMC의 애리조나공장 가동이 1년 연기된 이유가 무엇입니까? 그것은 바로 인력난 문제입니다."

하버드대 반도체 심포지엄이 토론으로 이어지면서 가장 먼저 대두된 문제가 바로 '사람'—인력난이었다.

인력난이 최대의 걸림돌로 등장했고 이 문제는 미국 〈반도체 지원법>의 성공 여부와 직결될 것이라는 신랄한 비판으로 연결됐다. 반도체 인력 양성 문제는 단기간에 해결하기 힘든, 적어도 10년은 걸리는 문제라는 관점에서다.

바이든의 〈반도체 지원법〉이 성공하기 쉽지 않다는 시각도 바로 인력난, 이 지점에서 출발했다. 미국의 욕심대로 미국이 모든 것을 다 할 수 없다는 것이다.

예를 들어 TSMC가 애리조나공장을 지으면서 클린룸을 설치하고 EUV 노광장비를 설치하는데 미국에는 숙련된 인력이 없어서 대만에서 100명이 넘는 기술자를 데려와야 했다. 그러나 이것이 미국 노조와의 갈등을 불렀다.

인력 구하기가 힘들어서 현재 공장 가동이 힘들고 차라리 대만에서 인력을 유치하는 편이 비용 면에서 훨씬 낫다고 판단해 내린 조치였으나 그것이 또 벽에 부딪쳤다는 것이다. 애플이나 구글Google 같은 실리콘 밸리의 회사들과 연봉 차이가 너무 커서 첨단 반도체 관련 학과 전공자들을 애리조나공장으로 유치하기도 힘들다는 것이다. 인재 유치를 위해 연봉을 올리는 문제는 반도체 단가와 직결되는 문제이기도 했다. TSMC 측이 미국에서 제조하는 반도체가 대만에서 제조하는 것보다 비용 면에서 2배가량 차이가 난다고 강조하던 이유이기도 했다.

이러한 제조 인력난은 2030년까지 약 11만 5,000명에 이를 것으로 예측되었다.

미국이 〈반도체 지원법〉을 발표하면서 반도체 R&D 지원과 인력 양성에 132억 달러를 배정한 이유이기도 했다. 미국의 지방정부를 비롯해 여러 지역에서 커뮤니티 칼리지를 동원한 인력 양성 방안까지 나왔지만 이것은 시간이 소요되는 일이라는 점에는 누구도 이의를 달지 못했다.

TSMC의 애리조나공장 가동 1년 연기 문제와 관련해서 미국의 〈반도체 지원법〉이 과연 미국과 동맹국의 국가 안보를 위한 것인지 아니면 미국의 패권 유지를 위해 동맹국들의 목줄을 비트는 것인지를 두고 계속 반론이 오갈 만큼 치열한 토론이 이어졌다. 특히 화웨이의 메이트60 프로 스마트폰 사례는 중국산 칩이 성능 면에서는 열등하지만 5G 응용프로그램에서는 충분하기에 제한과 봉쇄가 스스로 기술을 개발할 동기로 작용한다는 역설의 사례라는 지적도 있었다. 워싱턴 D. C. 에서 6시간 기차를 타고 달려 왔다는 미 상무부의 반도체 국제협력전략 디렉터 프랜시스 장Frances Chang은 미 정부의 입장을 설명하느라 진땀을 빼고 있었다.

미국 정부는 〈반도체 지원법〉을 통해 2030년 8%로 예상되는 반도체 제조를 20%로 끌어올리겠다는 계획이나 전문가들은 결과적으로 9~10% 선에 머물 것으로 보고 있다.

반도체는 팀 스포츠
: 누구를 위한 팀 스포츠인가?

이어서 미국 반도체 수출통제에 따른 중국 제재 문제가 거론됐다. 중국 제재에 따라 대만의 TSMC가 힘들다는 이야기였다. 그도 그럴 것이 TSMC는 미국에 40% 수출하는 만큼 중국 수출 물량이 상당하다. (2022년 TSMC의 연간보고서에는 매출액의 11%가 중국에 본사를 둔 업체에서 나오는 것으로 표기되어 있다.)

대만에서 온 학자들은 중국의 기술 진보가 대만의 방어에 대한 우려를 증가시킨다는 안보적 관점에서 반도체를 바라봤다. 그러나 기술 진보를 제한하기 위해 수출을 통제하는 미국의 조치가 중국으로 하여금 자체적 개발 노력을 가속화하도록 동기를 부여하고 있다고 우려를 표명했다.

케네디스쿨의 조지프 나이 교수5도 현재 바이든 정부가 추진하는 중국에 대한 반도체 정책은 선택적 디커플링이라고 지적했다. 디커플링을 지속하기에는 비용이 너무 많아 든다는 것이다. 그는 "역사적으로 미・중 관계는 미・러 관계와 달리 경제를 기반으로 이루어져 왔다"며 "현재는 작은 마당과 높은 울타리로 표현되는 안보가 결합된 선택적 디커플링, 선택적 디리스킹을 추진하고 있다고 본다"고 밝혔다.

---

5 전 하버드대 케네디스쿨 학장. 소프트파워 선도자. 윤석열 대통령 하버드대 케네디스쿨 방문 당시 토론 진행도 맡았다.

그러나 "마당을 더 넓히자는 압박이 계속되고 있으며 더 높은 울타리를 계속 쳐야 하는데 어느 분야까지 어느 정도까지 높일 것인지가 명확하지 않다"는 의문이 제기되고 있다고 지적했다.

조지프 나이 교수는 미국은 중국과 관련하여 세 가지 목적을 가지고 있다고 적시했다. 첫째, 전쟁을 피하는 것 둘째, 중국과 효과적으로 경쟁하는 것 셋째, 환경문제 등과 같은 분야에서 협력하는 것이다. 이 세 가지 목적 간에 모순이 있고 여기서 균형을 찾는 것은 쉽지 않은 일이라는 것도 미국은 잘 알고 있다.

반도체 심포지엄 토론에 참가한 한국인은 나를 제외하고는 없었다. 당연히 한국 정부나 삼성전자 등 한국 기업에서 참가할 만한 회의였으나 2023년 봄, 가을에 열린 반도체 심포지엄에 한국은 없었다. 대만에서 회의비용의 상당 부분을 지원했다는 후문이지만 그렇다 해도 이것은 그냥 지나치기엔 균형감을 잃고 있었다.

나는 중국 화웨이가 공개한 신형 메이트60 프로를 언급하며 중국에 대한 제재가 과연 실효성이 있는지에 대해 매우 심각한 검토가 필요하다고 운을 뗐다. 그리고 2019년 여름 시작된 한국과 일본의 무역 분쟁에 대해 당시 중소벤처기업부 장관으로서의 경험을 예로 들었다.

"한국과 일본은 2019년 무역 분쟁의 경험을 갖고 있습니다. 일본이 어느 날 갑자기 반도체 제조에 필요한 포토레지스트 등 필수품목 3가지에 대한 한국 수출을 금지했습니다. 우리는 매일

이른 아침 관계부처 장관들이 모여 대책을 논의했습니다. 처음엔 업계에서 당황했지만 곧 안정화되었습니다. 수입선을 다변화하고 자체적으로 모두 힘을 합해 한국 기업들의 기술을 향상시키고 개발되었지만 사용하지 않았던 기술을 실용화했습니다. 결국 한국 기업이 강해지는 결과를 가져왔고, 4년이 지난 지금 상황은 종료되고 정상화되었습니다."

경험을 바탕으로 한 발언에 청중들의 집중도가 높았고 특히 대만에서 온 대표단은 입가에 미소를 띠었다. 대만에서 온 참가자들은 토론이 끝난 후 일부러 나에게 와서 "반도체는 팀 스포츠"임을 강조하며 자신들이 해야 하는 이야기를 대신 해줘서 고맙다는 말을 하고 갔다.

미국 측 관계자들도 토론이 끝난 후 매우 시의적절한 코멘트를 해줬다며 고맙다는 인사를 전해왔다. 특히 조지프 나이 교수는 "기술은 퍼지는 성질을 가지고 있어서 기술을 통제한다는 것은 어려운 일이며 일시적 효과만 있을 뿐 결국 담장fence은 일정 기간이 지나면 넘을 수 있다는 것을 인식할 필요가 있다"고 했다.

반도체 전쟁《칩 워》의 저자, 크리스 밀러와의 대화

크리스 밀러Chris Miller.

그는 생각보다 젊었다. 1983년생으로 러시아 역사를 전공한 그는 이제 막 40줄에 접어든 촉망받는 젊은 교수였다. 베스트셀러 《칩 워Chip War》로 명성을 얻은 터프츠대의 밀러 교수가 (2023년 9월) 하버드대 반도체 심포지엄 첫날 첫 세션의 사회자로 등장했다.

심포지엄에서 명함을 교환하고 얼마 지나지 않아 밀러 교수에게서 이메일이 왔다. 반도체에 관해 심도 있는 대화를 나누고 싶다는 것이었다.

우리는 하버드스퀘어 부근의 한 식당에서 만났다. 그는 랍스터 롤 샌드위치를, 나는 햄버거를 먹으면서 약 1시간 반 대화를 나눴다. 역사학자인데 어떻게 반도체 전쟁에 대한 책을 쓰게 되었는지 그 동기가 궁금했다.

“반도체는 경제적, 군사적으로 매우 중요하다. 그런데 미국인들은 테크 관련 소프트웨어는 중요하게 생각하면서도 반도체는 그렇게 생각하지 않는다. 반도체를 매우 중요하게 생각하는 동아시아와 달리 미국은 그렇지 못해 책을 쓰기 시작했다. 반도체 관련 전문가가 아니어서 반도체 산업을 이해하는 데 시간이 오래 소요됐다. 책을 쓰는 데 약 7년의 세월이 걸렸다.”

그는 2023년 3월에 딱 하루 한국에 머문 적이 있다고 했다. 한국과 관련한 그의 속사포 같은 질문이 이어졌다. 미국과 중국 사이에서 한국의 상황을 어떻게 보고 있냐는 것이 그의 첫 번째 관심사였다.

"고래싸움에 새우등 터진다는 속담처럼 한국은 매우 힘든 상황이다"라고 답하자, "특히 어떤 부분이 그런가?"라는 후속질문이 이어졌다.

"한국의 반도체 기업들은 그동안 중국에 공장을 세우거나 중국 공장을 사들였기 때문에 미국이 갑작스럽게 규제 조치를 시행하면 연착륙이 힘들다. 그래서 시간이 필요하다."

그는 한국 기업들이 미국과 중국 사이에서 '압착되었다Squeezed'는 표현을 썼다.

"한국 기업은 미국뿐만 아니라 중국으로부터 압박을 받고 있다. 특히 중국에 있는 D램 시설이 중국 정부에 인질로 잡혀 있다고 본다."

D램 시설이 중국에 인질로 잡혀 있다는 강렬한 표현이 오랫동안 뇌리에서 떠나지 않았다. 이것은 2020년 SK하이닉스의 미 인텔의 중국 공장 인수가 실패였음을 표현하는 우회적 화법으로 들렸다.

중국이 SK하이닉스의 인텔 다롄공장 인수를 승인하며 미국-일본-한국-대만의 칩4 동맹의 고리 중 한국을 쥐고 흔들 수 있는 패를 쥐었다는 평가가 떠올랐다.

삼성전자 낸드플래시 생산의 40%를 차지하는 중국 시안공장에 대한 삼성의 투자도 너무 과감했던 것 아닌가 하는 생각이다. 2013년 이후 시안공장에 30조 원이 넘게 투자됐다.

2022년 한·중 간 반도체 교역액은 중국 통계 기준으로 1,079억 달러(국내 통계 기준 786억 달러), 대만과 중국의 반도체 교역액은 1,200억 달러로 현재 대만과 한국의 중국 교역액이 1, 2위를 차지하고 있다.[6]

밀러 교수는 유예기간 연장 조치와 관련해서는 더 연장해줄 것이라고 예상했다. (실제로 미국은 2023년 10월 발표에서, 앞서 언급한 대로 삼성과 SK 하이닉스를 검증된 최종사용자로 지정하여 수출통제 적용 유예기간 연장 조치와 관련해 시한을 두지 않았다.)

2024년 미국 대선에서 만약 트럼프가 승리한다면 더 제한적이고 더 엄격한 규제가 시행될 것이라고 전망했다. 그러나 미국이 규제 조치를 너무 강화하면 아이폰 가격도 올라갈 것이기 때문에 트럼프의 정책에는 한계가 있을 것이라는 말도 덧붙였다.

우리는 최근 화웨이가 7nm 칩을 사용하여 만든 메이트60 프로와 관련해서도 의견을 나눴다.

그는 "중국이 7nm 칩을 만들었다는 것은 중국의 입장에서는 매우 중요한 성공이라고 생각한다. 그러나 휴대폰의 고급 제품

---

6 2022년 무역협회 중국 통계 기준.

은 여전히 애플과 삼성으로 갈 것이다. 화웨이의 경우는 1,500만 대에서 2,000만 대의 고급 스마트폰을 만들 수 있다. 애플은 4,000만에서 5,000만 대를 판매할 예정이다. 그런데 중국 화웨이가 7nm 칩을 만드는 속도와 관련해서는 매우 놀라는 사람들이 많다. 중국이 접근 가능할 때 매우 유능하다는 것을 보여준 사례이고 그래서 워싱턴에서는 중국에 더 규제를 가해야 하는 것 아니냐는 목소리가 다시 나오고 있다"라고 말했다.

대화는 바로 과연 지금 미국이 취하고 있는 중국에 대한 제재 정책이 효과가 있는지로 이어졌다. 이와 관련해 제이크 설리번 보좌관이 지난 4월 천명한 '작은 마당의 높은 울타리' 정책에 대해서 밀러 교수는 "지금 워싱턴에서는 화웨이의 7nm 스마트폰 제조 이후 마당을 더 넓게 해야 하는 것 아니냐는 논쟁이 진행되고 있다. 여기에 대해서는 어떻게 생각하는가?"라며 내게 물었다.

"높은 울타리 정책은 유지하되, 작은 마당의 범위를 좀더 정교하게 특정해야 하는 것 아닌가?"라고 얘기하자, 그는 "워싱턴에서는 작은 마당의 높은 울타리 정책을 실시하면 중국이 7nm 칩을 못 만들 것이라고 생각했지만 그렇지 않았기 때문에 이대로 두면 앞으로 5nm, 3nm도 만드는 것 아니냐, 그래서 더욱 제재 범위를 넓혀야 하는 것 아니냐는 목소리가 커지고 있다"고 설명했다.

나는 "그러기엔 이미 시기적으로 너무 늦었고 광범위한 제재 조치는 오히려 미국과 동맹국의 경제도 멍들게 할 것이며, 중국 기업을 더욱 강화시키는 결과를 초래할 것"이라며 중소벤처기업부 장관 시절의 2020년 한·일 간 반도체 소재·부품·장비의 무역분쟁을 예로 들었다.

그로부터 얼마 후 미국은 밀러 교수가 전해준 대로 제재 범위를 더 넓혀 AI 반도체도 중국 수출을 금지하는 조치를 취했다. 곧 엔비디아 제품의 중국 수출금지 조치가 취해졌다. 즉각 중국은 정부 펀드를 이용해 중국의 대표 D램 제조업체인 창신메모리에 145억 위안(약 2.6조 원)을 투자했다.[7] 미국의 잇단 제재에도 중국은 반도체 굴기에 계속 가속페달을 밟고 있다.

문제는 중국이 언제쯤 고급 제품을 만들게 될 것인가이다. 고급 제품을 만들고 나면 중국은 더 이상 한국, 대만, 미국 제품을 사들이지 않을 것이기 때문이다.

최종적으로 중국이 EUV 노광장비를 언제 만들 수 있을 것인가? 중국이 EUV 노광장비를 자체 제작한다면 미국의 제재는 무용지물이 된다. 나는 그 시간을 5~10년 정도로 내다본다고 얘기했다.

"그사이 한국은 무엇을 해야 하나?"라고 밀러 교수에게 질문했다. "반도체 칩 디자인 쪽에 가능성이 있지 않나 생각한다. 중국이 따라오지 못하는 분야를 한국이 먼저 선점하는 것이 중요하다. AI 등 특수반도체 분야의 역량을 키우는 것도 중요하다고 본다."

---

7 중국 국가기업 신용공사(NECIPS) 자료.

밀러 교수는 반도체 산업은 팀 스포츠와 같다는 내 얘기에 주목했다. 팀 스포츠를 위해선 새로운 반도체동맹 카운슬이 필요하다는 내 얘기에 대해 밀러는 현재는 CHIP4(미국 · 한국 · 일본 · 대만)의 동맹이 있지만 4개국이 함께하는 회의는 없다. 또 CHIP4에는 유럽이 포함되어 있지 않고 그렇다고 G7을 중심으로 한 것에는 한국과 대만이 포함되어 있지 않다는 점을 지적했다. 이런 연장선상에서 최근 일본이 미국을 등에 업고 반도체 산업 재무장을 위한 대규모 투자에 나선 것은 한국에 위협적이다.

그는 일본은 로직칩에 중점을 두고 있어서 한국의 메모리칩 생산과는 궤를 달리한다는 인식을 가지고 있었지만, 고래싸움에 이득을 보는 쪽은 일본이라는 데 동의했다. 일본에 대한 밀러 교수의 견해는 아마도 백악관을 중심으로 한 대부분의 반도체 전문가들과 같을 것이고, 그동안 일본이 반도체를 재무장하기 위해 미국에 기울인 노력의 결과일 것이다.

2024년 미국 대선과 반도체

반도체 산업은 2024년 미국 대선과도 매우 밀접한 관계가 있다. 차기 미국 대통령은 미국뿐 아니라 글로벌 차원에서도 중요하다는 데 둘의 의견이 일치했다.

밀러 교수는 만약 트럼프가 2024년 당선된다면 그것은 시진핑의 승리일 것이라는 나의 의견에 동의하면서 그것은 푸틴의 승리이기도 하다고 첨언했다.

그는 중국 시진핑의 관심사는 경제성장에 있는데 진정으로 중국의 목표가 경제 개선이라면, 반도체에 투자하는 것이 최선의 방법은 아닐 것이라고 봤다.

삼성전자와 TSMC가 너무나 효율적이기 때문에 중국이 반도체를 판매하며 돈을 벌려면 훨씬 더 많은 돈을 지출한 후에나 가능한 일이어서 경제적으로 좋은 전략이 아니라는 관점이었다.

그는 전기자동차의 예를 들어 중국의 전기자동차는 생산과잉으로 이윤이 없어 돈을 벌지 못하는 문제점을 안고 있다고 지적했다. 시장점유율이 높아도 이익이 없다는 것이 중국 산업의 문제라는 시각이다.

전기자동차로 이야기가 확대되면서 자연스레 광물자원과 관련한 원자재 투자 문제로 화제가 옮겨갔다.

그는 한국·일본·미국·유럽 모두 광물자원과 관련해 동일한 도전에 직면해 있다고 말하며, 중국은 국내적으로 환경규제가 없어서 모든 것을 정제할 수 있지만, 다른 나라들은 그러한 정제 시설에 대한 전략이 없지 않느냐고 했다. 배터리에 사용되는 대부분의 광물이 중국에서 채굴되거나 아프리카에서 채굴되지만 중국에서 가공되기 때문에 이 문제를 해결하려면 여기에 대한 집단적 전략이 필요하다는 것이 그의 생각이었다.

이에 대해 나는 최근 인도네시아가 가공시설 공장 부지로 부각되고 있고, 이는 미국의 중국에 대한 제재로 오히려 중국에서 광물을 인도네시아로 가지고 나와서 인도네시아에서 가공하는 '1+1 전략'이 생겨나고 있다고 답해줬다.

그는 니켈, 리튬과 같은 광물을 다룰 때 가장 좋은 협력방법이 무엇이냐고 재차 내게 질문했다. 나는 유럽의 RE100(기업 활동에 필요한 전력의 100%를 2050년까지 재생에너지를 이용해 생산된 전력으로 충당하자는 캠페인)처럼 여러 나라가 합심하는 정책이 중요하다고 전제한 뒤, 이것이야말로 미국의 동맹국 협상위원회 또는 G7+한국 또는 G10 회의가 필요한 이유가 아니겠느냐고 제안했다.

그는 2012년부터 2014년까지 2년간 러시아에 거주했다. 그때 모스크바 롯데호텔 바로 옆에 살았다며 한국에 대한 친근감을 표시했다. 그러나 이제는 러시아 당국이 그의 방문을 허가하지 않아 더 이상 러시아에 갈 수 없다고 했다.

크리스 밀러 교수는 2023년 3월에 이어 10월 말 1박 2일 일정으로 한국을 또 방문했다. 짧은 한국방문 일정 중에 삼성전자 평택공장을 방문했다. 그 후 그는 보스턴에서 다시 나와 만나 삼성 평택공장의 규모에 놀랐고, 특히 2층으로 제조공정이 만들어지고 있는 점이 TSMC 공장과 달랐다고 했다.

삼성전자 공장을 직접 둘러본 그에게 앞으로 한국 반도체가 가야 할 길은 무엇이라고 생각하는지 물었다.

"반도체 제조는 수십억 달러의 생산라인 설비투자가 필요하고 많은 노동자가 필요하다. 디자인은 상대적으로 적은 비용, 즉

2023년 삼성전자 평택공장을 방문한 《칩 워》의 저자, 크리스 밀러 교수.

인건비만 필요하다. 엔비디아와 퀄컴이 좋은 예다. 10년 전 중국의 화웨이는 별 볼 일 없었지만 지금은 무시할 수 없는 회사가 되었다. 대만은 반도체 제조뿐만 아니라 칩 디자인도 한다. 한국도 이미 잘하고 있는 것에 너무 많이 집중하기보다 영역을 넓힐 수 있는 다른 것을 찾아야 한다."

향후 세계 반도체 시장은 어떻게 변화할까?

"이제 세계 반도체 시장은 2개의 그룹으로 나뉠 것이다. 즉 중국과 비중국권이다. 중국은 자국에서 집중 생산하고 내수시장에서 소비할 것이다. 그러나 비중국권 회사들은 이것을 싫어할 것이다. 비중국권 회사들, 삼성·TSMC·퀄컴·엔비디아 등의 중국 시장이 줄어들 것이기 때문이다. 현실은 비중국권 회사들이 특별한 우위를 갖고 있지 않은 분야에서 이미 중국 회사들이 이를 대체하고 있다는 것이다.

예를 들어 이미 중국은 자동차, 스마트폰, 메모리 분야에서 시장을 뺏어 오고 있다. 낸드플래시 메모리를 만드는 중국의 YMTC는 이미 마이크론이나 삼성전자로부터 메모리 시장을 뺏어오고 있다. 곧 AI 칩에서도 몇 년 안에 이런 현상이 나타날 것이다. 중국 정부가 막대한 지원금을 주고 중국 회사들로 하여금 중국산 칩을 쓰도록 강요하고 있고, 미국이 수출규제를 하고 있어 이러한 현상은 가속화될 것으로 본다. 이것은 중국권으로 갈 것인가 비중국권으로 갈 것인가를 선택하게 만들고 있다."

"그럼 비중국권이 협력을 잘 할 수 있을까?"

"현재는 중국권이 세계 GDP의 20%, 비중국권이 80%다. 어느 쪽에 서겠냐고 물으면 당연히 비중국권이라 할 것이다. 물론 대부분의 회사들은 속마음으로는 양쪽을 다 하려고 할 것이다. 그러나 점점 이 옵션은 사라지고 있다. 문제는 80%의 비중국권 회사들이 복잡한 이해관계로 얽혀 있다는 것이다. 미국·EU·

한국 등의 모든 회사들은 중국 시장을 버릴 수는 없다고 생각할 것이다. 이것이 서로의 관계를 복잡하게 할 것이다.

한편 중국은 중국 시장뿐만 아니라 해외에서도 시장점유율을 높이려 할 것이다. 예를 들어 현재 중국에서 만들어지는 대부분의 스마트폰은 한국·대만·일본의 칩을 쓰고 있다. 그러나 반도체 시장이 양분되면 샤오미 같은 중국 회사들은 스마트폰을 인도·동남아 시장으로 팔아 중국권 20%의 GDP를 높이려 할 것이다. 이것이 실제로 성공하느냐 아니냐는 매우 중요할 것이다. 왜냐하면 이것이 비중국권 회사들의 시장점유율을 결정할 테니 말이다."

한국을 방문하고 돌아온 직후에 나와의 세 번째 만남에서 밀러 교수는 세계 반도체 시장의 미래와 한국이 직면한 과제에 대해 긴 토론을 이어갔다. 앞으로 생명공학과 유전학에 관한 책을 쓸 계획이라는 그는 AI를 바이오기술에 적용하는 것은 매우 흥미로울 것 같다고 했다.

3

21세기 패권국가의 조건

누가, 어느 나라가 국제질서를 지배할 것인가?

인류의 문명이 시작된 이래 국제질서를 지배할 패권을 두고 끊임없는 충돌이 있었고 이는 현재도 진행형이다.

중세 이후부터 지금까지 대표적 패권국가로는 포르투갈, 스페인, 네덜란드, 영국, 미국 등을 들 수 있다. 패권국가에 도전했다가 실패한 나라로는 독일, 프랑스, 소련, 일본 등을 꼽을 수 있을 것이다.

유럽이 종교전쟁으로 내란에 휩싸여 있을 때 아프리카 희망봉을 찾으면서 바다를 점령해 패권국이 되었던 포르투갈. 대항해시대가 포르투갈을 당시 패권국 지위에 올려놓았다. 이에 질세라 신대륙을 발견해 대항해시대를 이어간 스페인은 로마제국에 버금가는 영토를 차지했으나 결국 전선을 너무 확대하면서 전쟁으로 재정이 빈곤해져 쇠락했다. 무역으로 패권을 거머쥔 네덜란드는 무역의 변화에 적응하지 못해 쇠락했다. 영국은 산업혁명을 발판으로 패권을 거머쥐고 해가 지지 않는 나라가 되었다. 그리고 영국의 패권에 도전했던 프랑스, 독일은 나폴레옹전쟁, 1, 2차 세계대전을 일으켰다.

영국의 산업혁명이 유럽의 경제적 근대화를 촉발했다면 영국에 도전한 프랑스의 나폴레옹전쟁은 패배로 끝나긴 했으나 유럽의 정치적, 사회적 근대화에 불을 지폈다고 볼 수 있다. 결국 영국의 산업혁명과 프랑스의 시민혁명 그리고 나폴레옹전쟁은 근대 유럽이 전 세계를 지배하는 패권을 만들었고 다른 나라들도 유럽을 모델로 근대화가 진행되었다.

그 후 영국은 1, 2차 세계대전에서는 승리했지만 미국의 도움을 빌렸던 결과 결국 미국에게 그 패권을 넘겨주었다. 소련은 미국의 패권에 도전하면서 40년의 냉전시대를 만들었으나 결국 스스로 붕괴했다.

한때 "NO라고 말할 수 있는 일본"의 열풍이 미국 맨해튼을 사들일 것 같았지만, 일본은 미국과의 1985년 플라자합의 이후 잃어버린 30년이 지속되면서 G2 자리마저 중국에 내주게 되었다.

2023년 오늘의 상황은 일본으로부터 G2 자리를 쟁취한 중국이 미국의 패권을 넘보며 반도체 전쟁에 불을 댕기고 있다.

이런 패권국가의 역사를 살펴보면 결국 패권을 결정하는 요소에서 빼놓을 수 없는 것이 기술혁명과 그에 따른 변화 그리고 전쟁이다.

이런 관점에서 21세기 패권국가의 조건은 무엇일까? 나는 21세기 패권국가의 조건으로 ① 기축통화, ② 첨단기술 지배, ③ 우주영토 확장을 꼽는다.

기축통화

21세기 들어 기술혁명의 중요성은 더욱 커졌고 첨단기술을 지배하는 자가 패권국가로 군림한다는 논리가 더욱 명확해졌다. 여기에 반드시 동반해야 하는 것이 기축통화基軸通貨이다.

19세기 기축통화는 영국의 파운드화였다. 영국은 식민지를 거느리면서 산업혁명을 기반으로 정치, 군사력으로 초강대국의 지위에 있었다. 해가 지지 않는 나라 영국의 파운드화는 전 세계 무역의 절반 이상의 결제통화로 사용되면서 기축통화로 그 위용을 자랑하고 있었다.

세계적 교역에 광범위하게 사용되었다는 점으로 볼 때, 그리고 금金본위제가 시스템적으로 적용되었다는 점에서 최초의 시스템화된 세계 기축통화라 할 수 있다.

영국은 1694년 중앙은행격인 영국은행Bank of England(영란은행으로 부르기도 함)을 설립했다. 영국의 파운드화는 1717년 영국이 금본위제를 도입한 이후 안정화되어 갔다. 영국은 화폐 주조 책임을 맡고 있던 과학자 아이작 뉴턴에게 금본위제 설계를 의뢰했다. 뉴턴은 금 1온스당 4.25파운드로 고정하는 금본위제를 만들었다.

그 이후 2차 세계대전이 끝날 때까지 영국의 파운드화는 세계 교역의 60% 이상을 차지하는 결제통화로 사용되면서 기축통화로서 군림하게 된다.

영국 파운드화의 기축통화 지위를 뒤흔든 것은 결국 전쟁이었다. 1, 2차 세계대전을 겪으며 영국은 전쟁 비용과 전후 복구를 위해 미국에 큰 빚을 지게 된다. 재정난에 휘둘린 영국은 그 빚을 금으로 대신하고, 미국은 전쟁을 도와준 대가로 막대한 양의 금을 보유하게 된다. 결국 영국은 금이 부족해 1931년 금본위제를 폐지하게 된다.

2차 세계대전의 터널의 끝이 보이기 시작한 1944년, 미국에서 브레튼우즈 협정이 체결된다.

미국 뉴햄프셔의 브레튼우즈에는 전 세계에서 당시 이른바 선진국이라 할 수 있는 44개국 연합국 대표들이 모인다. 여기에서 금 1온스당 35달러로 고정하는 금본위제 환율제도가 채택된다. 영국을 대표해 협상에 참여했던, 수정자본주의로 유명한 대석학 케인스John Maynard Keynes는 달러의 고정환율 채택을 강력하게 반대했다. 하지만 미국의 화이트Harry Dexter White 재무차관보의 집요한 주장과 함께 국력이 뒷받침되지 못해 결국 미국에 무릎을 꿇고 만다.

IMF를 탄생시킨 브레튼우즈 협정에서 케인스는 어느 나라의 국가 통화도 아닌 국제통화 방코르BANCOR를 도입할 것을 주장했으나 미국 달러화 통용을 주장한 미국 화이트의 벽을 넘지 못했다. 화이트 차관보는 미국 달러화의 금본위제 고정환율을 오랜 기간 준비해 왔고 케인스와는 3년이나 씨름했다.

브레튼우즈 협정에서 결정된 1온스당 35달러의 고정환율은 미국의 달러가 기축통화가 되면서 미국이 패권을 거머쥐는 결정적 계기를 제공한다.

2차 세계대전 종전 시점에 미국은 전 세계 금보유량의 약 70%를 차지하고 있었다. 헐값에 받았던 금이 하루아침에 1온스당 35달러로 거래되면서 미국은 어마어마한 부를 축적한다. 미국의 패권 이면에는 금이 있었다.

16세기 대항해시대를 만든 포르투갈, 스페인의 패권도 금과 무관하지 않다. 이들 두 나라는 브라질, 멕시코 등에서 탈취한 어마어마한 양의 금으로 그 패권을 유지했다. 한참을 거슬러 올라가 기원 무렵 로마제국의 아우구스투스가 만든 아우레우스금화는 200년 넘게 유럽과 중동을 지배했다. 이후 동로마제국의 금화 솔리두스는 500년 이상 세계 화폐, 즉 당시의 기축통화 역할을 했다.

브레튼우즈는 보스턴에서 북쪽으로 약 2시간 반 정도 거리에 위치해 있다.[1] 지금은 스키 휴양지다. 그 역사의 현장이 있는 마운틴 워싱턴호텔에는 로비 한편에 '골드룸'이라는 이름으로 브레튼우즈 협정 당시의 현장을 보관해 놓았다.

---

1 박영선 페이스북, #하버드리포트 31(2023. 4.22) 참조.

금 1온스당 35달러 고정환율을 체결하는 브레튼우즈 협정의
최종회의가 열렸던 골드룸.

하필이면 이 산골에서 그렇게 중요한 회의를 했을까? (지리적 위치로 굳이 비교하자면 우리나라의 강원도 용평과 같은 위치다.)

호텔 측은 나의 이런 물음에 당시 2차 세계대전으로 안보와 보안이 중요했으며 대서양을 배로 건너 도달할 수 있으면서도 눈에 띄지 않는 장소가 지정학적으로 적절했다는 답변이었다. 그러나 미국 기축통화의 역사를 만든 어마어마한 가치에 비해 다른 역사적 장소와 비교할 때 현장 보관 상태는 왠지 초라한 느낌이다.

호텔 측 설명에 따르면 브레튼우즈 협정을 기억하고 이곳을 찾는 사람은 경제학자 혹은 역사학자 정도라고 했다.

달러패권에 도전하는 중국

2023년 5월 21일 안토니우 구테흐스 유엔 사무총장이 의미심장한 발언을 했다.

"제 2차 세계대전 후 국제질서의 정치·경제적 근간인 유엔 안전보장이사회와 브레턴우즈 체제를 오늘날의 세계 현실에 맞게 개혁할 때이다."[2]

일본 히로시마에서 열린 G7 정상회의에 참석한 직후 나온 이 발언은 구테흐스 사무총장이 해설까지 곁들여 민감성을 더했다. "이는 본질적으로 오늘날 세계 현실에 따라 권력을 재분배하는 문제"라는 것이다.

유엔 사무총장의 입에서 이런 말이 나오기까지 그동안 심상치 않은 중국의 움직임은 이곳저곳에서 감지되곤 했다. 특히 코로나 팬데믹을 겪으면서 터져 나온 세계 각국의 취약점이 중국의 이러한 움직임을 더 가속화시킨 점도 있다.

2022년 중국의 시진핑은 1970년대 이래로 지속되어 왔던 미국의 '페트로달러 체제'[3]를 깨뜨리고 위안화로 원유 대금을 결제하는 시도를 사우디아라비아와 함께 시작했다.

모든 석유 거래를 달러로 하는 페트로달러 체제는 미국의 입

---

2 〈로이터통신〉(2023. 5.21).

3 Petrodollar system. 1975년부터 석유 결제대금을 미 달러화로만 쓰도록 한 것. Petro(석유)와 Dollar의 합성어. 미국이 사우디아라비아에 중동의 맹주국 지위를 보장해주는 대신 석유를 결제할 때 달러만 사용하는 것을 제안했다.

장에서는 기축통화를 유지하는 주요 수단 중 하나다. 그런 페트로달러 체제를 건드렸다는 것은 중국으로서는 모험이자 도전이고, 미국의 입장에서는 매우 불쾌한 도발이었을 것이다.

중국은 남미의 브라질과도 위안화 결제 협약을 맺었다. 브라질의 룰라 대통령은 "왜 모든 국가가 달러를 기반으로 무역을 해야 하냐"며 2023년 4월 중국과의 정상회담을 계기로 달러결제망인 스위프트SWIFT 대신 중국의 위안화 지급시스템을 이용하는 데 합의했다.

우크라이나 침공 이후 달러결제망에서 배제된 푸틴은 루블화 결제를 천명했지만, 러시아에서도 위안화가 결제통화로 자리 잡았다.

지금 중국의 위용은 1980년대 "NO라고 말할 수 있는 일본"의 기세와 비교할 수 있다.

중국 디지털 화폐의 달러 기축통화를 향한 도전

그동안 중국은 '디지털 화폐'라는 새로운 화폐 수단을 통해서도 미 달러화 패권에 도전하는 시도를 해왔다. 중국은 디지털 위안화를 사용해서 미국이 지배하고 있는 국제금융시스템에 도전하려고 한다.

중국은 2016년 디지털 화폐의 중앙집중식 대안을 만들기 위한 연구소를 세웠다. 이는 애초에는 2004년 자체 디지털 결제시스템을 만든 '알리바바'나 '텐센트'(2005년 자체 디지털 결제시스템 출시)가 지배하는 결제시스템의 중앙집중화를 위해 만들어진 것으로 보였다.

그러나 중국 내에서 디지털 위안화를 활용하는 방안을 찾는 과정은 속도가 느린 편이다. 2020년에 시범 운영이 시작된 지 벌써 3년이 되었다. 중국 25개 도시에서 시범 운영되었지만 실제 사용결과는 1%에도 미치지 못하고 미미하다.

소매금융을 위한 인프라를 깔고 생태계를 조성하는 일이 쉽지 않다는 것을 처음에 중국 정부가 감안하지 못한 듯하다. (실제로 내가 중기부 장관 시절 소상공인들의 신용카드 수수료를 낮추는 문제, 직불결제, 제로페이 확산 정책 등에 예상보다 시간이 많이 소요된 것은 소매금융의 인프라 보급에 많은 과정과 시간이 필요했기 때문이다.) 또한 디지털 화폐의 특성상 확실한 개인정보보호 대책이 아직 마련되지 않은 점도 제도 확산에 제약요인으로 작용하고 있다.

대신 중국은 국제거래에서 디지털 위안화를 사용하는 계획에 좀 더 박차를 가하고 있는 것으로 보인다. 만약 이것이 성공한다면 기축통화인 미국 달러에 대한 도전이 가능하다.

현재 진행되는 국제 환거래는 매우 번거롭고 비용도 많이 든다. 하지만 중앙은행 디지털 화폐, 즉 CBDC Central Bank Digital Currency는 빠르고 비용 발생이 거의 없다는 점이 큰 장점으로 작용한다.

여기에 러시아-우크라이나 전쟁이 불을 댕겼다. 2022년 초 러시아가 우크라이나를 침공했을 때 미국은 다른 동맹국의 도움을 받아 러시아 은행에 제재를 가했고, 미국이 결제하는 국제금융 인프라에 접근하지 못하도록 했다. 이러한 미국의 조치가 중국에게는 오히려 지정학적 이점으로 다가왔다. 미국이 통제할 수 없는 대안으로 위안화가 부상한 것이다.

미국 경제·통상 전문 싱크탱크인 피터슨국제경제연구소PIIE의 마틴 초르젬파Martin Chorzempa는 "중국은 'M브릿지 프로젝트'라고 불리는 디지털 위안화 시범사업을 통해 도매 CBDC를 위한 인프라를 테스트하고 있었다. 이 인프라는 은행 간, 국경 간 송금서비스로 고액을 보낼 때 사용 가능하기에 바로 이 지점에서 미국 달러화와의 실질적·잠재적 경쟁이 시작되는 것"이라고 말했다.[4]

오늘날 은행이 국가 간 송금거래로 실행하는 일반적 환거래 은행시스템은 지난 수십 년 동안 세계 경제통합에 따른 성장속도를 따라가지 못한 측면이 있다.

이에 따라 국제결제은행BIS: Bank for International Settlements의 연구원들도 비용이 많이 들고 느린 환거래 은행시스템 대신 CBDC 기반 시스템을 사용하면 더 효율적이고 저렴한 국가 간 송금거래 시스템을 구축할 수 있을 것으로 내다본다.[5]

BIS는 2022년 CBDC로 블록체인을 이용하여 2,200만 달러의 국가 간 거래를 결제한 바 있다. 또한 중국인민은행과 협력해서

---

4 *MIT Technology Review*(2023. 8.21).

5 *MIT Technology Review*(2023. 8.21).

중국의 도매 CBDC 시범사업도 홍콩, 아랍에미리트, 태국의 중앙은행과 함께 추진하고 있다.

이러한 BIS의 시도는 실제로 결제가 이루어졌고 탈脫달러화에 대한 국제적 관심이 예민한 시기에 이루어졌다는 점에서 주목을 받고 있다.

아틀란틱카운슬의 아난야 쿠마르Ananya Kumar 디지털 화폐 연구담당 부책임자는 "달러의 무기화로 인해 실제로 달러 보유고가 많지 않은 나라들은 그 대안을 찾고 있다"고 했다.

2023년 4월 방글라데시가 중국이 개발한 국제결제시스템CIPS: Crossborder Interbank Payment System을 사용해서 러시아 대출기관에 위안화로 대출금을 상환했다. 쿠마르는 "방글라데시가 해당 시스템을 사용한 이유는 방글라데시의 달러 보유고가 많지 않았다는 점도 요인 중 하나"라고 설명했다. 6

쿠마르는 이 시스템을 지속적으로 다른 국가들이 사용해 중국이 국제화에 성공할 경우 디지털 위안화를 기반으로 한 이 기술이 표준이 될 수도 있다고 내다봤다.

물론 미국의 연방준비은행FED도 대규모 국가 간 CBDC 거래와 관련한 연구를 하고 있다. 2022년 11월 미 연방준비은행은 도매 기술 프레임워크 개발을 위한 Cedar 프로젝트를 발표했다. 7

---

6 *MIT Technology Review*(2023. 8.21).

2023년 5월에는 싱가포르 금융당국과 협력한 2단계 연구결과를 발표했다.[8] 분산원장기술을 사용하여 다중통화 결제 및 결제 개선을 지원할 수 있음을 보여주었다는 연구결과다. 그 연구결과는 크게 세 가지로 요약된다.

첫째, 서로 다른 중앙은행 통화 원장을 서로 연결하여 중앙 청산기관이나 공유 중앙 네트워크 구축 없이도 분산된 여러 원장에서 결제가 안전하게 실행될 수 있음을 보여줬다. 둘째, 교체 통화 결제 체인이 모든 구간에서 성공적으로 실행된 경우에만 거래가 결제되는 원자적 결제가 이루어졌다. 셋째, 평균 30초 이내에 거의 실시간 결제가 이루어져 몇 초 만에 결제가 성공적으로 진행되었다는 알림을 받을 수 있었다는 것이다.[9]

현재 세계 100여 개국에서 CBDC 실행을 위한 연구가 진행되고 있다. 물론 한국은행도 추진하고 있다. 한국은행은 지난 2023년 10월 4일 싱가포르・호주・말레이시아와 함께 CBDC를 활용한 국가 간 지급서비스의 효율성 개선과 개선 실험을 진행한다고 밝혔다.[10]

또한 한국은행과 일반은행이 함께 CBDC 실거래 사용 시험에

---

7 2022 Fall Report, Federal Reserve Bank of New York
8 Federal Reserve Bank of New York — Project Cedar Phase II 홈페이지
9 Federal Reserve Bank of New York — Project Cedar Phase II 홈페이지
10 한국은행 CBDC 인프라 구축 발표자료(2023.10. 4).

나선다는 계획도 발표했다. 현금 사용이 현저하게 줄어든 상황에서 중앙은행이 발행하는 CBDC가 기존 거래를 무리 없이 대체할 수 있을지 살펴보겠다는 것이다.

이러한 세계 중앙은행들의 실험은 2020년 주요 20개국 중앙은행 총재, 재무장관 회의에서 중요과제로 선정된 프로젝트이나 중국이 전 세계 중앙은행의 CBDC 도입 운동의 선두에 서 있는 것만큼은 분명하다.

전문가들은 이러한 CBDC와 관련한 기술들이 국가 간 이슈에 대한 법적 문제 등으로 해결하기 어려울 뿐만 아니라 기술도 복잡해 시간이 오래 걸릴 것이라고 보고 있다. 또한 이러한 이유들이 중국 디지털 위안화의 달러패권에 대한 도전의 걸림돌이긴 하지만 지정학적 요소들이 예상보다 빨리 등장하고 있음도 부인하지 못하고 있다. 중국의 달러패권에 대한 도전은 지속될 것이고 미국은 이러한 중국의 움직임을 매우 성가시게 여길 것이라는 점에 대해서도 그 누구도 부인하지 않고 있다.

첨단기술 지배

첨단기술의 지배가 패권의 결정적 요소라는 것은 이미 역사적으로도 증명되었다. 몽골 기병의 빠른 속도가 세계를 제패한 원동력이었던 것처럼 이제 첨단기술의 지배는 경제적으로는 물론 군사적으로도 결정적 요소가 되었다. 그 중심에 반도체가 있다는 것이 이 책을 발간하는 이유다.

세계경제포럼WEF은 21세기 첨단기술로 일찍이 아래 6가지 기술을 주목했다.[11]

WEF가 주목한 21세기 첨단기술

합성생물학 synthetic biology

동형암호 homomorphic encryption

우주공간 space

양자컴퓨팅 quantum computing

나노기술 nanotechnology

자동화 및 자율 시스템 automated & autonomous system

2021년 가을 샌프란시스코 세계경제포럼을 방문했을 때 내게 브리핑해 주었던 내용이다. 2년이 지난 지금 그들이 주목했던 6가지 기술은 지금도 그 흐름을 같이하고 있다.[12]

---

11 박영선 페이스북 #백문일견 4(2021. 9.27).

12 박영선 페이스북 #백문일견 3, 4(2021. 9.26, 27).

첨단기술의 최근 동향

- 합성생물학은 코로나19로 인해 mRNA 백신(2023년 노벨의학상 수상)이 개발되면서 그 중요성이 명확해졌고, 이제 바이오는 21세기 첨단기술의 대세가 되었다.

- 동형암호는 현존하는 가장 안전한 4세대 암호기술로 서울대 천정희 교수 등 우리나라가 세계 선두그룹에 속해 있는 분야다.

- 우주는 이미 기술한 바처럼 21세기 패권국가의 3대 조건 중에 하나다. 그 중요성이 시간이 갈수록 크게 부각되고 있다.

- 양자컴퓨터는 중기부 장관 시절부터 그 중요성을 부르짖어 왔다. 그 결과 2021년 국가과학기술혁신본부 김성수 본부장 주도하에 투자국에서 양자기술 4대 강국 도약을 위한 원천연구 강화 분야로 양자컴퓨팅, 양자통신, 양자센싱을 3대 집중과제로 정하고 R&D 예산을 328억 원 배정하였다.[13] 이후 2022년 603억 원, 2023년 1,080억 원, 2024년 1,252억 원으로 국회에 제출되었으나 153억 달러(20조 원)의 중국에 비하면 정말로 너무나 미미하다.

- 나노기술은 반도체 칩 소형화는 물론 이미 일상용품에도 널리 활용되고 있으며 그 위력을 발휘하고 있다.

- 자동화 및 자율시스템은 인공지능화의 가능성과 자율주행차의 범주를 무한대로 넓혀가고 있다.

---

13 박영선 페이스북 #백문일견 REVIEW(2023. 1.23).

바이든 대통령의 3대 첨단기술 중국 투자 금지령

2023년 8월 9일 미국의 바이든 대통령은 3대 첨단기술에 대한 중국 투자 금지령을 내렸다. 반도체, AI, 양자컴퓨터가 그것이다. 이것은 결국 역으로 이 3대 첨단기술이 21세기 기술패권을 좌지우지할 것이라는 뜻으로 해석된다.

19세기의 판을 증기기관을 기반으로 한 기계혁명이 바꿨다면 20세기는 그 중심에 반도체가 있었다. AI, 지능화시대 역시 반도체 없이는 불가능했다. 여기에 양자컴퓨터는 21세기의 판을 바꿀 또 하나의 괴력을 가진 첨단기술이다.

양자컴퓨터의 상용화 시기가 언제쯤이냐에 따라 컴퓨터–PC–스마트폰으로 이어져온 혁명이 그야말로 퀀텀 점프를 하게 된다. 양자컴퓨터는 디지털의 세계를 흔들고 바이오 분야의 혁명을 가져오면서 전자의 시대에서 양자의 시대로 인간의 삶 자체를 완전히 전환시킬 게임 체인저가 될 것으로 예측된다.

최근 한국에서는 기초과학연구원IBS 양자나노과학 연구단의 연구팀이 2023년 10월 6일 국제 학술지 〈사이언스〉에 '전자스핀 큐비트'라는 새로운 양자컴퓨팅 플랫폼을 발표했다. 연구진이 발표한 큐비트Qubit 플랫폼은 얇은 절연체 표면 위에 여러 개의 티타늄 원자들이 놓인 구조다.

박수현 연구위원은 "지금까지는 표면에서 단일 큐비트만 제어할 수 있었지만 이번 연구를 통해 원자 단위에서 원격으로 원자를 조작하면서 여러 개의 큐비트를 동시에 제어하는 복수 큐비트

시스템을 구현할 수 있는 도약을 이루었다"고 밝혔다.[14]

연구진은 이번에 개발한 플랫폼의 장점으로 첫째, 큐비트 간 정보교환을 원자 단위에서 정밀하게 제어할 수 있고, 둘째, 큐비트의 크기가 1nm 이하로 기존 큐비트 플랫폼에 비해 가장 작은 양자 집적회로를 구현할 수 있으며, 셋째, 초전도체 등 특정 재료를 사용해야 하는 다른 플랫폼과 달리 다양한 원자를 큐비트의 재료로 선택할 수 있다는 점이 차별점이라고 설명했다.

양자컴퓨터의 상용화를 위해 초전도 방식, 이온트랩 등 다양한 큐비트 구현 방식이 경쟁 중이다. 현재 앞서가고 있는 IBM의 초전도 방식과 아이온 큐의 이온트랩 방식에서도 한국인 과학자들의 활약이 두드러지고 있다.[15]

IBM은 2023년 12월 4일 1,121큐비트의 양자컴퓨터를 공개했다. 1,000큐비트를 넘으면 기존의 상용화된 수준의 슈퍼컴퓨터를 뛰어넘는 속도다. IBM은 이와 함께 극저온 인프라와 전통적 런타임 서버를 모듈식 큐비트 전자제어 장치와 결합하는 방식의 새로운 양자컴퓨터를 발표했다. 작은 모듈을 여러 개 연결하면 큐비트를 늘리는 것보다 오류를 줄일 수 있다는 것이 IBM 측의 설명이다.

---

14 〈아이뉴스 24〉(2023.10. 6).

15 박영선 페이스북 #백문일견 14. 15, 16(2021.11.23, 24, 25).

아직 양자컴퓨터 분야에서 승자는 결정되지 않았다는 점에서 이번 연구 결과 발표도 고무적이다.

중국은 양자기술에 일찌감치 투자했다. 1990년부터 국립국방기술대학교가 양자통신기술에 대한 연구를 시작했으며 2001년에는 중국과학기술대학에 양자정보 핵심연구소를 설립했다.[16]

중국은 양자기술을 미래 군사기술의 메커니즘을 바꿀 강력한 다크호스로 봤다. 마치 미국이 반도체에 투자해 유도무기 체계를 개발함으로써 군사력 우위를 점한 것과 비교된다. 양자기술로 미국을 앞선다면 한 방에 미국의 패권을 무너뜨릴 수 있다고도 중국은 보고 있을 수도 있다.

〈맥킨지 보고서〉에 따르면 중국 정부의 양자기술에 대한 투자는 미국을 훨씬 앞질렀다. 양자기술 개발에도 역시 중국만의 독특한 국가 주도적 방식을 택하고 있다.

2022년 중국 정부의 양자기술 투자액은 153억 달러에 달한 반면 미국은 37억 달러, 유럽이 84억 달러, 일본이 1.8억 달러에 머물렀다. 물론 민간 부문 투자에서는 차이가 나지만 민간 부문 투자를 합쳐도 총액에서는 중국이 미국의 투자를 앞서 있다.[17]

중국의 전략가들이 양자기술이 보안, 군사적으로 매우 중요하

---

16 CSIS(미 전략국제문제 연구소), China Power 자료(2023.8.16).

17 민간 부문 투자는 중국 4억 8,000만 달러, 미국 33억 달러.

고 이 기술에서 앞서면 미국을 능가할 수 있다고 판단하고 있기에 더 그렇다. 중국은 특히 암호화 기술에 깊은 관심을 보이고 있다. 암호 해독, 암호 해체가 가능해 기존의 암호화 방식을 무력화시킬 수 있다고 본다.

중국 양자의 아버지라 불리는 중국과학기술대학교 부총장 판젠웨이는 "중국은 양자 정밀측정 분야에서는 늦게 시작했지만 선진국 전체와 비교해서는 빠르게 그 격차를 좁혀가고 있고 어떤 부문은 국제 최고 수준과 비슷하다"고 했다. 18

특히 양자통신 부문이 앞서가고 있다. 양자통신은 한국도 강세다. 중국은 2016년 세계 최초의 양자지원 위성 묵자Micius 호를 성공적으로 발사했고 베이징과 상하이를 연결하는 2,000km의 양자통신 보안 링크를 개발했다. 두 가지 모두 판젠웨이가 이끄는 팀이 거둔 성과다. 양자지원 위성은 해킹이 불가능하다.

양자컴퓨팅 분야에서 2021년 중국은 미국, 캐나다에 이어 세 번째로 자체 제작 양자컴퓨팅을 개발한 국가가 되었다. 2023년 5월에는 176큐비트 프로세서가 온라인에서 작동하기 시작했다. 그리고 2023년 10월 12일에는 '지우장 3.0'이라는 이름의 255 광자 기반 프로토타입 양자컴퓨터 구축에 성공했다는 보도가 나왔다. 19 이 역시 중국과학기술대학의 판젠웨이팀과 중국 과학원

---

18 CSIS(미 전략국제문제 연구소) 자료(2023. 8.13).

19 중국 〈글로벌타임스〉(2023.10. 2).

산하 상하이 마이크로시스템의 합작품이라는 발표다. 미국의 물리학회지 〈피지컬 리뷰〉는 중국이 개발한 양자컴퓨터는 기존의 세계에서 가장 빠른 슈퍼컴퓨터에 비해 GBSGaussian Boson Sampling(광자 양자 계산의 특수 목적 모델)[20] 문제 해결 속도가 1경 배 빠르다고 밝혔다.

미국과 중국이 양자컴퓨터 분야에서 세계 선두 자리를 놓고 치열한 경쟁을 벌이고 있다는 점을 감안하면 이번 '지우장 3.0'의 성과는 가히 미국을 긴장시킬 만하다. 지우장 3.0은 2021년 발표한 지우장 2.0보다 그 성능 면에서 100만 배 이상 빠른 것으로 알려졌다.

20 *Physical Review*(2017).

양자컴퓨터 개발에서 가장 앞선 기업은 IBM이다. 사진은 IBM 퀀텀 랩의 양자컴퓨터.

세계 1위 슈퍼컴퓨터인 미국 에너지부 오크리지국립연구소의 슈퍼컴퓨터 '프론티어'

우주영토 확장

2024년 1월 20일 일본의 무인 달 착륙선 '슬림SLIM'이 달 착륙에 성공했다. 이로써 일본은 소련, 미국, 중국, 인도에 이어 5번째로 우주선을 달에 착륙시킨 나라가 되었다. 그런데 이번에는 세계 최초 핀 포인트 달 착륙이라는 새로운 도전과제를 내세웠다.

지금까지 달 착륙 시에는 수 km의 착륙오차가 발생했으나, 슬림은 착륙오차를 100m 이내로 줄이는 핀 포인트 착륙에 도전했다. 기존 착륙선들이 지구에서 궤도를 결정해 착륙지점을 정한 반면, 슬림은 자체 보유한 카메라를 통해 달 표면을 실시간 관찰하며 착륙지점을 찾았다. '착륙이 쉬운 곳'이 아니라 '원하는 곳'에 착륙하는 시대를 열겠다는 목표를 내건 것이다.

핀 포인트 착륙에 대한 도전 자체가 오차범위를 최대한 줄이겠다는 일본의 강한 의지의 표현이자 일본이 보유한 슈퍼컴퓨터 연산력의 정확도를 천명한 것이다. 또한 착륙 시 자체 보유 카메라로 실시간 달 표면을 관찰하며 착륙지점을 찾는다는 것은 세계 최고 이미지센서 기술을 보유한 일본 소니와 네덜란드 ASML EUV 장비에 도전하는 캐논의 카메라 렌즈 기술력을 세계에 보여주는 것이다. 이러한 일본의 우주에 대한 도전은 결국 일본의 반도체 기술력을 세계적으로 인정받기 위한 인증샷이다.

일본 우주항공연구개발기구JAXA는 '세계 최초 핀 포인트 착륙'이라는 도전의 성공 여부 확인에 한 달 정도 시간이 걸릴 것이라고 밝혔다. 그 시점은 2024년 2월 말 정도가 될 것으로 보인다.

2023년 8월 23일에는 인도의 달 탐사선이 세계 최초로 달 남극에 착륙했다. 인도의 달 탐사선 찬드라얀 3호의 착륙선 비크람은 '프리기안'이라는 이름의 탐사로봇을 달 표면에 작동시켰다. 프리기안은 13일 동안 100m 정도를 이동하며 남극 표면에 황이 있다는 사실을 확인했다.

그러나 달에 밤이 찾아오자 이들의 활동은 수면모드에 들어갔고 이후 깨어나지 못했다. 달은 낮과 밤이 14일 주기로 바뀌어 햇빛이 없는 달 남극의 밤 기온은 영하 100℃로 떨어진다.

비크람과 프리기안이 달의 밤을 이겨내지 못할 것이라는 것은 어느 정도 예측은 됐었다. 비용과 무게를 감안하여 보온장치나 내구성 있는 재질이 사용되지 않았기 때문이다. 그러나 찬드라얀 3호의 세계 최초 달 남극 착륙은 우주 강국으로 떠오르는 인도의 존재감을 보여준 상징적 사건이다.

달에 착륙하면서 '최초'라는 수식어가 붙는 것은 무엇을 의미하는가? 왜 수많은 실패를 거듭하면서도 세계 강국들은 달 착륙을 시도하는가? 그것은 우주에서의 도전이 지구에서의 패권 패러다임을 바꾸기 때문이다.

여기에 21세기 들어 최근에 와서는 달이 보유한 광물, 달 표면의 실험, 무중력 상태에서의 실험 등이 최첨단기술의 지배와 깊이 연관되어 있기에 이제는 경제성 논쟁에서도 벗어나고 있다.

특히 러시아 – 우크라이나 전쟁은 우주 전략자산의 중요성을 재확인시켜 주었다. 러시아가 우크라이나 통신기반 시설을 파괴했음에도 미국의 민간 우주탐사기업 스페이스X가 스타링크 위성 인터넷 서비스를 제공함으로써 러시아의 봉쇄작전을 막았다. 고해상도 지구 관측 영상의 중요성이 부각되었고 또한 군사 및 첩보 관련 영역에서 우주 자산의 활용은 자국의 안전 확보와 함께 타국의 군사 및 정보를 확보하는 데 중요한 전략자산임이 재증명되었다.[21]

1957년 소련의 스푸트니크 위성 발사는 우주의 영역에 대한 인류의 도전사에 첫 획을 그으면서 미국의 패권에 대한 도전도 같이 쏘아 올렸다. 2019년 1월 3일은 중국이 최초의 달 뒷면 착륙으로 우주 영역에서의 미국 패권에 도전하며 세계를 놀라게 한 날이다. 최초의 달 뒷면 착륙 이후 중국은 그곳을 중국어로 '톈허天河[22] 기지'라고 명명했다.

중국의 우주 굴기

중국은 "중국의 우주 계획: 2021년 전망"을 통해 시진핑의 우주몽宇宙夢 의지를 밝힌 바 있다.

---

21 국가안보전략연구원, 〈INSS전략보고〉 No. 203(2022.12), 홍건식, "바이든 행정부의 대중국 우주굴기 인식과 대응".

22 중국어로 '은하수'라는 뜻.

이보다 앞서 2014년에는 달 탐사를 위한 달 탐사 공정 3단계 위성 지구 귀환시험에 성공했으며, 2019년에는 앞서 언급했듯이 세계 최초로 달 뒷면에 착륙했다.

2020년에는 중국 창어 5호가 달에서 채집한 토양을 가지고 지구로 귀환했다. 인류가 달의 토양을 가지고 온 것은 1969년 미국의 아폴로 11호와 1970년 소련의 루나 16호 이후 50여 년 만에 처음이다.

2021년 5월에는 중국의 화성 탐사선 톈원 1호가 화성 착륙에 성공해 탐사로봇 '주룽'이 화성 땅을 주행하는 동영상을 지구로 전송했다.

1997년에 화성에 착륙한 미국의 화성탐사선 패스파인더 이후 24년 만에 중국도 화성의 문을 두드렸다. 1997년 당시 미국 LA 특파원으로서 LA 근교 파사데나 JPLJet Propulsion Laboratory, '제트 추진연구소'에서 미국의 화성탐사선 패스파인더의 화성 착륙 실황을 생방송 특종보도로 한국에 전했던 나로서는 우주 개발에 나선 중국의 모습에 시선을 뗄 수 없었다.

2022년에는 중국의 우주정거장 건설을 목표로 마지막 모듈이 발사됐다.

그런가 하면 중국은 인민해방군 전략지원군SSF: Strategic Support Force을 창설해 미국을 긴장시키고 있다. SSF는 군사우주 작전을 담당하는 우주시스템부서, 전자전・사이버전쟁을 담당하는 네트워크시스템 부서를 두고 있다.

미국은 그동안 중국이 미국의 우주기술을 따라잡으려면 최소 20년은 걸릴 것으로 내다봤으나 중국의 미국 따라잡기는 그 시간을 10년 이상 단축해 버렸다.

미국도 우주군宇宙軍을 가지고 있다. 미국의 우주군은 적의 우주 영역 활용 능력을 불능화시킬 수 있다. 전파 방해나 위성연락 프로그램에 바이러스를 넣는 방식을 통해서다. 2023년 11월 북한이 군사정찰위성 만리경 1호를 발사하자, 미국은 북한 위성을 작동불능 상태로 만들 수 있다고 밝혔다.

미국의 자유아시아방송RFA: Radio Free Asia은 미 우주군사령부 공보실에 "북한의 군사정찰위성 활동을 막을 수 있는 역량이 미 우주군에 있느냐?"고 물었다. 클린켈 셰릴 미 우주군사령부 공보담당 국장은 "사이버, 궤도는 물론 지상에서의 적의 우주 영역 활동을 불능화시킬 수 있다"고 답변했다. 위성을 파괴하거나 위성을 직접 파괴하지 않더라도 정찰위성에 탑재된 카메라 통신기능 등이 성능을 발휘할 수 없도록 할 수 있다는 것이다.

한국도 첫 군사정찰위성을 2023년 12월 2일 새벽 미국 반덴버그 우주군 기지에서 발사했다. 우리 군의 정찰위성 1호기는 미국 우주기업 스페이스X의 발사체 '팰컨9'에 탑재되어 우주 궤도에 정상 진입했으며, 해외 지상국과 첫 교신에도 성공했다. 한국의 정찰위성 1호기는 4~6개월 동안 운용시험 평가를 거쳐 2024년 상반기에 전력화된다.

정찰위성 1호기는 고도 400~600㎞에서 지구를 도는 저궤도 위성이며 지상 30㎝ 크기의 물체를 식별할 수 있어, 세계 5위 이내의 성능을 갖추고 있다. 3m급으로 알려진 북한 정찰위성에 비해 월등한 성능을 갖추고 있다는 것이 국방부의 설명이다. 국방부는 "저궤도 위성을 올리는 데 '팰컨9'은 고도 1km당 5,000달러의 비용이 소요된다. 군은 독자적 정보 감시정찰 능력을 확보했다"고 그 의미를 부여했다.

2025년까지 확보하는 5기의 정찰위성 중 1호기는 EO(전자광학), IR(적외선 촬영) 장비를 탑재하지만, 2~5호기는 고성능 영상레이더SAR를 탑재한다. SAR을 탑재하면 날씨와 관계없이 북한 지역을 관측할 수 있다. 정찰위성 5기를 모두 확보하면 북한의 특정 지점을 2시간 단위로 감시 정찰할 수 있는 것으로 알려졌다.

국방부는 적 미사일의 발사 징후를 사전에 포착해 발사 전에 제거하는 킬체인에 한국형 미사일방어체계KAMD와 대량응징보복KMPR을 더한 한국형 3축 체계의 핵심기반을 갖추게 되었다고 설명했다. 바야흐로 한반도에서의 우주전쟁 시대가 도래했다고 볼 수 있다.

중국은 2045년까지 우주 과학기술 개발 분야에서 글로벌 리더로 부상한다는 야심찬 장기 목표를 갖고 태양계 탐사용 우주기술과 핵추진 우주왕복선 등을 개발 중이다.

이제 우주는 인류의 공동영역에서 우주영토 전쟁의 대상으로 점차 변질되어 가고 있다. 21세기 우주에서 이루어진 위업들이 지구상의 패권을 바꿀 수 있다는 확신과 함께 말이다. 그것이 인류의 미래요, 희망일지 아니면 인류의 파멸일지에 대한 숙고가 필요한 시점이다.

지구는 우주를 향한 그저 작은 발판인가?

1962년 케네디 대통령은 "이제 세상의 눈은 우주, 달과 그 너머의 행성을 바라보고 있으며, 우리는 그것이 적대적 정복의 깃발이 아니라 자유와 평화의 깃발이 지배하는 것을 보게 될 것"이라고 했다.[23]

"우리는 대량살상 무기가 아니라 지식과 이해의 도구로 가득 찬 우주를 보게 될 것이다. … 세계 최고의 달 여행국가가 되겠다"며 "우주공간에는 아직 분쟁이나 편견, 국가적 갈등이 없다"고 천명한 케네디의 명연설이 60여 년이 지난 지금도 유효한 것인지 우리가 곱씹어 볼 대목이다.

---

23 존 F. 케네디, 텍사스 라이스대 연설(1962).

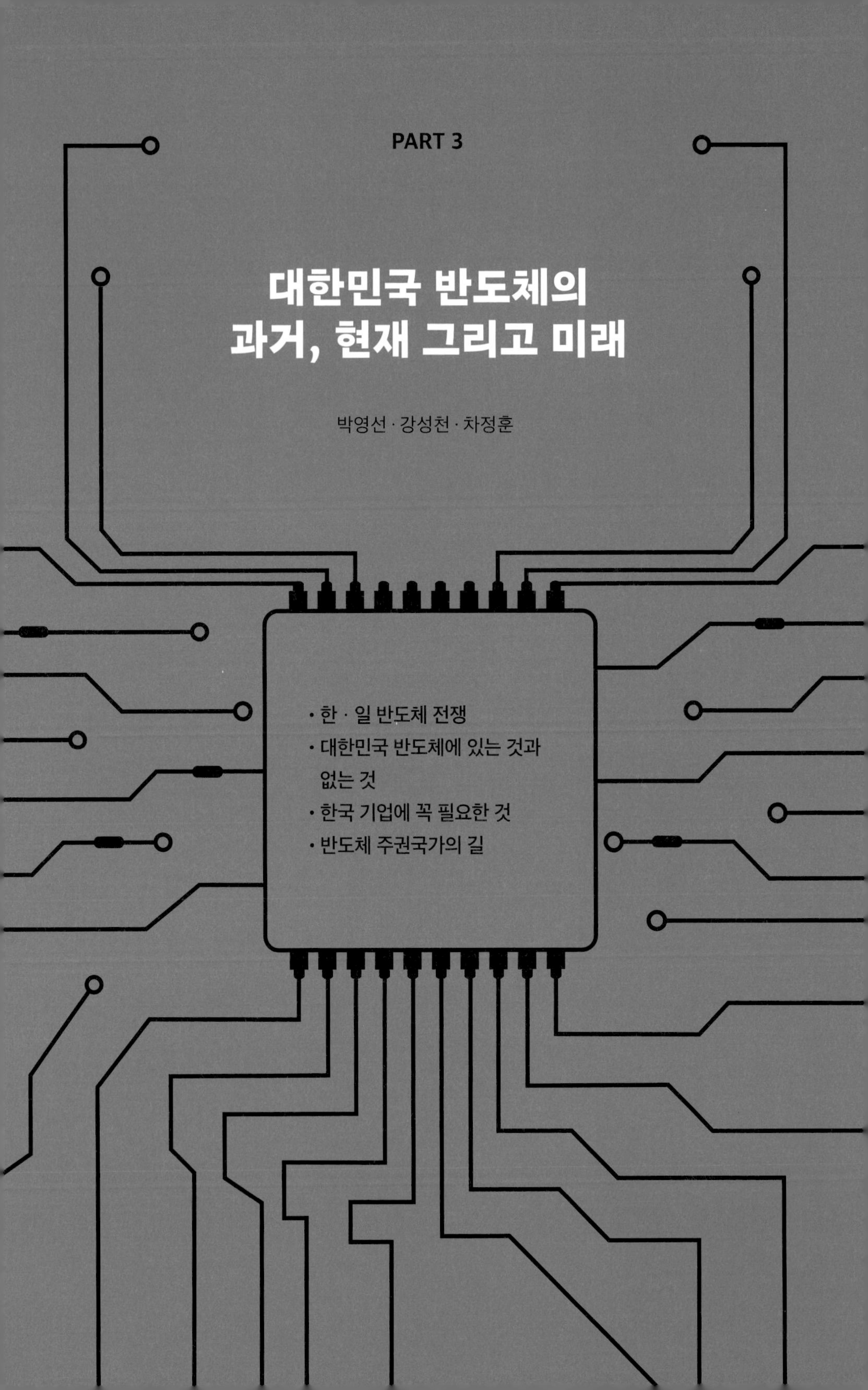

PART 3

대한민국 반도체의 과거, 현재 그리고 미래

박영선 · 강성천 · 차정훈

- 한 · 일 반도체 전쟁
- 대한민국 반도체에 있는 것과 없는 것
- 한국 기업에 꼭 필요한 것
- 반도체 주권국가의 길

1

한·일 반도체 전쟁

강성천

반도체 전쟁

현장에서 목격한 대격변

필자가 33년간 공직생활 가운데 잊지 못하는 몇 장면이 있다.

#1

2019년 6월, 대한민국 서울 — 일본 도쿄

대통령비서실 산업정책비서관을 맡고 있던 2019년 6월 30일 일요일 오전이었다. 여느 일요일 오전처럼 여유 있게 아침을 먹고 있었다. 휴대폰 문자 알림이 울려 살펴보니 청와대 긴급 비서관회의 소집 통보 문자였다. 부랴부랴 택시를 타고 청와대에 도착해 보니 당일 자 일본 〈산케이신문〉에 보도된 내용 관련 긴급 대책회의였다. 보도내용은 다음과 같았다.

일본 정부는 2018년 10월 한국 대법원의 강제징용 배상 판결에 대한 대항조치로서 첫째, 7월 4일부터 한국에 대해 반도체와 디스플레이 3대 소재(불화수소, 포토레지스트, 불화폴리이미드) 수출허가를 포괄허가에서 개별허가로 전환하고, 둘째, 한국을 8월부터 27개 백색국가에서 제외하여 수출규제를 강화할 계획이라는 것이었다.

대한민국의 핵심 기간산업인 반도체 생산라인이 멈출 수도 있는 국가적 위기 상황이 발생한 것이다.

이후 상황은 알려진 대로다. 〈산케이신문〉 보도와 같이 일본 정부는 7월 4일 불화수소 등 3개 품목을 개별허가제로 전환하였고, 8월 2일 일본 각의결정에 따라 한국을 백색국가에서 제외하는 조치를 8월 28일 시행하였다. 담당 비서관으로서 소재·부품 수급대응센터 설치, 소재·부품·장비 경쟁력 강화대책 추진, 세계무역기구WTO 제소 등 대응조치를 숨 가쁘게 추진하였다.

일본 반도체 소재기업의 최대 고객은 한국 반도체 산업이다. 따라서 일본의 한국에 대한 반도체 소재 수출규제는 일종의 자해행위이기 때문에 경제원리만으로는 도저히 설명이 될 수 없는 조치였다. 일본 언론이 언급한 것처럼 이는 한국의 대법원 판결에 대한 보복 조치로서 한국의 최대산업인 반도체 생산에 필수적인 핵심소재를 일본이 무기화한 것이었다.

국제무대에서 WTO 협정에 입각한 국제 자유무역 질서를 어느 나라보다 강력하게 옹호해 왔던 일본이 반도체 소재를 정치적 목적 달성을 위해 무기화하는 매우 아이러니한 상황이었다.

#2

2015년 여름, 중국 베이징

2015년 여름의 어느 날로 거슬러 올라간다. 중국 베이징에 소재한 공업신식화부 회의실에서 나는 산업통상자원부 산업정책국장으로서 중국 측 카운터파트너인 공업신식화부 산업정책사장[1]과 양국의 산업정책에 대해 장시간 토론하였다.

우리 측은 '제조업 혁신 3.0 전략'[2]을, 중국 측은 '중국 제조 2025'를 각기 소개하고 토론을 진행하였다.

중국 측은 중국 제조업을 2025년까지 한국과 프랑스를 따라잡은 뒤 2035년까지 일본과 독일 수준으로 발전시키고 2049년까지 미국을 뛰어넘어 세계 제조업 최강국에 오르겠다는 '중국 제조 2025'에 대해 설명하였다. 먼저 나는 어떻게 이러한 야심찬 목표를 달성할 수 있겠느냐고 질문했다.

글로벌 대기업들이 앞다퉈 중국에 투자를 늘리고 있기 때문에

---

1 산업정책사장(産業政策司長)은 한국의 산업정책국장에 해당하는 직위. 공업신식화부는 산업 · 에너지 · 정보통신정책 등을 담당하는 중국의 중앙부처.

2 제조업 혁신 3.0 전략: 2015년 3월 한국 정부가 발표한 산업경쟁력 강화 전략으로 제조업의 스마트혁신을 위한 스마트공장 1만 개 구축, 사업재편특별법(기활법) 제정 등을 담고 있음.

이를 전략적으로 잘 활용하여 핵심 소재·부품기술을 자립화하고 하이테크 산업을 육성하여 목표를 달성할 수 있다는 답변이 돌아왔다. 아울러, 알리바바와 같은 인터넷 플랫폼 기업은 중국 정부가 자국시장을 보호함으로써 얼마든지 만들어낼 수 있지만, 하이테크 제조업은 중국의 미래가 달린 핵심 분야이므로 국가의 모든 역량을 모아 추진해 나가야 한다는 의지를 보였다.

미국을 추월하여 하이테크 제조업의 최강국으로 도약하겠다는 중국몽中國夢에 회의적 생각도 들었지만, 중국이 세계 최대 규모의 외국인 투자를 전략적으로 활용하고, 천문학적 국가 자원을 총동원한다면 무모한 목표만은 아니라는 생각에 무거운 마음으로 회의장을 나섰던 기억이 있다. '중국 제조 2025'는 이후 미·중 무역분쟁 및 첨단기술 전쟁을 야기한 도화선이 된다.

#3

2018년 7월, 미국 워싱턴 D.C.

2018년 7월 19일 워싱턴 D. C. 에서 겪은 일이었다. 미국 상무부에서 〈무역확장법〉 232조를 자동차 수입에 적용하는 문제에 관한 국제공청회가 열렸다. 당시 산업통상자원부 통상차관보를 맡고 있었던 나는 한국 측 수석대표로 공청회에 참가하여 한국산 자동차에 〈무역확장법〉 232조를 적용하는 것은 한·미 FTA, 한·미 안보동맹, WTO 규범 등의 측면에서 불가하다는 입장을 강력하게 주장하였다.

미국이 이미 한국산 철강재에 〈무역확장법〉 232조를 적용해 쿼터제를 시행하고 있었으므로 대미 수출 1위 품목인 자동차 분야까지 이 조치가 확대되어 최대 25%까지 관세가 부과되는 것만은 막아야 한다는 절박감이 매우 컸다.

도대체 어떻게 수입산 자동차가 미국의 국가안보에 위협이 될 수 있나? 이러한 의문은 공청회에 참가한 모든 국가들이 갖고 있었다. 심지어 미국 자동차업계 대표들조차 〈무역확장법〉의 적용에 반대하는 입장을 밝히기도 했다. 다행스럽게도 미국의 자동차 관세 부과는 결국 이루어지지 않아 한국 자동차 산업은 위기를 넘겼다. 그러나 2024년 미 대선에서 트럼프 대통령이 재집권하게 된다면 전 세계 산업계를 떨게 했던 〈무역확장법〉 232조의 유령이 부활할지도 모른다.

1995년 발효된 WTO 협정은 국제 자유무역 질서를 보장하는 안전판 역할을 담당해 왔다. 관세와 비관세 장벽이 급속히 낮아지고 정부의 산업정책적 개입이 축소됨에 따라 비교우위론에 입각하여 다국적 기업들의 오프쇼어링off-shoring과 글로벌 가치사슬Global Value Chain이 급속히 팽창해 왔다. 반도체, 자동차 등 수출 드라이브를 통해 지속적 경제성장을 이루어 온 한국은 WTO 무역체제의 최대 수혜국이었다.

이러한 국제무역 질서가 뿌리째 흔들리고 있다. 앞서 소개한 일본의 반도체 소재 수출규제, 중국 제조 2025, 미국의 〈무역확장법〉 232조 등은 그 전조일 뿐이었고, 지금은 WTO체제가 철저하게 무력화되고 있고 미·중 디커플링(또는 디리스킹)을 중심으로 글로벌 가치사슬의 대격변이 진행되고 있다.

이 대격변의 중심에 반도체가 있다. 반도체는 국제 분업구조가 고도로 발전한 대표적인 재화이다. 반도체 지적재산권 보유와 설계는 미국이, 생산은 한국과 대만이, 소재와 장비는 일본, 미국, 유럽이 중심이 되어 맡고 있는 글로벌 분업구조가 지난 30여 년간 발전해 왔다. 이러한 반도체 지형에 새판 짜기가 진행되고 있다. 과거 석유 패권 이상의 전략적 중요성을 갖는 반도체 패권을 차지하기 위한 치열한 전쟁이 일어나고 있다. 반도체 대격변기에 우리나라가 어느 나라도 대체할 수 없는 반도체 주권국가로 가기 위해 어떻게 대응할 것인가는 대한민국의 미래를 좌우할 중차대한 과제이다.

33년간의 공직생활 대부분을 전문 산업정책 관료로 살아온 필자에게 대한민국의 반도체가 나가야 할 길을 정리하는 것이 개인적으로 무거운 숙제처럼 느껴진 순간이었다.

그러던 중 2023년 여름, 중기부에서 함께 일했던 박영선 장관, 차정훈 대표 두 분과 자리를 함께할 기회가 있었다. 박영선 장관은 탁월한 통찰력으로 '대한민국의 디지털 대전환'이라는 화두를 최초로 제시하고 이를 누구보다도 앞장서 실천해 온 분이다. 차정훈 대표는 최근 세계 최대 반도체 기업이 된 엔비디아

NVIDIA의 임원으로 근무한 경험을 갖고 있는 국내 최고의 반도체 전문가이다.

대화를 이어가는 동안 박 장관께서 하버드대에서의 연구주제와 특강 등을 준비하고 있다며 말씀하셨는데 반도체에 대해서도 놀라운 식견을 가지고 있다는 것을 새삼 알게 되었다.

곧바로 박 장관께 책을 내실 것을 제안했고, 그동안 반도체와 관련해 필자가 정리하던 생각들을 공유했다. 결국 그 자리에 함께 했던 차정훈 대표와 필자까지 《반도체 주권국가》의 공저자로 참여하게 되었다.

두 분과 함께 토론하고 집필하는 과정은 필자에게 큰 즐거움과 배움의 기회가 되었다. 이후 여름과 가을 내내 줌Zoom을 통해 이어진 토론에서 전 세계 반도체 산업이 재편되고 있는 현 상황을 제대로 진단하고 대한민국 반도체의 미래를 탐색해 보고자 했다.

세계 반도체 산업의 재편

2021년 4월 12일 미국 백악관에서 반도체 정상회의가 열렸다. 바이든 대통령은 반도체 웨이퍼를 흔들면서 연설했다. 그는 손에 들고 흔든 웨이퍼를 통해 반도체 설계뿐만 아니라 제조 분야에서도 세계 최고 국가가 되겠다는 미국의 강력한 의지를 압축적으로 보여주었다.

2023년 5월 18일 일본 총리관저에서는 세계 7대 메이저 반도체 회사 대표들이 기시다 총리를 중심으로 나란히 서서 사진을 찍었다. 히로시마 G7 정상회의가 열리기 하루 전날 세계 반도체 산업을 이끌고 있는 TSMC, 인텔, 마이크론, 삼성전자, IBM, 어플라이드머티어리얼즈, 그리고 벨기에 종합반도체 연구소인 IMEC의 대표들이 일본 도쿄 총리관저에 모였다.[3]

일본이 반도체 중심국이 되겠다는 강력한 의지를 천명한 것이다. 최근 몇 년 사이 반도체 관련 가장 인상적인 두 장면이었다.

---

3 TSMC는 파운드리 세계 1위, 인텔은 PC용 CPU 세계 1위, 삼성전자는 메모리 세계 1위, 어플라이드머티어리얼즈(Applied Materials)는 반도체장비 세계 1위 기업이다. IBM과 IMEC은 일본이 민관 합작으로 설립한 반도체 기업 라피더스와 기술협력을 하고 있다.

반도체 제조에서도 세계 최강이 되겠다는 의지를 보인 미국 바이든 대통령(2021. 4.12).

일본 기시다 총리와 함께한 세계 주요 반도체 기업 경영진(2023. 5.18).

미국과 일본은 두 장면의 사진을 전 세계로 송신하면서 세계 반도체 산업을 재편하여 반도체 중심국가가 되겠다는 의지를 확실하게 각인시켰다.

바이든 정부의 〈반도체 지원법〉을 비롯한 강력한 반도체 리쇼어링reshoring 정책 추진으로 인텔, 마이크론, TSMC, 삼성전자, SK하이닉스 등 반도체 주요 기업들이 앞다투어 미국 내 반도체 제조시설 투자를 진행하고 있다.

기시다 총리는 이날 참석한 기업들에게 일본 투자 확대를 요청했고, 참석자들은 이에 적극 화답하였다. 마이크론의 최고경영자 산제이 메로트라Sanjay Mehrotra는 5,000억 엔을 투자해 히로시마공장에서 차세대 반도체를 생산한다는 계획을 밝혔다. 삼성전자도 당시 일본에 300억 엔을 투자해 연구개발 전용 반도체 생산라인을 건설하겠다고 밝힌 바 있다.

반도체 산업의 '잃어버린 30년'을 되찾겠다는 일본 정부의 강력한 의지를 상징적으로 보여주는 장면이었다. 미국 외에 다른 나라의 정상이 세계적 반도체 기업 대표들과 단체로 면담을 가진 것은 매우 이례적인 일이다. 국제사회의 이목이 집중되는 G7 정상회의 전날 면담을 개최한 것은 일본이 반도체 산업 지원 의지에 대한 홍보효과를 극대화하기 위해 치밀하게 준비한 것으로 보인다.

미국, 일본만이 아니다. 반도체 굴기를 꿈꾸는 중국과 그간 반도체 변방국이었다고 볼 수 있는 독일, 영국, 이스라엘, 싱가포르도 반도체 산업 재편을 반도체 중심국가로 도약하는 기회로 삼기 위해 막대한 보조금 지급 등을 통해 반도체 기업 유치 경쟁에 나서고 있다. 반도체 산업 패권을 둘러싼 치열한 전쟁이 세계 곳곳에서 벌어지고 있다.

반도체 한일전 30년

한국과 일본은 지난 30여 년간 반도체를 둘러싸고 치열한 경쟁을 벌여왔다. 1차 반도체 한일전은 1990년대 초반부터 2000년대 초반까지 약 10년간 벌어졌다.

미 · 일 반도체협정

반도체를 처음 개발한 미국 AT&T의 자회사 웨스턴일렉트릭은 1951년 일본 기업들에게 반도체 특허를 공개했다. 이후 1960년대부터 1980년대까지 폭발적으로 성장한 가전산업의 수요에 힘입어 일본 기업들은 반도체 투자를 급속도로 확대하였다.

그 결과 1980년 초부터 NEC, 도시바, 히타치, 후지쯔, 미츠비시 등 일본 반도체 기업은 반도체 종주국인 미국의 TI(텍사스인스트루먼트), 모토로라, 인텔을 변방으로 밀어내고 세계 반도체 시장을 급속히 잠식했다. 일본 기업들의 덤핑을 통한 저가 공세와 반도체 가격 폭락으로 미국의 인텔은 1985년 D램 시장에서 철수한다.

미국 레이건 행정부는 일본 반도체 기업의 덤핑을 문제 삼기 시작했다. 미국 언론은 일본 반도체 기업의 저가 공세를 '제 2의 진주만 공습'으로 비유했다.

1985년 6월 14일 미국 반도체 산업협회SIA는 무역대표부USTR에 일본 정부가 민간 기업을 지원한 반도체 산업정책이 불공정하다며 제소했다.

미·일 반도체 전쟁이 시작된 것이다.

1985년 플라자합의로 일본 엔화 가치를 인위적으로 높이는 조정 이후 일본 기업의 반도체 가격경쟁력이 급격히 악화될 수밖에 없었다. 이듬해인 1986년에는 미국 정부와 일본 정부 간의 협정이 체결됐다. 일본 반도체 기업은 미국에 생산원가를 공개함은 물론 미국 반도체 기업의 일본 시장점유율을 20%까지 높이기로 했다. 이후 5년간 유지된 제 1차 미·일 반도체협정이 체결되었다.

1987년 미국은 일본이 반도체협정을 이행하지 않는다는 이유로 서슬 퍼런 슈퍼 301조를 통해 무역보복을 실시했다. 이어 1991년 제 2차 미·일 반도체협정이 체결됐다.

1986년부터 1996년까지 10년간 미국의 대일본 환율 정책과 무역보복으로 일본 기업들은 자국 시장과 미국 등 해외 반도체 시장에서 경쟁력이 크게 약화되고 설비투자도 급감하였다. 결국 일본은 반도체강국의 지위를 내려놓았고 그 틈새를 비집고 들어간 것이 한국이다.

1983년 삼성전자의 도쿄 선언, 1차 반도체 한일전

도쿄 선언(1983년)으로 반도체 산업에 뛰어든 삼성전자는 일본 기업들이 고전하던 틈을 타 반도체 사업에 공격적 투자를 이어갔다. 64MD램(1992년), 256MD램(1994년), 1GD램(1996년) 등을 잇달아 세계 최초로 개발하는 데 성공하게 된다.

일본 기업들은 1990년대 중반부터 내리막길을 걸었고 D램 사업에서 점차 손을 뗐다. 2000년 일본은 반전의 계기 마련을 위해 NEC와 히타치의 D램 부문을 분리하여 엘피다Elpida 4를 설립한다. 그러나 삼성전자와 하이닉스의 대대적 설비투자를 앞세운 치킨게임 전략과 글로벌 금융위기 등으로 엘피다는 버티지 못하고 2013년 마이크론에 단돈 25억 달러에 매각되는 신세가 되었다. 그리스어로 '희망'을 의미하는 엘피다를 통해 부활의 희망을 걸었지만 일본 반도체 산업은 날개가 꺾이게 된다.

이후 D램 시장은 삼성전자, 하이닉스, 마이크론 세 기업의 과점寡占체제가 확고히 정착된다.

일본은 D램 시장에서 완전히 철수하고 낸드플래시(키옥시아)와 소재·장비를 중심으로 반도체 산업의 명맥을 근근이 유지한다. 1차 반도체 한일전이 끝난 시점에 일본은 D램 등 제조산업은 거의 고사하고, 소재·장비 등 후방산업 중심으로 재편된 것이다.

---

4 1999년 NEC히타치메모리로 설립되어 2000년 엘피다메모리로 사명을 변경하였다.

2차 반도체 한일전

2차 반도체 한일전은 2019년 7월 일본 정부의 한국에 대한 반도체 소재 수출규제로 촉발됐다. 일본이 반도체 소재산업에서의 압도적 우위를 무기로 내세운 것이다.

앞에서 언급했던 것처럼 일본 정부는 3대 소재(불화수소, 포토레지스트, 불화폴리이미드)에 대한 수출허가제도를 포괄허가제에서 개별허가제로 전환하고 한국을 백색국가에서 제외하는 수출규제를 강화하였다. 삼성전자와 SK하이닉스가 일본 소재기업에 고순도 불화수소와 EUV용 포토레지스트를 사실상 전량 의존하고 있었기 때문에 일본의 수출규제는 한국 반도체 산업의 아킬레스건을 겨냥한 조치로 볼 수 있다.

그러나 일본 소재의 대체 수입처 발굴, 국내 생산 확대와 국산화 개발 등 한국 반도체 업계와 정부의 발 빠른 대응과 일본 기업의 소극적 참여(한국으로의 수출이 규제된 후 일본 기업은 영업이익 감소 등 경영상 어려움에 처함) 등으로 한국 반도체 산업은 거의 타격을 받지 않았다. 오히려 일본의 수출규제는 한국 반도체 기업들의 핵심 소재 자립화 및 공급망 다원화를 가속화하는 계기가 되었다.

결국 일본 정부는 2023년 3대 소재 수출규제를 해제하고(3월 23일), 한국을 백색국가로 복귀시킴으로써(7월 21일) 약 4년 만에 양국의 반도체 소재 교역이 완전히 정상화되었다.

결국 지난 30여 년간 진행된 1, 2차 반도체 한일전은 한국의 승리로 귀결됐다.

30년 반도체 한일전의 흐름을 요약하면, 1990~2010년대에 걸친 경쟁에서는 일본의 반도체 패권 장악을 저지하고 자국의 반도체 패권 유지를 위한 미국의 강력한 대일 견제조치에 따라 생긴 틈을 한국 반도체 업계가 활용하여 반도체 시장 진입과 점유율 확대에 성공했다.

이후 공격적 설비투자와 기술개발 성공으로 한국은 메모리 세계 최강국으로 자리를 굳히게 되고, 일본은 D램 등 제조산업은 거의 고사하게 되고 소재·장비 등 후방산업 중심으로 재편되었다.

2019년 일본이 반도체 소재산업의 압도적 우위를 무기로 추진한 대한 수출규제로 촉발된 경쟁도 한국 반도체 업계에 별다른 타격을 주지 못하고 오히려 한국의 반도체 소·부·장 산업의 내재화를 촉진하는 계기로 작용하였다.

일본의 습격

한국 반도체의 미래를 겨냥하다

2019년 G20 오사카 정상회의와 일본의 수출규제

1999년 개봉해 큰 인기를 모았던 영화 〈주유소 습격사건〉의 제목은 편의점에서 라면을 먹던 개성 강한 인물들이 갑자기 주유소를 습격하는 데서 붙여진 이름이다.

2019년 일본의 수출규제 조치는 당시에는 이런 주유소 습격사건을 연상하게 할 만큼 기습적인 것이었다. 과연 이러한 일본의 한국 급소 찌르기 선전포고는 단순한 단기적 보복전략이었을까? 지금 와서 복기해 보면 이것은 일본의 반도체 재무장을 위한 '한국 반도체 죽이기'의 서막으로 해석할 수 있을 것이다.

2019년 6월 29일 일본 오사카에서 폐막된 G20 정상회의는 자유무역 강화를 위한 무역과 투자 시장개방에 대한 공동 선언문을 채택한다. "우리는 자유롭고 공정하며 비차별적이고 투명하고 예측 가능하며 안정적인 무역과 투자환경을 구축하고 시장개방을 유지하기 위해 노력한다"는 내용이 공동선언문의 요지였다.

다음 날 일본의 대표적 우익 언론인 〈산케이신문〉은 일본 정부가 한국 대법원의 강제징용 배상판결에 대한 대항조치로서 일본의 반도체 소재 수출을 규제할 것이라고 단독 보도하였다. 일본이 의장국이었던 G20 정상회의가 자유무역 강화를 위해 공동 노력한다는 성명서를 발표한 다음 날 일본이 같은 G20 국가인 한국에 대한 수출규제 조치를 강화한다는 기사가 보도되는 아이러니한 상황이 발생한 것이다. 그야말로 편의점에서 라면을 먹다 말고 주유소를 습격하는 영화의 한 장면과 유사하다.

일본의 '주유소 습격사건'의 줄거리를 조금 더 깊이 이해하기 위해서는 등장인물이라고 할 수 있는 일본의 3대 수출규제 품목(불화수소, 불화폴리이미드, 포토레지스트)에 대한 성격을 파악할 필요가 있다.

불화수소

일반인들에겐 생소했던 불화수소는 당시 박영선 중기부 장관과 최태원 SK 회장 사이에 벌어진 설전舌戰으로 일본 수출규제 초기 대중의 관심을 끌었던 품목이다.

대한상공회의소 제주 포럼에서 박영선 장관은 '불화수소는 한국에서 생산이 가능하지만 대기업들이 그동안 써주지 않아서 일본 수입에 의존해왔던 제품'이라고 일갈했다. 반면 최태원 회장은 한국 중소기업의 품질이 못 따라오기 때문에 안 썼던 것이라고 말해 설전이 벌어졌었다.[5]

불화수소[6]는 일본의 3대 수출규제 품목 중에 가장 먼저 국산

---

5 "한국 기업에 없는 것", 박영선 페이스북, 〈중앙일보〉(2019. 7.18).

화에 성공한 품목이다. 불화수소는 물에도 잘 녹는 성질이 있고 반응성이 강하다. 플라스틱이나 유리를 녹이는 성질도 있다.

불화수소는 반도체 제조공정 중 '식각蝕刻공정'과 '세정洗淨공정'에서 사용된다.

식각공정에서 불화수소는 웨이퍼의 불필요한 부분을 긁어주는 역할을 한다. 판화版畫 작업에 비유해 설명하면 판화를 찍어내기 위해 목판에 그림을 새긴 뒤 그림을 제외한 나머지 부분을 조각도彫刻刀로 긁어내는데, 불화수소가 바로 조각도의 역할을 한다.

세정공정에서 불화수소는 반도체의 아주 작은 크기의 불순물을 씻는 역할을 한다. 조그마한 불순물만 있어도 반도체 회로가 손상되고 성능이 저하되는 등 치명적 문제가 발생하기 때문이다. 집적도가 갈수록 증가하는 반도체 공정의 특성상 불량률을 최소화하기 위해 초고순도 99.999%의 불화수소가 요구된다.

불화폴리이미드

불화폴리이미드는 열 안정성이 높은 고분자 물질이다. 디스플레이를 비롯해 메모리, 태양전지 분야 등에 널리 쓰인다. 불화폴리이미드는 깨지지 않고 자유롭게 휘거나 접을 수 있다.

한국의 코오롱 인더스트리가 일본의 수출규제 전부터 양산 능

---

6 불화수소는 수소(H)와 플루오린(F)이 만나 탄생한 화합물이다. '플루오린화수소(HF)'라고도 불린다. 수소와 결합된 플루오린은 '불소'라는 이름으로 잘 알려진 원소다. 불화수소는 끓는점이 19.5℃라서 보통 상온(25℃)에서는 기체 상태로 존재한다.

력을 갖춰 오히려 일본의 수출규제로 불화폴리이미드를 안정적으로 공급하는 계기가 됐다.

포토레지스트

포토레지스트는 빛에 의해 화학적 특성이 변하는 화학물질로 형질 변화를 이용해 약해진 부분만 선택적으로 제거해 웨이퍼에 회로로 사용할 부문과 아닌 부문을 구분한다. 이 공정은 집적회로 제조 등 전자산업에 필수적이다. 미세한 회로패턴을 판화처럼 입체적으로 깎아 만들어 이 기법을 '포토리소그래피'라고 한다.

일본 수출규제 발표: 주유소 습격사건의 공식화

G20 정상회의 공동성명이 발표된 지 이틀 뒤인 2019년 7월 1일 일본 경제산업성은 대한對韓 수출규제를 강화하는 조치를 공식 발표했다.

첫째, 한국을 안전보장 우호국을 의미하는 백색국가에서 제외하여 수출 관리를 강화한다는 것이다. 이는 8월 2일 우리나라의 국무회의에 해당하는 일본 각의결정을 거쳐 8월 28일부터 시행되었다. 이에 따라 한국은 전략물자에 대해서는 기존의 포괄허가가 아닌 개별허가를 받아야 하는 큰 부담을 지게 됐으며, 비전략물자도 대량살상 무기 및 재래식 무기에 전용될 우려가 있을 경우에는 일본 정부의 사전 수출허가를 받아야 하는 '캐치올 통제' 대상이 되었다.

둘째, 불화수소, 포토레지스트, 불화폴리이미드 3개 품목에 대해 포괄 수출허가제에서 개별허가제로 변경한다는 내용이었다. 이 조치는 발표한 지 불과 3일 만인 7월 4일 전격적으로 시행되었다. 이에 따라 일본 기업이 이 품목을 한국에 수출할 때마다 매번 최장 90일이 소요되는 일본 정부 심사를 거쳐야 하며, 불허 판정을 받으면 수출이 불가능하게 되었다.

경제산업성은 한국에 대한 수출관리를 강화하는 이유로 다음 세 가지를 들었다. 첫째, 한·일 수출관리당국 간의 대화가 한국 측의 소극적 태도로 3년간 이루어지지 않아 한국의 수출관리 제도가 제대로 작동하는지 확인할 수 없으며, 둘째, 재래식 무기로 전용될 가능성이 있는 비전략물자에 대한 한국의 캐치올 제도가 미흡하고, 셋째, 한국의 수출관리 인력과 조직이 취약하여 한국의 수출관리를 신뢰할 수 없다는 것이었다.

또한 이 조치는 일본의 국가안보를 위해 불가피한 조치이므로 국가 안전보장을 위한 무역규제 조치를 예외적으로 허용하는 WTO협정과도 부합하는 조치이며 강제징용 배상판결과는 무관한 조치라는 것이 일본 정부의 일관된 공식 입장이었다.

일본이 수출규제 명분으로 내세운 3가지 이유는 양국 관계에 엄청난 파장을 가져올 수 있는 조치의 근거로서는 설득력이 매우 약했다. 마치 일본 군함 운요호 사건을 구실로 강화도조약 체결을 강요한 140여 년 전 일본의 모습을 연상하게 했다.

한국에 대한 수출규제가 한국 대법원의 강제징용 배상판결에 대한 보복조치라는 것은 누구나 짐작할 수 있는 내용이었다. 2019년 3월 아소 다로 부총리는 "한국에 대해 관세 외에도 송금 정지, 비자발급 중단 등 여러 보복조치가 있을 것"이라고 밝혔고, 같은 달 일본 〈지지통신〉은 일본 정부가 한국에 대해 100개 안팎의 보복 리스트를 작성했다고 보도한 바 있다.

2022년 7월 총격으로 사망한 아베 신조 전 일본 총리는 자신의 회고록에서 한국에 대한 수출규제 조치에 대해 "징용공 배상 판결 이후에 아무런 해결책을 내놓지 않은 문재인 정권에 대응하는 과정에서 나왔다"라고 밝혀 이 조치가 한국에 대한 보복조치라는 것을 고백했다.

당시 일본 언론에 따르면 수출규제 조치는 아베 전 총리의 최측근이었던 이마이 다카야 전 정무비서관의 주도로 이루어진 것으로 알려졌다. 그는 경제산업성 관료 출신으로 제1차 아베 내각(2006. 9~2007. 9)에서 경제산업성 파견 비서관으로, 제2차 아베 내각(2012. 12~2020. 9)에서는 총리관저의 수석비서관급인 정무비서관 겸 보좌관으로 아베 총리를 보좌하였다. 일본 언론은 각 부처로부터 한국에 대한 보복 조치들을 제출받아 리스트화하고 최종적 수출규제 조치를 결정하는 데 이마이 전 비서관이 핵심적 역할을 하였다고 보도하였다.

한국의 급소에 해당하는 불화수소, 불화폴리이미드, 포토레지스트는 반도체와 휴대폰에 필수적인 소재로 이러한 급소전략은 한국의 산업구조와 한·일 양국의 수출입 구조를 잘 아는 경제산업성이 주도할 수밖에 없다. 경제산업성 출신의 이마이 전 비서관의 작품이라고 추론하는 것은 그리 어렵지 않아 보인다. 아베 전 총리도 회고록에서 이마이 전 비서관 등이 한국 수출규제 아이디어를 냈으며, WTO협정상 문제가 없는 조치를 만들어 낸 이들이 대단하다고 평가하였다.

이마이 전 비서관은 아베 사임 후 자리에서 물러나 최근 미쓰비시중공업의 고문으로 영입되었다는 일본 언론의 전언이다. 미쓰비시중공업이 강제징용 배상 판결의 피고기업의 하나이기 때문에 이마이 전 비서관의 미쓰비시중공업행이 사실이라면 이는 시사하는 바가 크다.

일본은 한국이 가장 아파할 아킬레스건인 반도체와 휴대폰을 겨냥함으로써 대법원의 배상판결에 대한 해결책을 한국 정부가 제시하도록 압박했다. 국제사회에 대해서는 한국의 전략물자 관리체계가 미흡하여 일본이 국가 안보 차원에서 한국에 대해 수출규제를 할 수밖에 없다는 메시지를 내는 이중적 전략을 구사한 것이다.

일본 수출규제가 불러온 파장과 민관의 총력 대응

한국 산업계는 일시에 멍한 상태가 되었다. 몹시 당황했다. 곳곳에서 '큰일이다', '이대로 가면 공멸한다'는 불안감이 엄습했다. 그 불안감 때문에 산업계는 숨을 죽였다.

개별허가 대상으로 전환된 3개 품목은 한국의 핵심 산업인 반도체와 디스플레이 생산에 없어서는 안 되는 필수소재였고, 전 세계 생산량의 70~80%를 일본산이 차지하고 있었다. 국내 업계는 이들 소재 사용량의 대부분을 일본 수입에 의존하고 있었기 때문에 일본으로부터 수입이 막힌다면 반도체와 디스플레이 생산라인이 멈출 수밖에 없는 상황이었다. 최첨단 반도체 파운드리 공정 및 플렉시블 디스플레이 공정에 활용되는 소재가 포함되어 있어 일본의 수출규제는 한국의 차세대 반도체는 물론 디스플레이 산업까지도 겨냥한 조치로 보여졌다.

특히 초미세 파운드리 공정인 극자외선EUV 노광공정에 사용되는 초고순도 불화수소는 전량을 일본 기업에게 의존하고 있었다. 웨이퍼에 반도체 회로패턴을 형성하는 노광공정에 사용되는 포토레지스트 중 EUV 공정용 포토레지스트 또한 전량을 일본에 의존하고 있었다. 이들 소재들이 공급되지 않는다면 삼성전자가 대만 TSMC 등과 시스템 반도체 초미세화 경쟁을 하는 것이 불가능한 상황이었다. 또한 일본은 한국을 백색국가에서 제외함으로써 이들 3개 품목 이외에도 전략물자와 비전략물자에 대한 전방위적 수출규제가 가능하게 만들었다. 반도체, 디스플레이뿐만 아니라 자동차, 기계, 로봇 등 거의 모든 산업이 일본 수출규제의 사정권에 들어가게 된 것이다.

일본 수출규제 조치 발표 불과 수개월 전인 2019년 초 산업정책비서관이었던 필자는 업계 관계자들과 일본의 소재 수출규제 가능성을 점검하는 회의를 함께 했다. 2018년 말 일본 정부가 소재 수출허가를 지연시킨 이례적 상황이 발생했기 때문에 대법원 판결에 대한 보복조치로서 일본의 수출규제 가능성을 점검한 것이었다.

당시 업계 참석자들은 하나같이 일본의 수출규제 가능성은 전무하다는 입장을 제시했다. 일본산 소재의 최대 수요처가 한국이기 때문에 한국에 대한 수출규제는 일종의 자해행위로 누구보다 일본 업계가 강력하게 반대할 것이므로 현실성이 없다는 것이 이유였다. 따라서 일본의 수출규제 조치 발표에 업계 관계자들은 패닉에 가까운 반응을 보였다.

반도체 생산라인이 멈춘다면?

2019년 7월 1일 일본 경제산업성은 한국에 대한 수출규제 계획을 발표하던 날 청와대는 산업정책비서관－경제수석－정책실장 라인이 주축이 된 대응체제를 곧바로 가동하였다.

당시 청와대는 정권 최대의 위기로 느꼈을 만큼 비장한 분위기였다.

대한민국 최대 수출산업인 반도체 생산라인이 멈춘다면? 상상만으로도 등골이 오싹해지는 상황이었다. 그 후폭풍은 감당이 힘들어 보였다.

산업정책비서관이었던 필자는 삼성전자 반도체 생산라인 등 관련 공장 가동상황, 소재 재고 물량, 대체 수입처 확보 상황 및 지원방안 등을 일일 단위로 점검하였다. 하루하루가 전쟁과도 같은 상황의 연속이었다. 산업정책비서관실은 청와대 안에서 가장 먼저 출근하여 가장 늦게 퇴근하는 부서였다.

경제수석 주재 '관계비서관 지원회의'가 매일 운영되고 정책실장 주재 수석비서관들로 구성된 '일본 수출규제 대응 전략회의'가 중층적으로 가동되는 등 청와대 전 부서가 긴박하게 움직였다.

필자가 산업통상자원부를 통해 파악한 EUV 불화수소 등 핵심소재 재고량은 고작 몇 주일분에 불과한 상태였다. 세계 최고 경쟁력을 자랑하는 반도체 생산라인 가동에 필수적인 소재의 재고량이 그 정도 수준으로 유지되고 있다는 것이 믿기 어려웠다.

따라서 일본 수출규제를 우회할 대체 수입처 발굴과 국내 증산을 통한 물량 확보가 시급한 상황이었다. 코트라 해외무역관을 통해 유럽, 동남아 등지의 대체 수입처 발굴에 나서고 솔브레인 등 국내 소재기업들의 증산 가능성을 타진하였다. 기업들도 일본 현지 법인을 통해 수출규제 조치가 본격화되기 이전에 긴급수입 물량 확보를 추진하고 벨기에, 중국, 미국 등을 통한 우회 수입루트를 발굴하는 등 소재 확보를 위해 혼신의 노력을 다했다.

행정부는 7월 12일 경제부총리를 위원장으로 산업통상자원부 장관, 중소벤처기업부 장관, 과학기술정보통신부 장관, 외교부 장관, 금융위원장 등이 참여하는 '일본 수출규제 대응 관계장관 회의'를 설치하여 범부처 대응체제를 가동하였다.

매일 아침 7시 관계 장관을 중심으로 한 회의가 열렸다. 이 책의 대표저자인 박영선 중소벤처기업부 장관도 이 회의의 핵심 멤버 중 한 명이었다. 당시 중기부는 매일 아침 장관회의에서 밤새 일본의 움직임이 전달되는 외신을 모니터링해서 보고했고, 관련 중소기업 간담회를 연일 개최했다.

7월 22일 '소재부품 수급 대응 지원센터'를 대한상공회의소에 설치하여 수출규제 애로를 원스톱으로 해결하는 시스템을 구축하였다.

8월 5일 정부는 일본 수출규제 조치 발표 한 달 만에 '소재·부품·장비(소·부·장) 경쟁력 강화대책'을 발표하였다. 이 대책의 핵심 내용은 '100대 품목'의 공급 안정성 확보방안이었다. 100대 품목은 전체 소·부·장 약 4,700여 개를 대상으로 국가안보 및 산업적 중요성, 일본 의존도 등이 큰 품목을 선정하였다.

처음에 산업통상자원부는 R&D를 중심으로 100대 품목 국산화를 해 나가겠다는 대책 초안을 산업정책비서관실에 보고하였다. 필자는 산업부 대책이 반도체 등 기간산업이 언제라도 멈출 수도 있는 비상 상황에 대처하기에는 미흡하다고 봤고 대체 수입처 발굴, 신속한 국내 증산 추진 등 보다 현실성 있는 대책을 추가할 것을 요구하였다.

그 결과 일본 의존도가 높고 공급 차질 시 주력산업에 대한 영향이 커서 시급히 공급 안정성을 확보해야 하는 20개 품목은 대체 수입처 발굴, 국내 생산 확대, 단기 R&D 등을 통해 1년 내에 공급 안정화를 달성하고, 나머지 80개 품목은 집중적인 R&D를 통한 국내 생산능력 확보, 해외 기업 유치 등을 통해 5년 내에 공급 안정화를 달성한다는 공격적이고 전략적인 대책이 최종적으로 발표되었다.

당시 대외비로 엄격하게 관리되었던 100대 품목 리스트는 품목별로 국내 수요처, 일본 수입처 및 수입 물량, 국내 생산 가능성 및 기술적 수준, 국내 생산처, 대체 수입처, R&D 로드맵 등을 군사작전 지도처럼 상세하게 담고 있었다. 국회, 언론 등에서 100대 품목 리스트를 집요하게 요구하였으나 이 품목들이 공개될 경우 일본의 추가 보복조치의 타깃이 될 수 있어 끝까지 버텼었다.

개별허가 대상으로 전환된 불화수소, 포토레지스트, 불화폴리이미드 등 3개 소재는 20개 품목에 포함되었으며, 미국·중국·EU·싱가포르 등 대체 수입처를 물색하고 국내 소재기업의 생산능력 확대를 위한 환경 인허가 패스트트랙 지원, 특별연장근로 신속 인가, 공장 증설 자금 지원 등 전 방위적 지원을 실시하였다.

소·부·장 산업에 대한 지원체계도 대폭 강화되었다. 정부 컨트롤타워로서 경제부총리를 위원장으로 산업부, 중기부 장관 등이 참여하는 '소·부·장 경쟁력 강화 위원회'가 2019년 10월 출범하였다. 그리고 2001년 제정된 〈부품·소재 전문기업 등의 육성에 관한 특별조치법〉을 전면 개정한 〈소재·부품·장비산업 경쟁력 강화 및 공급망 안정화를 위한 특별조치법〉이 그해 12

월 31일 공포되었다. 2020년 1월 소·부·장 산업에 대한 집중 지원을 위한 '소·부·장 특별회계'가 신설되었다.

일본 수출규제의 부당성을 국제사회에 알리기 위해 3개 소재 수출규제 조치를 2019년 9월 WTO에 제소하였다. 당시 일본 수출규제에 대한 법률적 검토 결과 우리나라를 백색국가에서 제외한 조치보다 3개 소재 수출규제 조치가 WTO협정과의 배치 가능성이 훨씬 크다고 판단하였고 충분히 승소할 수 있다는 내부 결론을 냈었다.[7]

역설의 아이러니가 만들어낸 새로운 기회

손에 땀을 쥐게 하는 하루하루의 연속이었다. 모두 긴장해 불안감을 감출 수 없었으나 "우리가 할 수 있다", "우리가 해내자"는 열기가 모이기 시작했고, 그런 열기가 업계 관계자들에게서도 느껴졌다. 그런 긍정의 힘은 지치지 않고 서로를 격려하는 힘으로 연결되었고 하루하루 피 말리는 순간을 견디며 이겨낼 수 있게 해주었다.

정말 기적처럼 일본의 수출규제에도 불구하고 반도체 등 국내 업계의 생산 차질은 한 건도 발생하지 않았다. 급소가 찔린 3대 소재의 경우 매일 대체수입처가 확보되었다는 소식이 들어왔다.

---

7 3개 소재 수출규제 조치는 한국에 대한 차별적 조치로 WTO협정상 최혜국 대우 의무에 위반되고 일본이 발표 3일 만에 사전 설명이나 협의 없이 전격 시행함으로써 절차적 정당성도 결여하였다고 판단하였다.

국내 생산이 확충되었다는 현장보고도 접수되었다. 오히려 일본 의존도가 크게 감소하기 시작했다. 국내 소재기업인 솔브레인은 초고순도(12N급) 불산액 생산량을 2배 이상 확충하였고, SK머티어리얼즈도 고순도(5N급) 불화수소 가스 양산체제를 구축하였다. 불화수소 대일본 수입액이 2021년 기준으로 2019년 대비 1/3 수준으로 급감하였다. 반면 스텔라케미파, 모리타공업 등 일본 기업들은 영업이익이 급감하는 피해를 입었다.

EUV 포토레지스트는 벨기에산 수입을 대폭 확대하여 단기적 수급차질 문제를 해결하였고, 미국 듀폰과 일본 기업 TOK로부터 국내 생산투자를 유치하여 중장기적 생산능력을 확충하였다. 불화폴리이미드는 코오롱인더스트리, SKC가 신속히 양산체제를 구축하는 한편, 국내 수요기업이 UTGUltra Thin Glass(초박막 강화유리)라는 새로운 소재를 사용함으로써 일본 의존도를 제로로 낮추었다.

일본은 수출규제를 통해 반도체와 같은 한국의 급소를 겨냥함으로써 한국을 굴복시키고자 했으나 오히려 한국 업계의 공급망 관리 인식과 정부의 소·부·장 정책을 크게 강화시키는 역설적인 결과를 가져왔다.

4년이 흐른 후 한국의 언론들은 “일본 수출규제는 축복이었다”는 소재 국산화 시리즈를 보도했다.

“일본의 수출규제는 반도체 업계에 큰 위기였지요. 그러나 역설적으로 소·부·장 국산화에 큰 기여를 했습니다. 50년이 걸려도 못 해왔던 일을 해낸 것입니다. 지난 4년간은 어찌 보면 한국엔 축복의 시간이었습니다."[8]

일본 수출규제 이전에는 반도체를 포함한 국내 업계는 적기just-in-time 경영방식에 따라 제조공정에 필요한 핵심 소재 대부분을 일본으로부터 조달하고 최소한의 재고 수준을 유지하였다. 국산 소재 개발이나 대체 수입처 발굴 노력은 크게 미흡한 실정이었다. 상상조차 하지 못했던 일본의 기습적 수출규제는 한국 산업계가 공급망 관리방식을 심각하게 자성하는 계기가 되었다. 당시 필자가 만났던 많은 기업 임원들이 일본에 대해 다시 생각하게 되었다고 토로하였다.

일본 소재기업들은 한국 수요기업들에게 언제나 믿을 수 있는 공급원이었다. 높은 품질의 소재를 편리하게 공급받을 수 있었다. 하지만 일본 수출규제 조치로 한국 대기업들은 'Japan only'에서 'Japan + α'로 공급망 관리전략을 다시 짜야 했다. 그것은 한국 기업들을 오히려 강하게 만들었다.

소재기업들의 노력만으로는 최첨단 소재 품질을 확보하는 것은 불가능하다. 불화수소 같은 반도체 소재는 반도체 공정의 미세화 정도에 따라 품질 수준을 업그레이드해 나가야 한다. 이를 위해서는 소재를 반도체 생산라인에 투입하여 테스트하고 그 결

---

8 〈헤럴드경제〉(2023.11. 3).

과에 따라 품질을 개선할 수 있어야 한다. 소재 개발 역시 축적의 힘인 것이다.

일본 수출규제 이전에는 국내 소재기업은 생산라인에서 테스트 받을 기회가 거의 없었다. 반면 일본 소재기업들은 국내 반도체 기업들과 오랜 기간 동안 형성된 파트너십을 기반으로 수요기업의 요구사양에 따라 소재를 수시로 테스트 받고 품질을 지속적으로 업그레이드함으로써 한국 소재기업들과의 격차를 확대할 수 있었다.

일본 수출규제 이후 반도체 기업들은 국산 불화수소를 생산라인에 투입하여 사용하기 시작하였다. 한국 소·부·장 기업들에게 새로운 기회가 생긴 것이다.

또한 일본 수출규제로 2001년 〈부품소재특별법〉 제정 이후 20년 만에 가장 강력한 소·부·장 산업 지원체계가 마련되었다. 관련 부처를 연결한 '소·부·장 경쟁력 강화위원회–특별회계–특별법' 세트로 구성된 지원체계는 기존 소·부·장 추진체계와 비교할 수 없는 수준의 강력한 추진력을 발휘했다.

일본 수출규제 징비록

최근 한·일 관계 개선에 따라 일본의 수출규제는 약 4년 만에 원상회복되었다. 일본은 2023년 3월, 3개 품목에 대한 수출규제 조치를 철회한 데 이어 7월에는 한국을 백색국가로 재지정하였다. 그러나 일본의 수출규제는 정경분리 원칙하에 신뢰를 기반으로 오랜 기간 심화 발전된 양국의 분업구조를 근본적으로 뒤흔드는 결과를 초래했다. 또한 절체절명의 위기였지만 한편으로는 첨단 소재 · 부품 · 장비를 일본에 의존하는 '가마우지 경제'[9]의 실상을 정확히 인식하고 탈피 노력을 경주할 수 있는 하늘이 내린 기회이기도 했다.

한국은 일본 수출규제를 성공적으로 극복했고 다음과 같은 교훈을 얻었다. 이것은 반도체 부활에 박차를 가하고 있는 일본과의 본격적인 반도체 경쟁을 앞두고 있는 지금 반드시 곱씹어야 할 징비록懲毖錄이다.

첫째, 기업들은 중장기적 공급망 안정성과 회복력 확보를 최우선적 경영전략으로 추진해야 한다. 주주자본주의가 고착화되고 경영진이 단기 성과에만 매달리는 기존 경영방식하에서 기업은 당장 문제가 없는 기존 공급선을 선호할 수밖에 없다. 그러나 이러한 경영방식이 지속되는 한 언제든지 일본 수출규제와 같은 공급망 위기에 취약해질 수밖에 없다.

우리 기업들의 이와 같은 경영방식의 단적인 예로 반도체 분야는 아니지만 2020년 2월 코로나19 확산으로 필수 자동차부품인 와이어링하네스를 생산하는 중국 공장들이 셧다운되자 국내 자동차공장들이 줄줄이 가동 중단되는 사태가 발생하였다.[10] 국

9 가마우지가 잡은 물고기를 낚시꾼이 가로채는 낚시법에서 나온 말. 소재 · 부품 · 장비의 일본 의존도가 높아 한국이 수출로 얻는 이익을 대부분 일본이 가져가는 경제 구조를 뜻한다.

내 자동차공장에 공급되는 와이어링하네스의 대부분이 중국에서 생산되고 국내 재고는 소량만 유지하고 있었기 때문에 중국의 공급중단이 곧바로 국내 자동차공장 셧다운을 가져온 것이다. 국내 인건비 구조상 노동집약적인 와이어링하네스 공장을 유지하기가 어렵기 때문에 국내 공장들이 모두 중국으로 이전하게 되어 중국에 거의 전적으로 공급을 의존하게 된 것이다. 이 사태 이후 일부 업체들이 생산기지를 일부 동남아 등으로 이전하는 노력을 하였지만 여전히 중국 의존도는 절대적 상황이다.

와이어링하네스와 같은 필수 품목에 대해서는 외국 대비 높은 생산비용을 상쇄할 수 있도록 수요 대기업의 과감한 투자와 정부의 파격적 지원이 필요하다. 필자가 중기부 차관으로 있을 때인 2021년 중기부는 국내 기업인 케이엠디지텍과 함께 와이어링하네스 자동화 장비 개발에 착수하였다. 인건비는 높지만 생산성을 2배로 높인다면 한국에서 와이어링하네스 생산이 가능할 것으로 보았다.

일본 수출규제 대응과정에서 국내 반도체 대기업들은 일본 외에 국내 소·부·장 공급선 확보가 필요하다는 것을 절감하고 국내 공급업체를 키우는 노력을 경주했다. 그러나 최근 일본 수출규제가 해제되면서 이 같은 노력이 이완되는 모습이 보이고 있

---

10 와이어링하네스(wiring harness)는 자동차의 각종 전기전자 장치에 전원을 공급하는 전선 다발로 대부분의 제작 공정이 수작업으로 이루어져 인건비가 생산원가의 대부분을 차지한다. 중국, 동남아, 우크라이나 등 저임금 국가로 대부분의 공장들이 이전했다.

다. 반도체 산업도 자동차의 와이어링하네스와 같은 필수 품목의 공급중단 사태가 언제든지 발생할 수 있다. 반도체 업계와 정부는 중장기적 관점에서 반도체 소·부·장 공급망의 안정성 확보를 위해 국내 공급기업 육성을 꾸준하게 추진해야 한다.

둘째, 일본 수출규제를 성공적으로 극복한 요인은 정부 부처 간, 정부와 기업 간, 정부와 국민들 간에 협력이 긴밀하게 이루어진 점을 꼽을 수 있다. 평소 협조가 원활하지 않았던 산업통상자원부, 중소벤처기업부, 환경부, 고용노동부, 기획재정부 등 관계부처가 혼연일체가 되어 수출규제 품목의 국내 생산 확충과 R&D 지원을 위해 최선을 다했다. 국내 불화수소 생산공장의 증설에 필요한 환경 인허가, 특별연장근로 허용, 설비자금 지원 등이 초스피드로 진행되었다. 추경 편성 등을 통해 R&D 자금이 적시에 지원되었다. 기업들도 실시간 재고 정보와 기술전략 등을 정부와 공유하면서 효과적 수출규제 대응과 소·부·장 국산화를 추진하였다. 국민들도 일본산 제품에 대한 불매운동 등을 통해 일본 조치에 강력하게 대응하여 일본 정부를 당황하게 만들었다.

진부한 진리이지만 어떤 위기가 오더라도 정부와 기업, 그리고 국민이 한마음으로 협력한다면 극복할 수 있다는 교훈을 일본 수출규제 극복과정에서 다시 한번 확인할 수 있었다.

위기 극복의 주역들

불화수소: "99.999%, 파이브 나인이 필요해!"

일본의 수출규제 이전에 한국의 반도체 기업에서는 불화수소를 대부분 일본에서 수입했다. 반도체를 만드는 대기업들이 초창기부터 일본 제품을 사용하다 보니 수요가 일본에 쏠려 당시 한국의 중소기업들은 기술을 보유하고 있어도 명함을 내밀지 못하고 있었다. 그런데 의외로 일본의 수출규제 이후 '파이브 나인'(99.999%) 순도의 불화수소를 양산하는 도전은 채 1년이 걸리지 않아 성공했다.

당시 한국은 '쓰리 나인'(99.9%)의 순도는 생산이 가능한 기술을 가지고 있었다. 이것을 '파이브 나인'(99.999%)으로 올리려면 생산현장에 투입되어 테스트를 거쳐 품질을 업그레이드해야 하는데, 그런 테스트를 거칠 기회조차 주어지지 않았던 것이다. 그러나 일본의 수출규제는 불화수소 기술을 가지고 있던 중소기업들에게 기회로 다가온 것이다. 그런 중소기업들에겐 이 기술을 연마할 기회가 주어졌고 99.999%에 도달할 수 있을 것이라는 '죽기 살기의 각오와 오기'가 발동된 것이다.

국산화에 성공한 당시 정봉군 SK머티어리얼즈 연구원은 "일본이 수출규제를 한 지난 1년은 '초고순도 불화수소' 개발이라는 어려운 숙제를 해결하는 데 모든 걸 걸었다. 처음 개발한 제품 순도가 99.9% 3N이 나와서 금방 99.999% 5N에 도달할 수 있을 거라고 생각했지만 쉽지 않았다. 실패를 거듭하면서 99.999에

도달하는 순간까지 모든 연구원들이 대한민국의 미래를 책임진다는 각오로 연구에 매진했다"고 당시를 회상했다.[11] SK가 5N 불화수소를 양산하게 된 것도 이 기술을 가지고 있었던 중소기업을 합병하면서 가능했다.

불화폴리이미드: 일본산 수입이 0으로!

일본 수출규제 3대 소재 중 가장 의아했던 품목이 불화폴리이미드였다. 코오롱인더스트리가 일본산보다 성능이 우수한 투명폴리이미드 필름(브랜드명은 CPI 필름)을 2006년부터 개발에 착수하여 일본 수출규제 직전인 2019년 상반기에 이미 양산에 성공했었고, SKC도 단기간 내 양산체제 구축이 가능한 상태였다.

일본의 불화폴리이미드 수출규제는 국내 디스플레이 기업들이 국내 생산을 확충하는 계기로 작용하였다. 그 결과 2021년에는 일본산 불화폴리이미드 수입이 제로 수준으로까지 떨어졌다. 일본은 이 품목을 한국의 차세대 휴대폰인 플렉시블폰의 핵심소재로 보아 규제를 단행하였으나, 당시 코오롱인더스트리 등 국내 기업의 국산화 동향에 대한 정보를 소홀히 한 것으로 보인다.

또 한 가지 기억에 남는 일이 있다. 당시 코오롱의 안병덕 부회장은 청와대의 기업총수 회담에 참석해 일본이 CPI필름을 전

---

11 〈매일신문〉(2020. 7.29).

략물자로 분류해 중국 수출길이 막힐 수 있다는 긴박한 상황을 설명했다. 한국에서 생산된 CPI필름이 일본에서 후가공 제품화되어 중국으로 수출되고 있었기 때문이다. 정부와 코오롱은 CPI필름이 전략적 군사적 용도로 사용되지 않는다는 전략물자 전문 판정서를 취득해 위기를 극복했다.

현재 코오롱 CPI필름은 중국 폴더블폰 시장에서 90% 이상 점유율을 유지하며 시장을 확대 중이다.

포토레지스트: 가장 길었던 국산화의 길

포토레지스트는 불화수소, 불화폴리이미드와 달리 국산화가 더뎠다. 특히, 포토레지스트의 상당 부분을 차지하는 솔벤트Solvent를 초고순도로 생산하는 기술이 쉽지 않았다. 포토레지스트는 EUV 노광공정의 핵심소재다. 그런데 최근 EUV 포토레지스트의 핵심 원료로서 노광공정에서 금속성 잔류물을 씻어내는 데 사용하는 PGMEA(프로필렌글리콜 메틸에테르 아세트산)을 순도 99.999%로 생산하고 반도체 공정의 품질 테스트까지 통과하는 데 성공했다. 4년여가 걸렸다. 이로써 일본의 수출규제 극복에 마침표를 찍을 수 있게 됐다.

이 물질 개발에 성공한 켐트로닉스의 김응수 대표는 "PGMEA를 99.999%로 시생산하는 데 성공했다. 2024년 상반기부터 본격 양산하기 위한 준비작업 중이다"라고 밝혔다.[12] 그리고 재원산업 심재원 대표는 "전량 수입에 의존하던 핵심용제의 국산화와 삼성전자의 품질 승인으로 국내 반도체 디스플레이 제조사의 공급망 불안정 해소와 생산 안정화에 기여하게 됐다"고 설명했다.[13] 이것 역시 2019년 일본의 반도체 소재 수출규제가 역으로 기회를 만들어 준 경우이다. 위기는 그것을 어떻게 보느냐의 시각에 따라 기회가 되기도 한다.

---

12 〈한국경제〉(2023.11. 7).

13 〈매일경제〉(2024. 1. 8).

일본의 반도체 부활 전략

미국의 세계 반도체 산업 재편 전략의 변화에 따라 한·일 간 반도체 경쟁은 새로운 국면으로 접어들고 있다. 미국이 1980년대에 반도체 패권을 넘보던 일본을 견제했던 것처럼, 바이든 정부 출범 이후 미국은 중국의 반도체 굴기를 저지하고 자국의 안정적인 반도체 수급 체제를 구축하기 위해 또 다시 세계 반도체 산업 재편을 추진하고 있다.

일본 기시다 정부는 미국의 재편 전략을 기회로 삼아 소·부·장 산업 등의 기술적 잠재력을 기반으로 반도체 산업의 '잃어버린 30년'을 되찾기 위한 반도체 부활 프로젝트를 전 방위적으로 추진하고 있다.

일본의 반도체 부활 전략은 2021년 6월 경제산업성이 발표한 〈반도체·디지털산업 전략〉에 잘 나타나 있다. 이 전략은 일본 내 반도체 산업의 제조 기반 재생을 위한 4대 전략으로 요약된다.

① 2nm 이하 전前공정 미세가공기술 및 3D 후後공정기술 개발 및 생산능력 확보
② 포스트 5G 정보시스템, 차세대 그린 데이터센터 및 차세대 자동차용 로직반도체(시스템 반도체) 설계 및 개발
③ 차세대 파워반도체 등 그린혁신 촉진
④ 로직반도체의 하이·미들·로우엔드 공장 입지 지원

1980년대 세계 시장을 석권했던 일본 반도체 제조기업이 대부분 몰락한 후 현재 일본 반도체 생산은 키옥시아의 낸드플래시 메모리, 르네사스의 자동차용 로직반도체 정도에 불과하다. 앞으로 AI, 자율주행, 국방, 우주 분야 등에 첨단 로직반도체의 활용이 폭발적으로 늘어날 것이기 때문에 일본 내에 첨단 반도체 생산 기반을 조기에 구축하겠다는 것이다.

라피더스 홋카이도공장

이를 위해 일본은 2022년 8월 도요타, 소니, 소프트뱅크, 키옥시아, NTT, NEC, 덴소, 미쓰비시 UFJ은행 등 8개 회사의 출자로 반도체 기업 라피더스를 설립하였다. 라피더스는 2nm 반도체를 2025년 시험 생산하고 2027년 양산을 시작하겠다는 야심찬 목표를 설정하였다. 차별화된 저전력 소비 AI 칩과 같은 특수칩에 집중할 계획으로 알려졌다.

라피더스는 일본 반도체 부활을 위한 생태계 조성의 마지막 칩 퍼즐이다. 라피더스가 첨단 칩 양산에 성공하면 반도체 소재·장비에서 앞서가는 일본은 메모리 반도체의 키옥시아·마이크론에 이어 반도체 위탁생산, 즉 첨단 칩 파운드리에서도 제조공장을 갖춰 일본 내의 반도체 생태계를 완성하게 된다. 세계 최고 수준의 반도체 소·부·장 산업 외에 첨단 반도체 제조능력까지 반도체 강국에 필요한 모든 무기를 갖추게 되는 것이다.

라피더스 1공장이 홋카이도 치토세에 5만 4,000m^2 규모로 건설되고 있다. 라피더스는 기술개발과 공장 건설에 약 5조 엔(약 45조 원)을 투자할 계획이며, 일본 정부는 라피더스에 약 3,300억 엔(약 3조 원)을 지원할 예정이며, 최근 5,900억 엔(약 5.3조 원)의 신규보조금을 추가로 지급할 계획이라는 것이 언론에 보도됐다. TSMC와 삼성전자가 2023년에 3nm 반도체의 본격적 생산을 시작하고 2025년에 2nm 양산에 착수하는 목표를 가진 반면, 2023년 현재 일본의 공정기술 수준은 40nm 정도로 평가되고 있기 때문에 과연 라피더스가 2027년 2nm 반도체 양산에 성공할지 여부에 대해서 회의적 견해도 많다.

그러나 라피더스는 최첨단 공정기술 확보를 위해 인텔, IBM, IMEC 등과의 협력을 추진하는 등 글로벌 협력에 총력을 다하고 있다. 그런가 하면 초미세공정에 필수적인 EUV 노광장비를 세계에서 유일하게 생산하는 업체인 네덜란드 ASML은 치토세공장 인근에 기술지원센터를 신설할 계획이다.[14] 이 기술지원센터는 2024년 하반기에 세워지고 직원 규모는 약 50명이 될 것으로 알려졌다. 라피더스가 세우는 홋카이도공장에 EUV 노광장비가 설치된다는 것이다.

한국의 삼성전자 평택공장에도 ASML 직원들이 상주해 있다.

---

14 〈니혼게이자이〉(2023. 9.26).

그들은 보수·점검 작업 등을 직접 관할한다. 미국 동부 코네티컷에도 ASML 거점이 있다. ASML은 대만의 TSMC가 건설 중인 규슈 구마모토공장 기술지원 거점도 확장했다. 현재 약 400명인 ASML의 일본 전체 인력이 2028년이 되면 560명 정도로 늘어날 것으로 보인다. "지정학적 상황으로 인해 일본 반도체 산업의 성장이 지속될 것"이라는 것이 전문가들의 견해다.

TSMC 구마모토공장

일본 반도체 산업의 제조 기반 부활의 또 다른 상징적 프로젝트는 TSMC가 규슈 구마모토에 짓고 있는 반도체공장이다.

2023년 말 완공, 2024년 12월 첫 반도체를 출하하는 것이 목표이고, 부지 규모가 도쿄돔의 4.5배(약 21만m2)에 달한다. 공장 건설과 운영은 TSMC와 소니, 덴소가 공동출자한 JSAM이 맡고 있다. TSMC와 소니가 주축이 된 이미지센서 중심의 공장이다.

향후 구마모토공장에서는 매월 12~28nm급 로직반도체 5만 5,000장을 생산할 계획이다. 현재 르네사스가 생산중인 로직반도체가 40nm 수준이나, TSMC 공장이 성공적으로 운영된다면 일본은 소니 카메라, 도요타 자동차 등 자체 수요가 큰 12nm급 로직반도체의 자국 내 조달이 가능하게 된다.

일본 정부는 TSMC 공장 총사업비 1조 1,000억 엔(약 10.6조 원)의 40% 정도인 4,760억 엔(약 4.6조 원)을 파격적으로 지원한다. 1980년대 세계 반도체 생산의 10% 이상을 차지해 '실리콘 아일랜드'로 불렸던 규슈 일대가 TSMC 공장 건설을 계기로 활력을 되찾고 있다. TSMC는 최근 구마모토 2공장 추가 투자를 확정했으며, 6~12nm급 차량용 반도체를 생산할 계획이다. 일본 정부는 구마모토 2공장에 9,000억 엔(약 8.1조 원)의 보조금을 지급할 계획이라고 자민당 중진의원이 최근 밝힌 바 있다. TSMC는 더 나아가 3nm급 3공장까지도 구마모토에 건설하는 것도 검토 중이라고 알려지고 있다.[15]

또한 마이크론은 차세대 반도체를 양산하기 위해 히로시마현 히가시히로시마시에 최대 5,000억 엔(약 4.5조 원)을 투자하여 공장을 건설할 계획이다. 마이크론은 이 공장에서 2026년을 목표로 차세대 고대역폭메모리HBM 양산에 나설 계획이다.[16] 일본의 경제산업성은 마이크론 공장에 465억 엔(약 4,500억 원)의 보조금을 지급하기로 하였으나 최근 최대 1,920억 엔(약 1.7조 원)으로 지원규모를 대폭 확대하겠다고 발표하였다.[17]

삼성전자도 2025년 요코하마 미나토미라이 지구에 약 400억 엔(약 3,630억 원) 규모의 첨단 반도체 연구개발 거점을 신설할 것으로 알려졌다. 삼성전자는 이곳에서 약 100명의 현지 기술자

15 〈블룸버그 통신〉(2023.11.21).

16 마니시 바티아 마이크론 수석부사장은 2025년까지 일본에 EUV 장비를 도입하고 2026년부터 AI용 데이터센터에 적용되는 차세대 HBM을 양산할 계획이라고 밝혔다. 〈니혼게이자이신문〉(2023.10. 3).

17 〈교도통신〉(2023.10. 3).

주요 반도체 기업의 일본 내 신설 공장

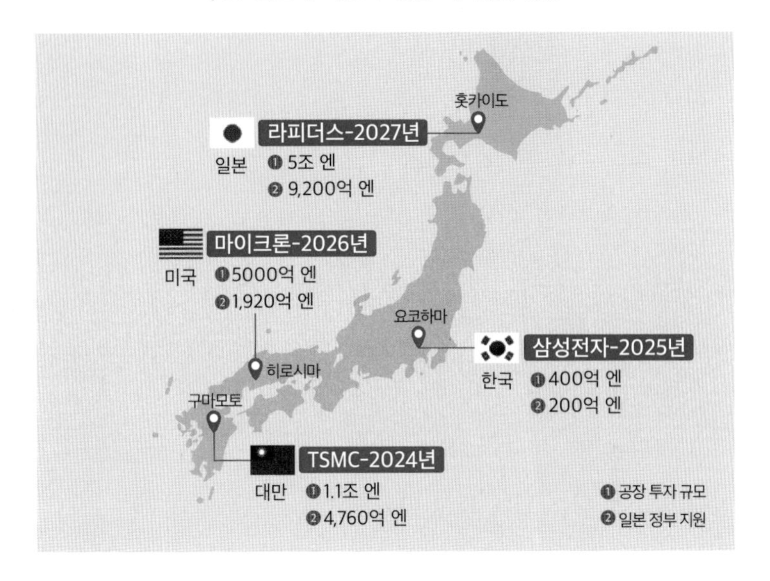

등을 채용해 일본의 반도체 소재·장비기업과 협력해 AI나 5세대5G 이동통신용 반도체에 필요한 후공정 기술에 관한 연구개발을 실시해 나갈 것으로 보인다. 일본 정부는 삼성전자 투자액의 절반에 해당하는 최대 200억 엔(약 1,800억 원)을 보조할 것으로 알려졌다.[18]

기시다 총리는 2023년 12월 21일 총리관저에서 개최한 '국내 투자확대를 위한 관민 연계 포럼'에서 "세계 기업이나 투자가들로부터 일본 내 투자에 관심이 쏠리고 있다. 한국의 삼성전자가

---

18 〈니혼게이자이신문〉(2013.12.21).

새롭게 일본에 첨단 반도체 연구개발 거점을 마련하기로 하였다"는 소식을 직접 전했다.[19]

일본의 기시다 행정부는 2023년 추가경정예산으로 반도체 생산설비 확대에만 총 1조 5,445억 엔(약 13.5조 원)을 집중 투입하는 안을 11월 20일 국회에 제출했다. 추경으로 확보되는 재원은 라피더스, TSMC, 마이크론 등이 일본에 짓고 있는 공장에 대한 지원을 확대하기 위한 재원으로 활용될 것으로 보인다. 이와 관련하여 일본 언론은 "미국, 유럽도 반도체 국산화 지원에 나서고 있지만 기업 측이 리스크를 거의 감수하지 않는 사업을 국가가 거의 올인하고 있다"라고 비판적으로 보도하였다.[20]

일본 언론이 과도한 지원이라고 비판할 정도로 어느 나라보다 과감한 일본 정부의 반도체 산업 지원 계획은 한국에 위협적이지 않을 수 없다.

---

19 NHK(2023.12.21).

20 〈아사히신문〉(2023.10.12).

일본의 해외 반도체동맹

일본은 국내 생산시설 구축과 함께 해외 반도체동맹을 통한 반도체 기술협력을 추진 중이다.

2023년 5월 러몬도 미 상무장관과 니시무라 야스토시 일본 경제산업상은 반도체·첨단기술 분야의 협력을 위한 미·일 공동성명에 합의했다. 미·일 양국은 반도체 공급망 강화를 위해 차세대 반도체 기술개발과 인재 육성에 관한 로드맵을 공동으로 마련키로 하였다. 미국이 조만간 설립할 국립반도체기술센터NSTC와 일본이 2022년 7월에 설립한 기술연구조합 최첨단 반도체기술센터LSTC의 기술개발 협력이 추진된다.

일본은 2023년 7월 인도와도 반도체 협력 MOU를 체결하여 반도체 설계, 생산, 장비, 인력개발 등 전 분야에서 양국 간 협력을 추진키로 하였다. 일본은 인도와의 협력을 통해 로직반도체 설계인력을 확보하겠다는 의도로 보인다.

인도와의 반도체 협력은 우리나라도 적극적으로 추진할 필요가 있다. 필자가 최근 방문한 '인도의 실리콘 밸리'로 불리는 뱅갈루루Bengaluru시에는 100만 명이 넘는 IT개발자가 있다고 한다. 그곳에서 직접 만나본 IT개발자들은 영어를 능숙하게 구사하며 K-팝, K-드라마 등의 영향으로 한국에 대한 관심이 지대하였고 판교와 같은 한국의 IT 클러스터에서 일해 보고 싶다는 의사를 적극 표현하였다. 우리나라의 반도체 제조능력과 인도의 소프트웨어 개발 능력을 효과적으로 결합한다면 우리나라가 시스템 반도체 강국으로 발전하는 새로운 계기를 마련할 수 있을 것이다.

2000년대 초 엘피다를 통한 일본의 반도체 부활 시도는 실패로 끝났다. 그러나 라피더스를 필두로 TSMC, 마이크론, 삼성전자 등의 투자 유치를 통한 최근의 일본 반도체 부활 프로젝트는 미국의 세계 반도체 산업 재편 전략과 맞물려 호기를 맞고 있다. "지금이 일본 반도체 산업의 최대이자 마지막 기회다"라는 일본 경제산업성 관계자의 인터뷰[21]에서 볼 수 있듯이, 일본은 어느 때보다 큰 성공의 희망과 함께 강력한 의지를 가지고 있는 것으로 보인다. 반도체 소·부·장 강국인 일본이 첨단 반도체 제조역량까지 확보해 일본 내 생태계를 만들고 자체 조달을 시작한다면 다시 한번 한국 반도체 산업의 강력한 경쟁자로 등장할 것이다. 어느 때보다 치열할 것으로 보이는 3차 반도체 한일전을 예고하고 있다.

---

21 〈한겨레신문〉(2023. 2.15).

일본의 반도체 재무장[22]

실리콘 섬을 향한 꿈

"과거 실리콘 섬은 일본이었고, 지금은 대만입니다. 그러나 일본은 다시 실리콘 섬이 되려 합니다."

2023년 9월 하버드대 케네디스쿨 반도체 심포지엄에는 일본 경제산업성의 니시카와 가츠미 경제안전보장실장이 참석했다. 그는 과거 일본 반도체의 영광을 되찾겠다는 강한 의지를 표명하면서도 규슈에 세워지는 TSMC 공장을 언급하며 일본과 대만의 협업을 강조했다.

니시카와 실장은 중국을 의식한 듯 민주주의와 투명성을 내세우며 앞으로 일본은 정부와 기업이 연대하면서 일본의 새로운 첨단 반도체 회사를 만들겠다는 것을 수차례 반복 강조했다. 앞서 기술했던 2023년 9월 1일 홋카이도에서 기공식을 한 '라피더스'[23] 반도체공장을 중심으로 홋카이도에 반도체 허브를 만들겠다는 것이 요지였다. 그는 '홋카이도가 동북아 가운데 미국과 지리적으로 좀더 가깝지 않느냐?'는 반문도 곁들이는 일본의 절박함을 호소해 좌중의 웃음을 끌어냈다. 니시카와 실장의 이러한 발언은 한국과 대만의 지정학적 리스크를 백분 활용한 것이라고

---

22 공저자 박영선의 글.

23 일본 주요 대기업들이 일본의 반도체 산업 경쟁력 강화를 위해 공동으로 2022년 8월 10일 설립한 파운드리 회사. 라피더스(Rapidus)는 라틴어로 빠르다는 뜻.

여겨졌다.

니시카와 실장의 발언이 있던 날 〈블룸버그 통신〉은 일본 반도체 제조기업 라피더스가 홋카이도를 반도체 혁신의 허브로 탈바꿈하기 위해 박차를 가하고 있다는 보도를 내보냈다.[24]

고이케 아츠요시 라피더스 최고경영자CEO는 "홋카이도 해안에 칩 제조 클러스터를 세워 실리콘 밸리와 대적할 수 있는 '홋카이도 밸리'를 실현할 것"이라고 전하며, "홋카이도는 일본 최고 재생에너지 생산지이자 수자원이 풍부해 칩 르네상스 혁신에 이상적 장소"라고 설명했다. 반도체 제조의 3대 요소인 사람·전기·물 가운데 우선 재생에너지로 생산할 수 있는 전기와 풍부한 수자원의 입지조건을 갖추고 있다는 얘기다.

이는 '반도체 칩' 초강대국으로서의 일본의 위상을 되살리고 침체된 경제에 활력을 불어넣고자 하는 기시다 후미오 일본 총리의 대표 프로젝트 중 하나이기도 하다. 일본 정부는 TSMC나 삼성전자에 대한 의존도를 낮추려면 가장 최첨단 칩을 일본에서 생산하는 것이 중요하다고 보고 있다. 이에 일본 정부는 라피더스에 총 24억 달러를 투자했고 매년 같은 비중의 예산이 투입될 예정이다(총 투자규모 5조 엔).

미국 반도체 장비기업인 어플라이드머티어리얼즈, 램 리서치도 일본 투자를 확대하고 있다는 점은 지정학적 요인을 앞세워

---

24 〈블룸버그 통신〉(2023. 9.11).

미래의 반도체 공급망에 대한 미국과 일본의 암묵적 동의가 이루어지고 있다고 해석할 수 있는 대목이다.

미 · 중 갈등은 일본에게 호재로 작용하고 있다. 이러한 동아시아에서의 지정학적 위험요소들에 의한 해외 반도체 대기업들의 일본 내 거점 확대는 우리가 결코 그냥 지나칠 수 없는 부분이다.

2

대한민국 반도체에 있는 것과 없는 것

차정훈

1997년 대학 졸업 후 필자가 처음 갖게 된 직업은 반도체 엔지니어였다.

그룹공채 신입사원 집합교육이 끝난 후 3개월간 반도체 생산라인에서 일했다. 무진복을 입고 현장 작업자들과 똑같이 입장할 때마다 에어샤워를 했고, 그들과 함께 직접 기계를 돌리고, 자재를 운반하고, 검사작업을 했다.

지금도 마찬가지지만 반도체 생산라인 근무자들은 1일 3교대 근무를 했다. 아침 6시, 오후 2시 그리고 밤 10시가 교대시간이었다. 3교대 근무를 한 달씩 3개월간 모두 해 봤는데, 특히 야간 근무는 당연히 집중력도 낮을 수밖에 없고 몸도 마음도 아주 피곤한 고된 일이었다.

매일 이렇게 고된 노동을 견뎌낸 생산라인의 산업 역군들의 노력이 쌓여서 지금의 한국 반도체 산업이 존재하는 것이다. 그런데 이 모든 사람들의 노력도 미래 방향에 맞게 투자를 결정하고 그 투자를 효과적으로 집행할 조직을 세우고 그 조직에 걸맞은 인재를 적재적소에 배치해야 결실을 맺는다. 투자의 방향을 정한 이후 쏟는 노력을 얼마나 잘 결집해 나가느냐가 기업 차원에서 사업의 성패, 나아가 국가 차원에서 산업의 성패를 좌우한다.

당시에 만들었던 주력 제품은 보쉬의 8핀pin, 16핀짜리 자동차 엔진 컨트롤러이거나, 당시 인텔의 최신 노어플래시 메모리였는데 이 제품을 현재 주력 제품과 비교하면 수만 배도 넘는 성능의 차이가 있다.

반도체 엔지니어로서 내가 업계에 몸 담은 이래 반도체 산업은 계속 성장했다. 2000년대 초까지는 연평균 성장률이 10%를 넘기도 했다. 처음 반도체 업계에 입문할 때는 정말 다양한 국내외 반도체 벤처기업들이 성공 신화를 써 나가던 시기였다. 이 시기 반도체는 전 세계적으로 관세율이 0%였다. 세계 각국은 관세율 0%의 혜택을 기반으로 교역하며 글로벌 산업 생태계를 구축하기 시작했다. 반도체는 글로벌 산업 생태계 구성에 가장 중요한 역할을 수행하던 제품이자 기술이었다.

2010년대 이후부터는 반도체 산업에서 글로벌 M&A가 빠르게 진행되었다. 아바고Avago의 브로드컴Broadcom 인수 합병1, 인텔의 인피니온 통신 부문 인수합병이 성사되었고, 비록 무산되

긴 했지만 엔비디아와 ARM의 합병 시도도 있었다. 인수합병의 규모도 수천억 원대에서 수십조 원대로 훌쩍 커졌다. 사실 2010년대 글로벌 반도체 산업의 지형 변화는 이미 이러한 대기업들의 인수합병이 본격화되면서 예견되었던 일이다.

30여 년간 반도체 산업에 몸담고 일하면서 반도체 시장에서 내로라하는 기업들의 흥망성쇠를 꾸준히 지켜봤다. 그동안 이 분야에서 내가 쌓은 경험과 지식이 미래에 한국 기업들이 시장을 지배할 수 있는 경쟁력을 갖추고 유지해 나가는 전략을 고민하는 데 조금이나마 도움이 되기를 바라는 마음으로 이 책의 공저자로 참여했다.

현재까지 반도체 시장의 주요 섹터에서 어떤 기업들이 시장을 지배했고, 그럴 수 있었던 성공비결은 무엇이었나? 미래 반도체 시장의 주도권을 놓고 벌이는 게임의 법칙은 무엇인가? 이를 살펴보면 미래 반도체 시장에서 한국 기업들이 살 길이 보일 것이다.

과거는 늘 미래의 거울이었다. 반도체 주권국가라는 주제 속에서 과거를 정리하며 미래의 해법을 찾아보고자 한다. 한국 반도체의 과거는 어땠고 오늘날의 한국 반도체를 만든 사람은 누구였을까? 그 질문을 던지면서 시작해본다.

---

1 2015년 Avago가 Broadcom Corporation을 인수한 이후 사명을 Broadcom Limited로 바꾸었다.

한국 반도체 산업의 본격적 탄생

이병철.

그는 삼성의 창업자로는 잘 알려져 있다. 그러나 그가 삼성의 반도체를 시작한 사람인지에 대해서는 그렇게 많이 알려져 있지 않다.

반도체 사업 진출을 앞두고 고심하던 이병철 회장의 회고를 들여다보자.[2]

> 난제는 워낙 크고 많다. 과연 한국이 미국·일본의 기술 수준을 추적할 수 있을까. 막대한 투자재원을 마련할 수 있을까. 혁신의 속도가 워낙 빨라 제품의 사이클은 기껏해야 2~3년인데, 그 리스크를 감당해낼 수 있을까. 미·일 양국이 점유한 세계시장에 뒤늦게 뛰어들어 경쟁에 이길 수 있을까. 고도의 기술두뇌와 기술인력의 확보, 훈련은 가능할까.

이병철 회장은 1983년 2월 8일 반도체 사업 구상을 발표했다. 도쿄 오쿠라 호텔에서의 '2·8 도쿄선언'이었다. 초고밀도 집적회로VLSI: Very Large Scale Integration 사업을 시작하겠다는 공식선언이었다. 일본 미쓰비시가 〈삼성이 반도체 사업에서 성공할 수 없

2 《호암자전》, 나남

는 5가지 이유〉라는 보고서를 냈고, 미국의 인텔은 '과대망상증 환자'라고 조롱했다.

가전제품용 대규모집적회로LSI: Large-Scale Integration도 겨우 만들던 삼성은 그해 12월 64KD램 반도체 개발을 알렸다. 세계에서 3번째였다. 곧 망할 것이라는 우려에도 거대 자금이 투입됐다.

앞으로 세계가 어떻게 될지, 늘 미래에 대한 관심의 끈을 놓지 않았던 이병철 회장은 그 당시 '반도체가 앞으로 미래 산업에 많이 사용될 것이라는 점'에 확신을 갖고 있었다.

이병철 회장의 반도체 고문으로 활동했던 삼성 반도체의 숨은 조력자 일본의 하마다 시케다카 박사는 회고한다.[3]

"이병철 회장님과는 세세한 기술에 대한 것이 아니라, 앞으로 세계가 어떻게 될지에 대한 대화를 많이 나눴습니다. 그때 이 회장님이 이렇게 말했어요. '한국인은 일본 사람과 많이 닮았다. 일본인이 이룬 것은 한국인도 반드시 할 수 있다. 그래서 반도체 기술을 도입하고 싶다'고요."

이후 삼성은 1992년 D램 시장에서 세계 1위를 기록한 이후 30년간 메모리 반도체 시장 1위를 기록하고 있다. 현재 한국은 메모리 분야의 시장점유율이 70%를 넘어서 메모리 분야만큼은 세계 최고의 강국이다.

---

3 〈중앙일보〉(2022. 6. 6).

"마누라와 자식만 빼고 다 바꿔라"는 말로 우리에게 각인된 이건희 회장은 이후 부친의 뒤를 이어 삼성전자를 부흥기로 이끌었다. 이건희 회장 역시 반도체에 미쳐 있었다.

내가 중소벤처기업부 벤처혁신실장으로 있었던 2020년 10월, 박영선 장관은 당시 이건희 회장의 별세 소식을 듣고 페이스북에 이건희 회장의 반도체 사랑을 아래와 같이 기술했다. 4

삼성 이건희 회장님,

MBC 경제부 기자 시절 1980년대 말 어느 해 여름, 제주도 전경련세미나에서 한 시간가량 '반도체의 미래'에 대해서 출입기자들과 강의 겸 긴 대화를 나누신 적이 있습니다.

당시 대학생이던 이재용 부회장이 뒷자리에 함께했던 것이 인상적이었습니다.

게토레이 한 잔을 물 컵에 따라 놓으시고 대한민국의 미래 먹거리 '반도체'에 대해 열변을 토하시며 "난 지금 반도체에 미쳐있다"고 말씀하셨지요.

일본에서 유학하던 시절 얘기도 하셨습니다. 유학 시절 외로웠고 외로움을 달래기 위해 집에서 영화를 혼자 많이 보셨다고요. 특히 일본 영화 〈천칭〉은 선대 이병철 회장께서 강추해주셔서 여러 번 보셨다고 말씀하셨던 것이 오래 기억에 남았었습니다.

---

4 박영선 페이스북(2020.10.25).

그 후 수소문해서 저도 〈천칭〉을 봤습니다. 오래된 낡은 영상이었지만 담긴 의미만큼은 각별했습니다. 일본 어느 마을 솥뚜껑 판매회사의 후계자 양성과정이라고 요약할 수 있지요.

13살 소학교를 졸업한 아이 '다이사코'는 아버지로부터 졸업선물로 솥뚜껑을 받습니다. 그리고 가업을 물려받기 위해서는 그 솥뚜껑을 팔아야 한다고 아버지는 말씀하십니다. 어린 다이사코는 아버지께 "왜? 이 솥뚜껑을 팔아야 하나요?"라고 묻습니다. 아버지는 "그 솥뚜껑을 팔고 나면 알게 될 거다"라고 답합니다. 어린 다이사코는 왜 이것을 팔아야하는지를 납득하지 못합니다.

그러나 부모는 물건을 파는 상인의 마음을 알지 못하면 가업을 넘겨줄 수 없다고 합니다. 어린 다이사코는 솥뚜껑을 팔면서 팔아야 하는 솥뚜껑에 대한 내 마음, 팔러 다니는 상인의 마음가짐, 그 물건을 사게 되는 소비자의 마음을 깨닫습니다.

"파는 자와 사는 자의 마음이 통하지 않으면 물건은 팔 수 없다."

진정으로 내가 파는 물건에 애정을 가지고 있어야 그것을 필요로 하는 사람에게 진심이 전해진다는 것을 느끼게 하는 영화였지요.

1993년 이건희 회장님의 프랑크푸르트 신경영 선언("마누라 자식 빼고 모두 바꿔라") 이후 삼성전자는 휴대전화와 반도체에서 글로벌 기업으로 성장했습니다. 오늘의 삼성은 이건희 회장님의 "반도체 사랑"이 만든 결과입니다.

오늘 영화 〈천칭〉을 다시 떠올리면서, 대한민국 반도체신화를 이룬 이건희 회장님께 깊은 애도의 마음을 표합니다.

박영선 장관이 페이스북에 게시한 추모글에서 회고한 장면에 현 이재용 회장은 대학생으로 등장한다. 선대 이병철 회장이 대한민국에서 반도체를 시작한 상징적 인물이라면 아버지 이건희 회장은 메모리 반도체 생산에서 그 중심축을 일본에서 한국으로 옮긴 통찰력을 가진 인물이었다. 3세대 경영책임자 이재용 회장은 AI 반도체를 중심으로 한 3차 반도체 생태계 재편의 격랑의 시대를 맞고 있다.

2000년대 이후 삼성전자가 메모리 반도체 세계 1위 지위를 유지하고 있는데 삼성전자는 반도체 중에서 메모리 반도체에 편중된 사업 포트폴리오가 역설적으로 최대약점이다. 메모리 반도체는 반도체 중에서 가격 민감도가 가장 높아서 경기에 따라 실적의 등락이 심하다. 반도체를 구동하는 소프트웨어의 복잡도가 다른 로직반도체보다 상대적으로 낮아서 제조설비 구비능력 및 적재적소의 투자결정 같은 경영전략이 시장지배력을 결정한다.

1980~1990년대 초반에는 일본의 반도체 회사들이 메모리 반도체 시장을 거의 독점하다시피 했다. 2000년대 들어와서 삼성과 하이닉스가 기술개발, 가격경쟁력 그리고 설비투자로 시장점유율을 빠르게 확대했다. 현재 메모리 반도체 중에서 가장 많이 사용되는 D램 시장은 앞서 언급했듯이 삼성전자, SK하이닉스, 미국의 마이크론 3개 회사가 생산, 판매회사로서 시장을 과점하고 있다.

세계 반도체 시장의 국가별 점유율(2021년 기준 · 총 5,559억 달러)

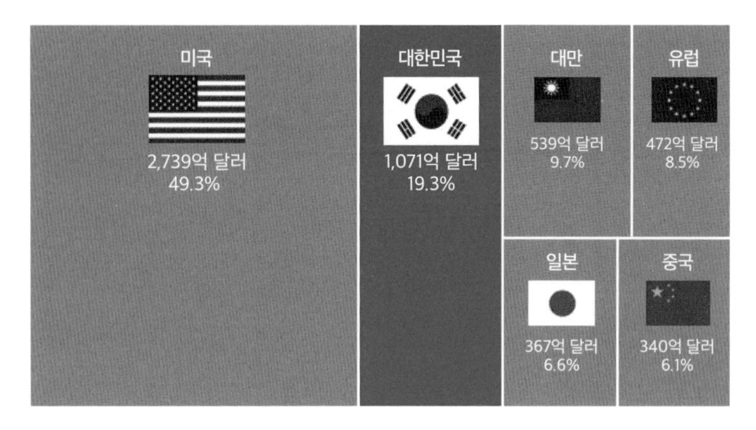

이렇듯 메모리 반도체 시장은 다른 로직과 아날로그Analogue 반도체에 비해서 상대적으로 기술적 진입장벽은 높지 않다. 자본의 집중이나 사업을 운영하는 경영역량에 따라 후발주자가 선발주자를 따라잡을 수 있어 시장의 판도가 심하게 흔들리는 경향이 있다. 한국 입장에서는 중국의 추격이 가장 위협적이다.

세계 반도체 시장에서 한국의 시장점유율은 약 20%이다. 세계 반도체 시장에서 메모리의 비중이 약 30%이고 그중 약 70%를 한국 기업 두 곳이 점유하고 있다. 한국의 GDP가 세계 GDP에서 차지하는 비중이 1. 8%인 것을 감안하면 대단한 수치이다.

그러나 최근 미 · 중 갈등 속 전 세계 반도체 산업의 재편 과정에서 한국의 위상에 경고등이 들어오고 있다. 한국 반도체 산업의 현주소와 미래 방향을 정확히 진단, 예측하는 것이 아주 긴급히 필요한 상황이다.

한국 반도체에 있는 것

세계 최대의 메모리 반도체 생산능력

세계 반도체 시장은 2022년을 기준으로 연간 약 6,040억 달러(약 781조 원) 규모이며 2030년에는 9,000억 달러를 넘을 것으로 예측된다. 이 기간 동안 연평균 시장성장률은 약 8.8%로 예상되며, 단일 품목으로 세계 경제에서 차지하는 비중은 물론 그 기술 집중도가 아주 높은 산업이다.

한국의 반도체 경쟁력은 "있는 것과 없는 것"이 너무나 뚜렷하다. 한국은 메모리 반도체 분야에서 세계에서 가장 뛰어난 경쟁력을 가지고 있지만, 그 분야를 제외하고는 국제적 경쟁력이 약하다. 즉 한국은 780조 원이 넘는 시장에서 약 20% 정도의 시장점유율을 갖고 있고 그 점유율은 거의 모두 메모리 반도체에서 나오는 것이다.

한국의 메모리 반도체 경쟁력은 어떻게 생겨났을까?

한때 한국은 전 세계 D램 시장에서 75%의 점유율까지 차지한 적이 있다. 2011년 이후 한국의 두 기업, 삼성전자와 SK하이닉스의 D램 시장점유율을 보면 각각 대략 45%, 25%로 한국 메모리 반도체의 비중을 확실히 알 수 있다.

삼성전자와 SK하이닉스는 세계 플래시메모리5 시장에서도 각각 1위와 3위의 시장점유율을 기록하고 있다(2위는 일본의 키옥시아). 최근 SK하이닉스의 시장점유율 확대가 상당히 가속화되고 있는 상황이다.

한국이 메모리 반도체 분야의 선두를 지킬 수 있었던 것은 통찰력을 가진 경영자와 함께 정부의 대기업 위주 정책이 낳은 결과라고 할 수 있다.

메모리 분야는 장치산업, 즉 대규모 자본이 투입되어야 하기에 중소기업 위주의 대만과 같은 곳에서는 쉽게 접근하기 힘들다. 여기에 초창기에는 낮은 임금과 숙련된 노동자도 충분조건이 되었다. 그래서 다른 나라들이 선뜻 뛰어들기 힘든 틈새를 한국의 삼성전자가 달려들어 선두 자리를 차지했다.

---

5 메모리 반도체에는 D램 외에도 낸드플래시로 대표되는 플래시메모리가 있다. 낸드플래시는 전원이 꺼져도 정보가 사라지지 않는 메모리 반도체로 '비휘발성 메모리'라고도 부른다. 반면 D램은 저장속도는 빠르지만 또한 데이터를 잃는 속도도 빨라서 전원을 끄면 데이터가 날아간다. 그래서 '휘발성 메모리'라고도 부른다.

숫자로 보는 반도체 시장

1. 세계 메모리 반도체 시장규모

| D램 시장규모

세계 D램 시장규모는 연간 약 1,000억 달러(130조 원)이다.

최근 10여 년간 몇 차례 등락이 있었지만 지속 성장 중으로 2027년에는 시장규모가 2,700억 달러(350조 원) 수준으로 성장할 전망이다.

(단위: 십억 달러)

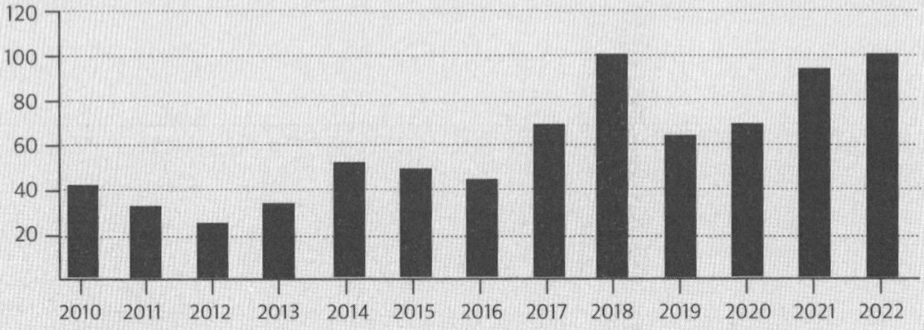

자료: Omdia

| 낸드플래시 시장규모

세계 낸드플래시 시장규모는 연간 약 700억 달러(90조 원)이다.

최근 빅데이터, AI시대가 열림에 따라서 낸드플래시의 수요도 폭발적으로 증가하고 있다.

(단위: 십억 달러)

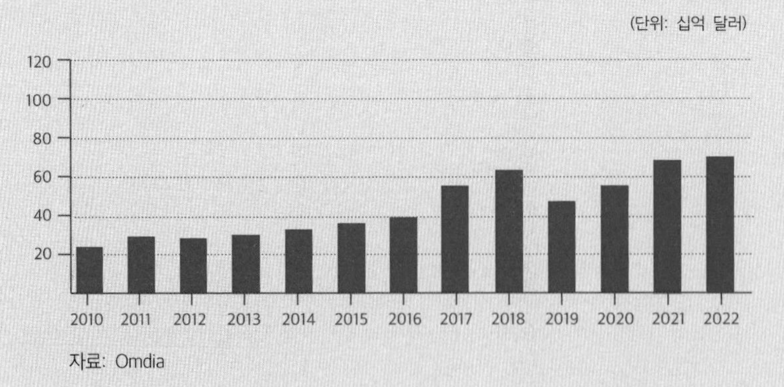

자료: Omdia

2. 세계 메모리 반도체 시장점유율

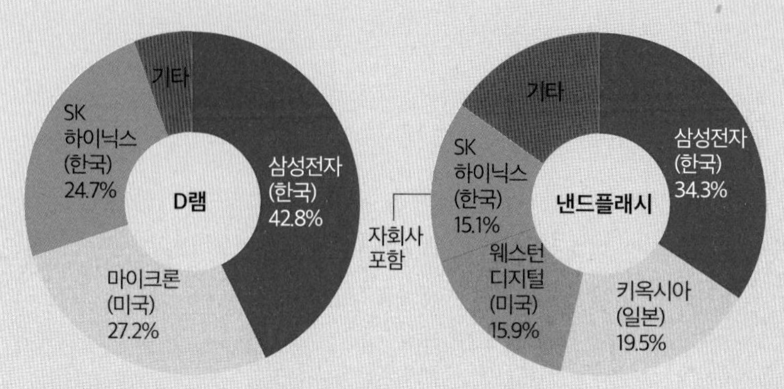

자료: Omdia(2023년 1분기 기준)

| D램 시장의 주요 기업

D램 시장은 삼성전자, SK하이닉스, 마이크론이 90%의 시장을 점유하고 있다.

최근 이 3강 기업의 시장점유율이 점점 높아지고 다른 소규모 기업들은 그 존재감 자체가 없어지고 있다. 최근 AI, 빅데이터에 걸맞은 빠른 속도가 필요한 HBM으로 시장의 첨단제품이 바뀌어 가고 있다.

| 낸드플래시 시장의 주요 기업

낸드플래시 시장에서도 한국 기업들의 선전이 두드러진다.

세계 1위 삼성전자는 40% 내외, SK하이닉스도 15~19%의 점유율을 보이고 있다. 일본 키옥시아, 미국 웨스턴디지털도 각각 15% 이상의 점유율을 기록하고 있다.

| 세계 톱10 반도체 기업

지난 30여 년간 시장을 지배한 반도체 기업은 누구이고, 어떤 회사들이 부상했다가 사라졌는지 살펴보자. 2021년 현재 톱10 기업에는 D램의 강자들(삼성, SK하이닉스, 마이크론)이 5위 안에 들었고, 종합반도체 기업인 인텔, 그리고 퀄컴 · 엔비디아 · 브로드컴 · 미디어텍 · AMD 등 팹리스 기업들이 이름을 올렸다.

국가별로는 미국 기업이 7개(종합반도체 기업과 팹리스 기업), 한국 기업이 2개(메모리 기업), 대만 기업이 1개(팹리스 기업)가 톱10에 포진했다.

최근 30년 톱10 반도체 기업의 변화

(단위: 십억 달러)

No.	1993		2000		2008		2021	
	기업	매출	기업	매출	기업	매출	기업	매출
1	인텔(미국)	7.6	인텔(미국)	29.7	인텔(미국)	70.8	삼성(한국)	82.0
2	NEC(일본)	7.1	도시바(일본)	11.0	삼성(한국)	55.7	인텔(미국)	76.7
3	도시바(일본)	6.3	NEC(일본)	10.9	TI(미국)	11.6	SK하이닉스(한국)	37.4
4	모토로라(미국)	5.8	삼성(한국)	10.6	도시바(일본)	10.4	마이크론(미국)	30.0
5	히타치(일본)	5.2	TI(미국)	9.6	ST(EU)	10.3	퀄컴(미국)	29.3
6	TI(미국)	4.0	모토로라(미국)	7.9	르네사스(일본)	7.0	엔비디아(미국)	23.2
7	삼성(한국)	3.8	ST(EU)	7.9	퀄컴(미국)	6.5	브로드컴(미국)	21.0
8	미츠비시(일본)	3.6	히타치(일본)	7.4	소니(일본)	6.4	미디어텍(대만)	17.7
9	후지쯔(일본)	3.5	인피니온(EU)	6.8	하이닉스(한국)	6.2	TI(미국)	17.3
10	마츠시타(일본)	2.8	필립스(EU)	6.3	인피니온(EU)	5.9	AMD(미국)	16.4

자료: IC Insights

지난 30년간 가장 눈에 띄는 변화는 1993년에 6개였던 일본 기업이 톱10 목록에서 점차 사라진 대신 미국 기업들의 시장지배력이 강력해진 것이다. 한국 기업과 대만 기업이 시장의 강자로 자리 잡은 것도 주목할 만하다.

대만의 TSMC는 왜 이 목록에 이름이 없을까? 웨이퍼를 주문 생산해주는 파운드리 기업은 세계 반도체 매출액이 이중 계산되지 않도록 톱10 기업에 넣지 않는다. TSMC의 매출액은 삼성과 인텔 사이 어딘가에 존재한다.

| 반도체 패권 쟁탈전의 역사

시장 주도권을 둘러싼 반도체 기업들의 경쟁은 그야말로 치열했다.

1980년대 | 세계 시장은 미국 기업과 일본 기업의 각축장이었다.
TI(텍사스인스트루먼트), 모토로라, 인텔 등 미국 기업을 제치고 NEC, 도시바, 히타치 등 일본 기업의 시장점유율이 높아지자 미국은 플라자합의, 반도체협정을 통해 일본에 타격을 주었다.

1990년대 | 일본 기업들이 쇠락하고 한국 기업이 톱10에 진입했다.
삼성전자는 도쿄선언 이후 투자를 확대했고, 1992년 세계 최초 64MD램을 개발하면서 일본 기업을 추월했다.

2000년대 | 한국 기업과 대만 기업의 약진이 두드러졌다.
삼성전자, SK하이닉스가 도시바, 엘피다 등 경쟁사를 밀어내는 골든 프라이스 전략을 구사했고, 시스템 반도체 분야에서 대만의 TSMC가 시장점유율을 확대했다.

2010년대 | 글로벌 M&A를 통한 새판 짜기가 진행됐다.
글로벌 반도체 기업의 M&A가 본격적으로 일어나기 시작했다. 마이크론의 일본의 엘피다 합병, 아바고의 브로드컴 합병, SK의 하이닉스 인수 등 대규모 M&A가 본격적으로 일어났다. 반도체 산업은 대규모 투자역량과 글로벌 경쟁력을 가져야만 살아남을 수 있는 규모의 게임으로 변화하기 시작했다. 중국도 반도체 소비시장의 크기와 막대한 자본력을 바탕으로 자국 내 회사끼리 M&A를 진행했다.

2020년대 | 미 · 중을 중심으로 치열한 반도체 패권 경쟁이 일어나고 있다.
미국이 중국의 반도체 굴기를 견제하고 반도체 패권을 지키기 위해 〈반도체 지원법〉 시행, 대중국 수출규제, 칩4 동맹 결성 등 전 방위적 반도체 정책을 추진하고 있으며 일본, 유럽, 중국도 대만과 한국에 의존하는 반도체 생산능력 확충을 위해 국가적 노력을 기울이고 있다.

한국의 반도체 생태계를 미국과 비교해 보면 있는 것과 없는 것이 명확하게 드러난다. 미국은 인텔, 마이크론 등 반도체 제조기업들도 있지만 엔비디아, 퀄컴, AMD 등 글로벌 팹리스 기업들이 중심이 되는 반도체 생태계를 가지고 있다.

한국은 삼성전자와 SK하이닉스 등 메모리와 대형 파운드리 등 반도체 제조 분야에서 세계 최고 수준의 기업들이 있지만 팹리스 생태계가 매우 취약하다.

따라서 반도체 분업구조로 보면 한국과 미국은 상호 보완적이다. 그런데 이제 미국이 이러한 분업구조에서 탈피해 미국에서 제조를 포함하여 반도체의 전 가치사슬 영역을 다 하겠다는 전략을 꺼내들고 있다.

최근 미국은 코로나 팬데믹을 거치면서 반도체 공급망의 문제점을 해결하고 중국의 반도체 굴기에 제동을 걸기 위해 반도체 리쇼어링 전략을 대대적으로 추진하고 있다. 〈반도체 지원법〉을 필두로 해서 미국 내에 첨단 반도체 생산공장을 유치하기 위한 다각도의 노력을 기울이고 있다. 인텔, 마이크론 같은 미국 기업은 동아시아나 중국에 유지하던 생산공장을 후순위로 미루고 차세대 첨단 공장들을 미국에 짓기로 발표하고 그 후속 작업이 진행 중이다.

TSMC, 삼성전자, SK하이닉스 같은 외국 기업들도 미국에 공장을 짓기로 앞다투어 발표하기에 이르렀다. 2022년 5월 바이든 대통령의 방한 시 첫 방문지가 첨단 반도체 공정이 집약되어 있는 삼성전자 평택사업장이었던 점은 반도체 생산능력 강화에 미국이 얼마나 높은 우선순위를 부여하고 있는지 단적으로 보여주고 있다.

향후 미래 반도체 시장은 그 변화의 폭과 속도가 더욱 넓고 빠르게 진행될 것이다. 대량생산에서 주문생산으로, 철저한 분업의 시대에서 융합과 연결의 시대로 변화해 나갈 것이다. 기존에는 민간의 창의적 아이디어와 연구개발 역량 그리고 사업개발 전략에 따라 시장이 성장했다면, 이제 반도체 산업은 미국, 중국 두 강대국을 중심으로 주요국들이 자국의 명운을 걸고 충돌하는 패권 분쟁의 한가운데에 놓이게 되었다.

이러한 상황에서 한국은 우선적으로 가장 큰 강점인 메모리와 파운드리 분야의 반도체 리더십을 유지·강화하는 전략을 지속적으로 추진해야 한다. 삼성전자와 SK하이닉스의 메모리 및 파운드리 설비투자 프로젝트는 최근까지 꾸준하게 진행되어 왔고, 박근혜, 문재인, 현재 윤석열 정부에 이르기까지 역대 정부가 모두 역점적으로 지원해 왔다. 이러한 프로젝트의 연속성을 유지하고 성과를 창출하는 데 우선 집중할 필요가 있다. 또한 생성형 AI 시대의 본격적인 개막에 따라 촉발되고 있는 메모리 반도체와 파운드리의 진화(첨단화, 고부가가치화 등)에 적극 대응하는 것도 매우 중요하다.

과감한 M&A 전략으로 몸집을 키운 마이크론

최근 세계 메모리 반도체 시장에서 눈여겨볼 기업은 미국의 마이크론이다. 삼성전자와 SK하이닉스가 석권하고 있는 가운데 마이크론이 유일하게 한국 기업들과 어깨를 견주고 있다.

마이크론은 2011년에는 메모리 분야 시장점유율이 10% 내외로 작았다. 그런데 2013년 이후 시장점유율을 계속 확대하여 지금은 25% 내외로 SK하이닉스와 시장점유율 2, 3위를 다투고 있다. 2013년 이전부터 일본의 엘피다와 합병 과정이 진행되었고 합병이 완료된 후 시장점유율 확대가 이루어진 것이다.

한국의 삼성전자, SK하이닉스 그리고 미국 마이크론이 3분해서 석권하고 있는 D램 시장에서 삼성전자와 SK하이닉스는 M&A보다는 기술개발 및 시장 확대에 맞는 사업전략을 적절히 구사하며 성장해 왔다.

반면, 마이크론은 기술개발에도 적극적으로 뛰어들었고 동시에 거대자본을 적절히 투자한 M&A 전략을 같이 구사하여 시장점유율 확대를 꾀해 왔다. 마이크론이 일본의 엘피다를 인수합병할 때 든 비용은 약 25억 달러이다. 한국 기업은 다른 회사를 흡수 합병하는 경영전략은 상대적으로 서구기업보다 취약하다. SK의 하이닉스 인수 이후 한국 반도체 기업의 M&A의 성공사례를 찾기 힘들다.

한국 기업들은 후발주자로서 특정 분야에 대한 집중적 노력을 통해 선두주자를 따라잡는 능력은 출중하지만 선두주자로서 시장을 지속 리드해 나기 위해 인수합병과 같은 과감한 경영전략을 구사하는 것은 아직 부족하다.

한국 반도체 생태계에 없는 것 1

후방산업 — 반도체 소재 · 장비 회사들

격변하고 있는 반도체 산업의 미래를 구상하기 위해서는 기존의 틀에서 벗어나 한국 반도체 생태계에 없는 것은 무엇인지 면밀히 검토할 필요가 있다.

시기적으로는 보면, 반도체가 처음 발명된 1950년대의 반도체 생태계에는 반도체 설계 · 제조 · 조립 및 검사의 모든 공정을 수행하는 종합반도체 기업IDM: Integrated Device Manufacturer만 있었다. 1980년대부터 공정별 전문기업이 등장해 설계만을 담당하는 팹리스Fabless와 제조를 담당하는 파운드리Foundry로 수직분업화되었다.

현재의 반도체 생태계에는 IDM, 팹리스, 파운드리 외에도 가공된 웨이퍼를 칩으로 만들고 검사하는 후공정기업과 함께 반도체 후방산업인 제조장비 · 소재기업과 전방산업(가전, PC, 스마트폰, 로봇, 첨단 장비 등)도 포함된다.

세계 반도체 산업의 지각변동이 시작된 1990년대를 돌아보면 일본의 반도체 회사들은 미 · 일 반도체협정을 계기로 쇠락의 길을 걸었다. 그러나 일본은 반도체 제조장비와 소재 중심의 산업에 집중해 이 부분의 국제경쟁력을 계속 키우고 지켜왔다. 일본은 완성품 반도체를 직접 만들어 파는 산업보다는 반도체 소재·장비의 후방산업에 집중 투자해 온 것이다.

한국은 제한된 자원을 최대한 효율적으로 활용해야 하다 보니 메모리 반도체를 집중적으로 키울 수밖에 없었다. 미국이 잘하는 팹리스나 일본이 잘하는 반도체 소재·장비 같은 산업에는 상대적으로 여력이 없어 투자가 부족했다.

세계 시장에서 점유율이 높은 반도체 장비회사들을 살펴보면, 미국의 어플라이드머티어리얼즈, 램리서치Lam Research, 일본의 도쿄일렉트론이 세계 반도체 장비회사 톱3를 차지하고 있다. 한국은 '세메스SEMES'라는 삼성 계열사가 유일하게 톱15에 이름을 올렸는데 순위가 12위로 상위 기업들과 비교해 매출액 격차가 큰 상황이다.

한국의 반도체 장비기업들은 독자적으로 글로벌 판매망 구축 등에 어려움을 겪었고, 한국 대기업들과 거래할 때도 부품 혹은 장비 구매의 높은 울타리를 넘지 못한 측면도 있다. 또한 삼성전자나 SK하이닉스 등 국내 대기업과의 거래가 중심이 되고 있어 세계적인 반도체 장비기업들과의 격차가 매우 큰 실정이다.

한국 반도체 생태계에 없는 것 2
반도체 설계 — 팹리스 기업들

공장이 없어도 반도체를 만들 수 있다

현재 반도체 생태계에서는 설계 역량만 있으면 원하는 반도체를 만들어서 고객에게 판매할 수 있다. 생산은 TSMC 등 외주 파운드리에 맡기면 된다.

그런데 한국 반도체 생태계에 없는 것, 취약분야가 바로 반도체 설계다.

반도체 팹리스 기업이란 반도체 설계가 전문화되어 있는 회사로 말 그대로 제조설비fabrication가 없는 기업이다. 반도체공장은 없지만, 반도체를 만들고 판매하는 사업을 하는 기업이다.

세계적으로 대표적인 팹리스 기업은 엔비디아, 퀄컴, 브로드컴 등이 있다. 제조설비 없이 어떻게 반도체 산업을 선도할 수 있을까?

반도체는 1950년대 발명된 트랜지스터를 시작으로 산업으로 성장했다. 반도체 산업은 작은 공간에 트랜지스터를 집적한 칩의 결합체인 웨이퍼를 만드는 것이 중요한 제조공정이다.

이 과정은 지금까지도 변함이 없다. 트랜지스터가 만들어진 이후 수많은 엔지니어, 장비 그리고 소재 관련 산업이 관여되고 노력을 기울여 그 사이즈를 줄여 왔다.

웨이퍼를 작은 단위로 자른 것을 '칩'이라 부르기 시작했다

1960년 말 페어차일드Fairchild, IBM 같은 미국의 초창기 반도체 기업들은 반도체 웨이퍼를 만드는 공정을 만들었다. 그런데 이 회사들이 만든 웨이퍼는 너무 커서 당시 전자계산기, 라디오 같은 전자기기에 넣고 기능을 구현할 수 없었다. 그래서 웨이퍼로 이루어진 반도체를 작게 자른 후 이것을 전자기기에 넣어서 사용할 수 있는 칩으로 만드는 과정을 만들었다. 이때부터 웨이퍼를 작은 단위로 자른 것을 '칩'이라 불렀다. 웨이퍼를 만드는 과정에 비해 난이도는 낮지만 칩으로 잘게 만드는 일만 전문적으로 하는 외주 생산업체를 만들기 시작했다. 웨이퍼 팹에서 완성된 웨이퍼를 받아서 칩으로 만드는 과정을 조립Assembly 혹은 패키징Packaging이라고 부르게 되었다. 반도체 전체 생산공정에서 후공정으로 불리는 이 작업은 그렇게 외주화되었다.

한국에서도 1970년대 초에 이 산업의 미래를 보고 공장을 짓고 사업을 시작한 회사가 있었다. 이 회사는 현재 전 세계에서 두 번째로 큰 반도체 패키징 및 검사Test 서비스를 제공하는 회사로 성장했다. 이 회사의 이름은 앰코 테크놀로지Amkor Technology이다. 현재는 미국에 본사가 있는 다국적 기업이 되었지만 아직도 첨단 제조공장은 여전히 한국에 있다. 이 회사와 그 사업모델은 수십 년이 지난 현재에 와서 다시 그 중요성이 부각되고 있다. 그 이유는 메모리 반도체가 진화하면서 HBM과 고성능의 프로세서를 함께 하나의 칩으로 만드는 고성능 반도체 패키징 사업이

다시 고부가가치를 창출하고 있기 때문이다. (HBM과 패키징에 대해서는 뒤에서 삼성전자와 HBM을 다루며 좀더 자세히 설명한다.)

팹리스의 성장을 이끈 파운드리 기업의 탄생

TSMC의 탄생은 과감한 역발상의 결과물

한때 아웃소싱-외주화가 유행처럼 번지던 적이 있다. 산업 발전과정에서 특히 효율성을 극대화하는 전략이 필요할 때 필연적으로 외주화 그리고 외주 전문기업이 등장한다. 반도체 산업에서는 웨이퍼가 만들어진 이후, 즉 조립과 검사공정만 외주화하는 경향이 나타났다. 그러던 중 1980년대 초 더 과감한 상상을 하는 사람들이 등장했다. 그 결과로 나온 회사가 대만의 TSMC Taiwan Semiconductor Manufacturing Company이다. TSMC는 1980년 초 반도체 웨이퍼를 제작하는 팹공정도 미래에는 외주화될 것이고 이 외주 전문기업이 성장해서 반도체 제조의 미래를 좌우할 것이라는 역발상적 상상에서 시작되었다.

이 상상의 핵심에 있던 인물이 TSMC의 창업자인 모리스 창Morris Chang이었다. 그는 초기 이 기업의 성공요건을 과감한 반도체 제조설비 투자가 핵심이라고 여기고, 당시 미국에만 있던 반도체 팹공장을 국가 소속 연구소 형태로 만들어 장기 산업화의 마중물을 제공하자고 대만 정부를 설득했다. 그래서 1987년 대만 정부와 함께 TSMC를 민관 합작회사Joint Venture로 출범시켰다. 초기에 대만 정부의 투자분은 48%에 이르렀다.

당시 미국의 아날로그 반도체 기업인 TI[Texas Instrument]에서 반도체 엔지니어로 일하던 모리스 창이 대만 정부의 도움 없이 공장을 짓고 파운드리 사업을 시작했다면 단기간에 빠른 성장을 하기 어려웠을 것이다. 그러나 산업의 미래를 내다보는 통찰력, 정부나 이해관계자를 설득해 낼 수 있는 의지가 결합이 되어 TSMC의 시작이 가능했다.

만약 지금 이 시점에서 1980년대의 모리스 창처럼 반도체 산업의 미래 모습을 그려본다면 우리는 모리스 창과 같은 결론을 만들어낼 수 있을까? 누구도 쉽게 그렇다고 할 수 없을 것이다. 삼성의 반도체사업 진출의 결정적 계기가 된 1983년 이병철 회장의 도쿄선언만큼이나 역사적 의미가 큰 행보였던 것이다.

이렇게 창립된 TSMC는 파운드리, 즉 종합반도체 기업[IDM]이나 팹리스 기업과 달리 반도체 제작을 전문으로 하는 새로운 업을 만들어 냈다. TSMC가 1990년대 초 본격적으로 사업화를 시작한 이후 반도체 산업은 자체 제조설비를 보유한 거대 기업 중심의 산업에서 반도체를 설계할 수 있는 아이디어만 있다면, 제조설비 없이도 비즈니스가 가능한 산업으로 변모하게 되었다. 반도체 후공정을 외주화했던 이전 비즈니스 모델을 벤치마킹해서 반도체 전공정, 즉 웨이퍼 생산공정을 외주화함으로써 전체 반도체 산업 지형이 바뀌게 된 것이다.

이때부터 미국 실리콘 밸리에는 수많은 팹리스 벤처기업들이 생겨났다. 그중에는 현재까지도 톱10 기업에 드는 퀄컴, 엔비디아 등도 포함되어 있다. 물론 반도체가 위탁생산이 되기 위해서는 반도체 디자인 툴, IP, 백엔드 툴 등 수많은 기술들이 필요하다. 이런 기술들은 1980년대 이후 끊임없이 개발되고 진화해 왔으며 지금도 계속 발전하고 있는 분야이다.

TSMC의 탄생은 수많은 팹리스 기업이 눈부시게 성장할 수 있는 결정적 계기가 되었다. 1990년대 반도체 기업 톱10 안에는 팹리스 기업들이 하나도 존재하지 않았다. 그러나 TSMC의 성장과 함께 반도체 설계 능력을 기반으로 하는 실리콘 밸리 출신 미국 기업들의 도약이 두드러졌다. 그 결과로 약 30여 년 후 엔비디아, 퀄컴 그리고 브로드컴 같은 팹리스 기업들이 톱10에 오르는 성적을 기록했다.

제조설비를 갖춘 글로벌 파운드리 기업이 생산을 담당해 주었기 때문에, 팹리스 기업들은 반도체 회로 설계에 대한 아이디어만 있으면 세계 시장을 무대로 경쟁하며 성장할 수 있었던 것이다. 그런 의미에서 TSMC의 탄생은 반도체 산업의 지형도를 바꾼 역사적 사건이기도 했다.

1990년대에 한국에서도 이러한 세계 반도체 생태계의 지형 변화에 맞춰 LG반도체가 파운드리 사업을 본격적으로 시작해 한때 세계 시장점유율 3위에 오르기도 했다. 그러나 LG반도체는 IMF 외환위기 당시 대기업 구조개혁으로 추진된 빅딜에 의해 메모리 생산판매업이 중심이었던 현대반도체(SK하이닉스의 전신)에

합병되었다. 한국의 파운드리 산업이 사라지는 순간이었다.

후에 삼성전자가 파운드리 진출을 선언한 후 집중적인 투자로 현재는 파운드리 분야에서 시장점유율 세계 2위를 차지하고 있다. 하지만 파운드리 분야는 기술이 고도화되고 자본의 집중이 심화되면서 끊임없는 투자와 기술개발이 이루어지지 않으면 시장점유율 2위도 수성하기 버겁다. 종합반도체 기업 수준의 대규모 자본 투자와 스타트업 수준의 기민한 기술개발이 함께 요구되는 매우 어려운 분야이다.

뒤에서 좀더 자세히 보겠지만, 10여 년 전에는 파운드리 공장 하나를 짓는 비용이 5,000억 원 수준이었는데 지금은 수조 원을 넘어 투자규모의 대형화가 심화되고 있다.

정확한 미래 예측으로 성공한 퀄컴과 엔비디아

그러면 본격적으로 세계적인 팹리스 기업들이 어떤 방식으로 성장했고, 어떻게 세계 시장을 지배하고 있는지 살펴보자.

2023년 현재 퀄컴과 엔비디아는 글로벌 팹리스 1, 2위를 다투고 있다. 반도체 생태계가 태동할 때 등장한 기업들 외에 아주 작은 기업에서 시작해서 글로벌 영향력이 있는 기업으로 성장한 반도체 기업은 퀄컴과 엔비디아 2개 회사밖에 없다. 이 두 회사의 성공비결은 정확한 미래 예측을 바탕으로 기술적 상상력을 현실화시켰다는 데 있다.

퀄컴은 무선통신의 표준을 이해하고 무선통신에 꼭 필요한 모뎀칩을 만들어서 전 세계 무선통신이 지원되는 스마트폰이나, 통신 중계기 및 기지국 관련 컴퓨터를 만드는 회사에 칩을 납품했다. 카폰(자동차에서 사용하던 전화기)이 주류를 이루던 1980년대 중반에 퀄컴은 스마트폰의 보급을 꿈꾸면서 무선통신 기술을 개발했다. 재벌 회장이나 국가원수급이나 쓰던 카폰 시대에 5G 기반의 스마트폰 세상을 꿈꿀 수 있는 기술적, 사업적 상상력이 있었다.

엔비디아는 1990년 초반 VGAVideo Graphics Array 해상도 데이터를 겨우 처리할 수 있는 그래픽처리장치GPU를 개발 판매했다.[6] 한 화면에 겨우 30만 픽셀값만 있어도 처리하기 어려워서 화면이 정지되던 시대에 한 화면에 830만 픽셀이 있는 시대를(이제는 그 크기도 2배 혹은 4배 더 커져 가고 있지만) 예측하고 준비하는 기술적, 사업적 상상력을 현실화했다. 엔비디아는 그래픽처리가 미래에 아주 중요한 컴퓨터의 기능이 될 것이라는 것을 예측하고 PC, 스마트폰, 데이터센터 서버에 공급되는 GPU를 만들어 성공했다.

또한 M&A 전략도 주효했다. 엔비디아의 또 다른 성공비결인 M&A 전략에 대해서는 뒤에서 다시 상세히 기술하겠다.

---

6 VGA는 640x480 픽셀의 해상도. 현재 가장 범용의 디스플레이인 4K 해상도에 비해 정확히 27배 작음. 당시에는 GPU(Graphic Processing Unit)라는 용어도 없어서 처리할 수 있는 혹은 처리하고 싶은 해상도였던 VGA를 차용해서 'VGA 카드'라고 부르기도 했다.

대기업 분사형 팹리스 기업의 성공 사례 — 미디어텍

흥미롭게도 톱10에 든 팹리스 기업들은 대부분 1990년대 창업해서 그 역사가 불과 30년이 채 넘지 않는 상대적으로 젊은 기업들이다. 퀄컴이 조금 이른 1985년에 설립되었지만, 엔비디아는 1993년, 미디어텍은 1997년, 브로드컴은 1999년에 설립되었다. 이들 모두 젊은 기업인 것이다.

그렇다면 상대적으로 짧은 역사의 기업들이 어떻게 이렇게 고속성장을 할 수 있었을까? 미디어텍과 브로드컴 두 회사의 공통점은 대기업에서 분사spin-off한 기업이라는 것이다. 즉 다각화된 대기업에서 한 사업부를 독립적 회사로 분사한 후 일정한 성과를 내고 상장하거나 최종적으로는 기존 대기업과의 관계를 청산한 사례이다.

미디어텍: 진출 9년 만에 스마트폰 AP 최강자로 도약

대만의 미디어텍Mediatek[7]은 미국에 본부를 두지 않은 대표적인 팹리스 기업이다. 실리콘 밸리에 근거를 두지 않고도 미디어텍은 2021년 기준 약 180억 달러의 매출액을 기록해 세계 반도체 기업 톱10에 들 정도의 성장세를 이루었다. 미디어텍은 스마트폰의 두뇌 역할을 하는 모바일 애플리케이션 프로세서AP를 가장

---

7 미디어텍은 대만의 또 다른 파운드리 기업인 UMC에서 소비가전 부문이 분사되어 나와서 창업한 기업이다.

경쟁력 있는 가격으로 만들어내는 전략으로 빠르게 시장을 장악해 현재의 사업 규모에 이르렀다.

1997년 대만에서 시작한 미디어텍은 저가형 CD-ROM 칩셋을 시작으로 DVD 플레이어 칩셋을 개발하여 2000년에 매우 값싸고 성능 좋은 반도체로 시장을 석권하였다. 그 후에 디지털 TV 칩셋으로 본격적인 성장을 시작했고 TV용 시스템온칩SoC: System on Chip뿐만 아니라, 2011년 이후 GPS, 와이파이Wi-Fi, 블루투스Bluetooth 칩셋을 선보이며 본격적으로 무선통신 시장에 뛰어든다.

특히 3G・4G 통신모뎀 및 AP 칩셋으로 중국 시장을 장악했으며, 지금은 셀룰러통신 반도체의 절대강자 퀄컴을 위협하는 2인자로서 위세를 떨치고 있다. CD플레이어용 반도체로 시작해 불과 20여 년 만에 비메모리의 최첨단인 5G통신 반도체에서 강자로 올라선 미디어텍의 성공사례는 세계 시장 진출을 꿈꾸고 있는 한국의 팹리스 기업들이 참고할 만한 사례이다.[8] 애플이 2025년 출시 예정으로 개발 중인 차세대 애플워치에 미디어텍의 5G 칩셋이 들어간다는 것은 이젠 관련 업계에서도 비밀이 아니다.

---

8 [최원석 전문기자의 Special Report] 한국 시스템반도체 전략 ㉣ 최강 팹리스에서 배운다. "미디어텍, 퀄컴 꺾고 '스마트폰 두뇌' 장악…삼성폰 개발자도 놀란 그들의 힘". 〈조선일보〉(2022.2.10).

엔지니어가 개인별로 인센티브를 받는다고요?

2000년대 초 대만의 미디어텍과 기술 협력을 위한 미팅을 한 적이 있다. 당시 미디어텍 직원들은 한결같이 자신들의 경쟁력은 칩을 싸게 빨리 만드는 것이라고 이야기했다. 심지어 당시 이 회사에는 기존의 칩과 동일한 기능을 하면서 칩 면적을 작게 만들어 생산비용을 낮춘 엔지니어에게 절감한 금액의 일정 부분을 인센티브로 제공한다고 했다. 손톱만 한 칩을 작게 만들어 봐야 얼마나 큰 금액을 절약할 수 있을까 하겠지만, 칩 1개에서 1㎟만 줄여도 스마트폰 1억 대에 판매하면 1억㎟가 되니 그 금액이 얼마나 될지 쉽게 짐작이 갈 것이다.

스마트폰에 들어가는 칩은 최대한 작고 빨리 만드는 데서 승패가 갈리기 때문에 엔지니어들에게 엄청난 인센티브를 제공하며 목표를 달성해가는 미디어텍의 파격적 행보를 지켜보면서 '이 회사는 어떤 어려움이 있어도 살아남겠구나'라는 확신이 들 수밖에 없었다. 그리고 20여 년이 지난 지금 미디어텍은 글로벌 톱10 기업으로 우뚝 섰다.

역사 속으로 사라진 한국 팹리스

상당수의 글로벌 팹리스 기업들이 대기업에서 분사한 형태로 출발하였다는 것은 대기업이 직접 대부분의 비즈니스를 하고 있는 한국 경제에 시사하는 바가 크다.

한국에서도 팹리스 기업들이 활발하게 태동하고 성장하던 시기가 있었다. 1990년대 말부터 2000년대 초, 휴대폰에 전화 기능 외에 사진 촬영과 영상 녹화 기능이 더해지고 동영상 스트리밍이 막 퍼지기 시작하던 무렵이었다. 이때 한국에서 동영상을 녹화하고 재생할 수 있는 칩을 만드는 회사들이 생겼다.

엠텍비젼, 코아로직, 텔레칩스 같은 회사들은 연매출과 시가총액이 수천억 원대에 이르는 기업으로 성장하기도 했다. 이 중에 텔레칩스는 아직도 같은 비즈니스 모델로 사업을 계속하고 있다. 당시 한국 팹리스 기업들은 실적이 아주 좋아서 미국 실리콘밸리의 글로벌 기업들이 인수합병 협상을 요청했던 일화는 잘 알려져 있지 않다.

인수합병이 실제 성사된 건은 없었지만 실리콘 밸리의 기업들은 한국 팹리스 기업들이 너무나 적은 인력으로 성과를 내는 데 크게 놀랐다는 후일담도 전해진다. 그런데 이런 작은 조직은 인수합병에 걸림돌이 되기도 했다. 인수합병의 주 목적은 기업이 빠르게 성장하기 위해 외부에서 새로운 인력과 조직을 흡수하여 시너지를 창출하는 것인데 팹리스가 너무 작은 조직이어서 대기업에 인수되었을 때 시너지 효과를 만들기 어려웠기 때문이다.

한국 팹리스 기업들은 경쟁력을 점차 잃기 시작했고 2010년대에 들어오면서 그 양상이 더욱 가속화되었다. 한국 대기업의 구심력 중심의 경영방식(자본·인재·기술 등 경영의 핵심 재원을 내부에 결속시키는 경영방식)으로 인해 대기업 계열사가 팹리스를 포함한 중요 비즈니스를 내재화하여 직접 경영하고, 국내 칩보다는 성능이 검증된 외국산 칩을 선호하다 보니, 대기업과 팹리스 기업들이 유기적으로 협력할 수 있는 생태계가 구축되지 못했다. 국내 팹리스 기업들이 한국 기업을 상대로 실적을 내지 못하면 당연히 글로벌기업과의 거래도 쉽지 않다. 팹리스 기업들이 이런 어려운 환경을 극복하고 글로벌기업으로 성장하는 데는 많은 한계가 있을 수밖에 없었다. 또한 대기업에서 팹리스 부문을 분사하여 독립된 기업으로 키운 성공사례가 없었던 것도 한국의 팹리스가 취약해지게 된 하나의 원인으로 보인다.

칩리스 IP 기업 ARM과 한국의 팹리스 스타트업

2019년 당시 박영선 중소벤처기업부 장관은 삼성전자에 한국에 토종 팹리스 기업을 키워 보자는 제안을 했다. 그해 초 삼성전자 이재용 회장이 이제부터는 시스템 반도체를 키워 보겠노라고 의지를 밝히고 투자 계획을 발표한 지 얼마 지나지 않아서다.

중기부 직원들은 아마도 삼성전자가 선뜻 나서지 않을 것이라고 고개를 저었지만 박 장관은 그래도 우리나라 기업에 먼저 제안해 보자고 했다. 당시 산업통상자원부 눈치를 봐야 했던 중기부 입장에서는 껄끄럽기도 했을 것이다. 그러나 기술력을 갖춘 중소기업을 키우는 일이기에 중기부의 소관 업무이기도 했다. 삼성전자의 답변은 검토해 보겠다는 것이었는데 무려 6개월이 지나도 별 진전이 없었다.

박 장관은 "6개월을 기다렸으니 이제 더 이상 시간이 없다"며 영국의 반도체 설계회사인 ARM에게 똑같은 제안을 해 보자고 했다. ARM의 반응은 즉각적이었다. "하자"는 것이었다. 이렇게 해서 탄생한 것이 ARM과 진행한 시스템 반도체 스타트업 육성 프로그램이었다.

2020년 4월 중기부와 ARM은 최초 시제품 개발 시 검증된 설계자산, 즉 IP intellectual property 비용을 지불하지 않고 제품을 만들 수 있도록 공동 지원하는 협정을 체결했다. 초격차 스타트업을 포함해 4년간 48개 회사에 모두 384만 달러 규모(ARM에서 240만 달러 기여)를 지원하는 내용이었다. ARM은 칩리스 IP회사의 대표적 회사다. 칩리스 IP회사는 반도체에 들어가는 중요 IP는 설계하지만 칩으로 만들지는 않고 이 IP를 활용해 칩을 설계하고자 하는 팹리스 기업에게 IP만 공급하는 기업이다.

ARM은 중기부와의 공동 지원 외에도 1,000만 달러의 예산을 들여 유망 팹리스의 최초 시제품 개발 지원과 스타트업을 별도 지원하는 프로그램도 제시했다. 중소 스타트업이 살아가는 생태계를 만드는 데 기여하겠다는 것이었다.

이 당시 ARM은 중기부와 함께 선정한 48개 회사 가운데 유망 기업 7개에 대해 최초 시제품 개발에 600만 달러의 추가 지원도 했다. 퓨리오사AI, 딥엑스, 리벨레온 등 5개 회사가 이 프로그램의 지원을 받았다. 이 회사들이 이후 글로벌 시장에서 주목받는 AI 반도체 스타트업으로 성장하는 계기가 되었다.

2017년 창업한 퓨리오사AI의 경우 데이터센터 AI칩을 설계해 이를 삼성파운드리를 통해 생산함으로써 국내 최초 NPU Neural Processing Unit(신경망 처리장치) 상용화에 성공하였다. ARM은 이후에도 IP를 무료로 제공하는 전용 프로그램 'ARM FA Flexible Access 스타트업' 프로그램을 가동해 자체 발굴한 스타트업 20개를 대상으로 200만 달러 규모를 추가 지원했다. ARM은 한국의 성공모델을 지금 전 세계로 확산하여 운영 중이다.

중기부에 막 합류하고 나니, ARM과 중기부는 프로젝트 관련 미팅을 한참 진행하고 있었다. 필자는 ARM에서 일하는 분들과 사전 친분이 있어서 일을 비교적 수월하게 하고 있었는데 사실 어떻게 해서 프로젝트가 시작되었는지 궁금하기도 했다. 나중에 알아보니 어느 날 갑자기 중기부라고 하면서 ARM으로 전화가 왔다고 한다. ARM을 접촉해 보자는 장관의 말을 듣고 중기부 담당직원이 누구를 찾아가면 되냐고 질문하니 박 장관은 "직접 아는 사람이 없다. 114에 ARM 전화번호를 문의해 찾아가 보라"고 해 그 직원이 몹시 당황했다고 한다. 두드려야 문이 열리고 절박해야 얻을 수 있는 법이다.

만약 그때 삼성전자가 중기부와 협력하여 팹리스 중소기업을 기술적, 사업적 파트너로 키우는 사업을 더 확대했다면 지금 한국의 팹리스 위상이 조금이나마 달라지지 않았을까. 박영선 장관과 중기부 직원들은 그 타이밍을 놓친 것이 아쉬운 일이었다고 회고한다.

팹리스 기업의 성장을 위한 전제조건

팹리스 기업이 지속 성장하기 위한 세 가지 전제조건이 있다.

기술력과 자본력

최신 성능이나 기능이 향상된 칩을 계속 만들어낼 수 있는 기술력이 있어야 하고, 칩 디자인과 소프트웨어 개발에 계속 투자할 수 있는 자본력이 뒷받침되어야 한다.

스마트폰 초창기에는 6개월에 한 번씩 성능이 향상된 새로운 칩을 만들어서 출시하는 회사도 있었다. 현재는 팹리스 기업의 R&D 비용, 파운드리에서 시제품을 제작하는 비용이 너무 커져서 6개월 안에 새로운 칩을 만들어내는 것이 어려워졌고, 새로운 칩 출시 주기가 점점 길어지는 추세다.

실제로 현재 7nm 이하 EUV 공정에서 MPWMulti Project Wafer 이외의 방식으로 시제품 웨이퍼를 만드는 비용만 수천억 원을 넘는 경우가 허다하다.[9] 맥킨지와 IBS에 따르면 5nm 칩을 개발할 때 약 7,000억 원이 소요되는 것으로 조사되고 있다.

---

9 MPW는 하나의 시제품 웨이퍼에 다양한 칩 디자인을 담을 수 있어 생산비용을 획기적으로 낮출 수 있는 공정 방법. 2000년대 초반에는 시제품 웨이퍼 생산비용이 수억 원 정도에 불과했는데, 현재는 시제품 생산비용이 너무 커져서 많은 기업들이 MPW 같은 방식을 통해 생산비용을 낮추고자 애쓰고 있다.

칩 크기별 생산비용

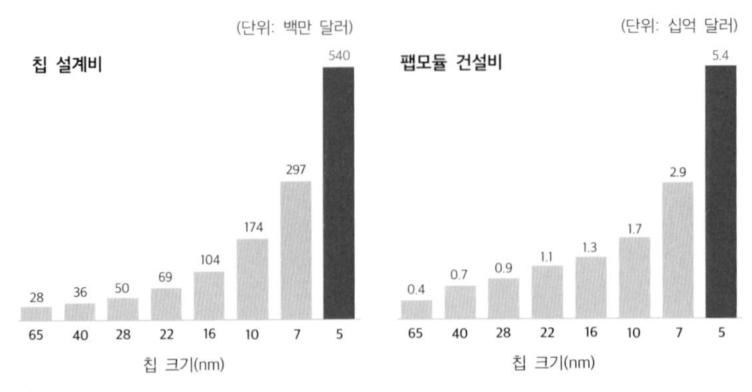

자료: IBS, McKinsey

이때 7,000억 원은 반도체 칩 한 종류를 개발하는 데 필요한 비용이다. 생산단가는 따로 계산해야 하고, 개발비는 최종 제품 판매가에 반영된다.

이처럼 칩 개발 비용이 높은 이유 중 하나는 미세공정의 팹 제조설비를 갖추는 데 막대한 돈이 들어 팹리스의 시제품 제작비용도 동반 상승하기 때문이다. 65nm 공정은 제조설비를 구축하는 데 약 5,000억 원이 들었지만 5nm 공정은 7조 원이 넘게 든다. 미세공정으로 갈수록 칩 개발 비용이 기하급수적으로 증가한다. 이 같은 칩 개발 비용구조는 팹리스 시장의 진입장벽으로 작용하여 이미 경쟁우위를 확보한 기업이나 국가가 계속 패권을 유지할 수 있게 하는 요인으로 작용하고 있다.

칩을 만들고 그 칩이 구동되는 드라이버를 만들고, 그 드라이버에서 돌아가는 다양한 어플리케이션이 문제없이 작동하는 환경을 만드는 것 모두 소프트웨어 개발 과정이다.

소프트웨어를 개발하는 데는 많은 인력과 이를 효과적으로 활용하는 시스템이 필요하다. 얼마나 많은 양질의 인력을 확보하고 있느냐가 기업 경쟁력에 큰 영향을 끼친다. 그러나 최고의 인력으로 소프트웨어개발팀을 구성하려면 많은 자본이 투자되어야 한다. 따라서 가격이 비싸지게 되고, 성능이 뒷받침되지 않는다면 제품 수요가 떨어질 수밖에 없다. 이 과정을 이겨내야 글로벌기업으로 성장하는 것이다.

안타깝게도 2000년대 초반 등장했던 한국의 팹리스 기업들은 상당수가 이 경쟁에서 살아남지 못하고 자연스럽게 자취를 감추었다.

과감한 인수합병 - 엔비디아 사례

팹리스의 지속 성장을 위한 두 번째 전제조건은 승자를 중심으로 하는 과감한 인수합병이다.

앞에서 살펴본 미국 마이크론의 성장비결이 인수합병이었던 것과 같이, 엔비디아도 성장과정에서 인수합병이 결정적 계기를 제공했다. 엔비디아는 초창기 S3, 3DFX 등의 회사들과 기술적, 영업적으로 첨예한 경쟁을 했다. 이 기업들을 인수합병하면서 엔비디아는 회사의 전체적 역량을 강화시켜 나갔다.

2007년 엔비디아는 성장의 정체를 맞고 있었다. 기존 PC 시장에서 그래픽카드를 판매하는 사업 외에는 딱히 성장동력이 보이지 않는 상황이었다. 이때 엔비디아는 실리콘 밸리에 있던 포털플레이어라는 회사를 3억 5,700만 달러에 인수하는 중요한 투자를 하게 된다. 이 회사는 애플에 칩을 공급하는 회사였고 2007년 첫 아이폰 출시에 대한 기대감만으로도 크게 성장할 수 있는 가능성이 있어 보였다.

그런데 막대한 자금을 들여 회사를 사들였다고 해서 인수합병이 바로 성공하는 것은 아니다. 엔비디아와 포털플레이어라는 큰 조직 둘을 합병하다 보니 실제 운영 과정에서 정말 많은 난제가 나올 수밖에 없었다. 나중에는 구성원 간의 반목과 다툼도 점점 심해지고 있었다. 2008년 들어 문제가 더 악화되자 CEO인 젠슨은 '엔비디아 문화 캠페인NVIDIA Culture Campaign'이라는 처방을 꺼냈다.

그는 엔비디아 문화의 핵심가치 3가지를 주창하기 시작했다.

- 하나의 팀 One Team
- 실패로부터 학습 Learn from a Failure
- 지적 정직성 Intellectual Honesty

재미있는 것은 'Intellectual Honesty'였다. 즉 정직하되, 지적으로 정직하자라는 말이었다. 누구나 실수를 할 수 있으나, 중요한 것은 실수했을 때 재빨리 솔직하게 이야기하고 겸손하게 도움을 요청하라는 것이었다. 하나의 팀에서 상대의 실수를 문제

삼기보다 실수로 생긴 문제를 함께 해결하는 데 집중하는 분위기가 엔비디아의 독특한 문화로 정착했다. 두 조직의 반목과 대립도 점점 없어지면서 본격적인 실행 중심 조직으로 거듭날 수 있었다.

앞에서도 언급했듯이 한국 기업에 부족한 것이 인수합병인데, 기업이 성장하려면 과감한 인수합병은 필연적 수단이다. 팹리스 기업 중 한두 가지의 성공적 비즈니스 모델로 매출을 창출하고 안정적 현금 흐름을 만들었다면, 이제 적극적으로 경쟁사, 고객사 혹은 좋은 기술을 가진 스타트업을 인수합병하는 전략을 써야 한다. 그리고 두 조직의 통합 과정에서 발생하는 반작용, 부작용을 성공적으로 관리하는 기업가의 역량도 필요하다. 정부나 국회도 팹리스 기업들의 인수합병을 저해하는 제도적 문턱을 과감하게 낮춰주어야 글로벌 경쟁력이 있는 팹리스 기업이 나올 수 있다.

팹리스 스타트업에 대한 적극적 지원

앞서 살펴보았듯이 팹리스는 기술력, 자본력이 뒷받침되어야 지속 성장이 가능하다. 반도체 기술의 난이도가 너무 높아졌고 미세공정으로 갈수록 반도체 설계와 생산에 어마어마한 비용이 들어간다. 팹리스 스타트업이 성공하기가 점점 더 어려워진 상황이다. 그래서 팹리스 스타트업에 대한 국가 차원의 적극적 지원이 필요하다. 이것이 팹리스 지속성장을 위한 세 번째 전제조건이다.

미국의 애플도 처음에는 국가적 지원을 받았다. 엔비디아도 마찬가지였다.

필자가 2000년대 엔비디아에서 일을 막 시작했을 때의 일이다. 우리 사업부는 글로벌 휴대폰 메이커를 대상으로 하는 B2B 사업을 하던 곳이었다. 당시 우리 제품인 칩의 시장가격은 약 5달러 정도였는데, 미국 유수의 휴대폰 제조기업이 엔비디아의 제품을 시장가격 대비 2배에 가까운 가격에 구매하고 있었다. 놀라운 일이었다. 더 놀라운 일은 동일한 시기에 그 미국 회사가 한국 회사에게는 시장가격보다 더 낮은 가격으로 칩 판매를 요청했다는 사실이다.

주변에 물어보니, 돌아온 대답이 "우리는 2조 원 매출을 하는 스타트업이잖아"였다. 이 말 뒤에는 '그러니 당연히 미국 대기업이 도와주고 보호해 주는 거지'라는 말이 생략되어 있다. 충격이었다. 미국의 경제시스템에는 다양한 경제주체들이 신생 도전자들을 보호하고 육성해주는 관행이 숨어 있고 정부는 정책으로 이러한 시스템을 지원하는 것이었다. 20여 년 후, 그 대기업은 이름이 없어졌지만 엔비디아는 시가총액 기준으로 글로벌 톱10에 당당하게 자리 잡고 있다.

애플도 어찌 보면 마찬가지다. 처음 스타트업이었을 때 미국의 중·고등학교에서 아이패드(애플의 태블릿 PC)를 구매해 학생들에게 무료로 나누어주었다. 명분은 교육의 디지털화였다. 초창기 성장 가능성이 큰 미국의 스타트업들에게는 이러한 국가적 보호정책이 늘 있어 왔다.

중국도 국가 차원에서 전략적 산업 육성을 위해 대대적으로 기업을 지원한다. 앞서 언급한 바이든 행정부의 설리번 보좌관이 중국이 대규모 보조금을 지급해 공정한 규칙이 적용될 수 없다고 중국을 비난한 배경이다. 중국은 국가 차원의 지원을 노골적으로 한다는 것이고, 미국은 우회적으로 민간 기업들을 통해서 공정해 보이는 원칙을 만들어 지원해 쉽게 드러나지 않는다는 차이가 있다.

한국 반도체 생태계에 없는 것 3

전방산업 — 컴퓨터제조회사

소재·부품·장비가 반도체 산업의 후방산업이면, 컴퓨터는 반도체의 전방산업이다.

현재 한국은 컴퓨터 산업에서 글로벌 경쟁력이 높지 않다. 주위에서 흔히 볼 수 있는 PC, 스마트폰이 모두 컴퓨터인데, 이 시장에서는 삼성전자, LG전자와 같은 한국 기업이 나름대로 선전하고 있다. 하지만 컴퓨터의 범위를 조금 넓혀 볼 때, 클라우드컴퓨터와 슈퍼컴퓨터 분야에서는 한국 기업의 존재감은 미미해진다.

한국 반도체의 미래에서 우려되는 점 가운데 하나는 고성능 반도체를 집적, 활용하는 클라우드컴퓨터, 슈퍼컴퓨터를 생산할 수 있는 기업이 없다는 것이다.

반도체의 꽃은 최고의 성능을 가진 슈퍼컴퓨터용 반도체인데 슈퍼컴퓨터를 만들 수 있는 국내 회사가 없다는 것은 한국 반도체 생태계의 한계점이라고 할 수 있다.

컴퓨터 산업의 세계 시장에서 앞서 가는 기업들의 현주소를 살펴보자.

“한국에서 워크스테이션을 만드는 기업을 찾아 오라!”

2008년의 일이었다. 엔비디아 CEO였던 젠슨 황과 미래 비즈니스에 대한 심도 깊은 토론을 할 기회가 있었다. 당시에 엔비디아의 매출은 대부분 지포스GeForce라는 그래픽카드에서 만들어졌고 10~20% 정도의 매출이 다른 영역에서 만들어지고 있었다.

“한국에서 워크스테이션을 만드는 기업을 찾아 오라!”

당시 한국에서 새로운 비즈니스 모델을 담당하던 필자에게 젠슨이 주문한 과제였다. 워크스테이션이란 2008년 당시 용어로 설명하면 연산 능력이 PC보다 뛰어나서 CAD 혹은 고성능의 그래픽 작업을 할 수 있는 고성능 컴퓨터였다. 왜 이런 기업이 필요한지 묻자 젠슨이 내놓은 대답에는 미래를 내다보는 선견지명이 담겨 있었다.

“오늘의 PC와 워크스테이션이 미래의 슈퍼컴퓨터로 진화해 갈 것이다. 그래서 오늘 워크스테이션을 만들지 않으면 미래의 슈퍼컴퓨터를 만들 기회를 얻지 못할 것이다.”

여러 경로로 찾아보았지만 필자는 결국 워크스테이션을 제작할 수 있는 역량을 가진 한국 기업을 찾지 못했다.

당시 워크스테이션을 만들고 판매하던 HP, 델Dell, 후지쯔, 레노버Lenovo 같은 회사들은 현재의 챗GTP 같은 AI 서비스를 하는 슈퍼컴퓨터를 제작 판매하고 있다. 아마존, 마이크로소프트Microsoft, 구글, 메타Meta 같은 빅테크 기업들이 위의 회사들에게 제품 사양을 만들어 배포하면 이들이 제품을 만들어서 공급한다.

빅테크 기업들은 클라우드, AI 서비스를 제공하기 위해 필요한 슈퍼컴퓨터를 생산하지는 않지만, 핵심인 서버의 사양을 결정하고 자체적으로 직접 AI 칩을 설계하기도 한다.

반도체 산업은 반도체 설계, 제조, 조립·검사, 판매가 단선적으로 이루어지는 산업에서 클라우드컴퓨터, 슈퍼컴퓨터 등 용도에 따라 맞춤형으로 개발하고 주문 생산하는 산업으로 바뀌고 있다.

돌이켜 보면, 15년 전 젠슨의 말은 결국 현실이 되었고 현재 한국에는 이런 고성능 컴퓨터를 "쓰는" 회사는 있지만 "만드는" 회사는 없다.

컴퓨터 산업의 글로벌 공급자가 없는 한국

한국은 컴퓨터 산업에서 갤럭시 스마트폰의 삼성전자 이외에는 세계적 기업이 없는 상황이다. AI의 발전과 이를 활용한 서비스의 확대로 미래가 유망한 컴퓨터 산업의 글로벌 공급자가 없다는 문제는 산업경쟁력 약화뿐만 아니라 국력에도 심각한 문제가 될 수 있다.

놀라운 성능을 자랑하는 챗GPT의 등장으로 인공지능이 인류 문명을 획기적으로 변화시킬 것이라는 예측이 점차 현실화되고 있는 지금 빅테크 기업들은 AI모델의 고도화에 나서고 있다. 오픈 AI의 챗GPT는 시작일 뿐이고 메타, 구글 등도 더 효과적이고 고도화된 대규모 언어모델과 이를 활용한 서비스를 개발해 나가고 있다.

예를 들면, 언어모델의 경우 다국어 통역 기능(동시, 순차 통역 기능 등)을 갖춘 AI가 본격적인 서비스를 조만간 시작할 것이다. 메타의 경우 이미 2023년 8월에 전 세계 100여 개 언어를 지원할 수 있는 '심리스M4T'라는 AI 모델을 공개해서 통역·번역 서비스의 영역을 확장해 가고 있다.

AI의 개발과 서비스에는 데이터센터라는 수만 개의 서버로 이루어진 슈퍼컴퓨터가 사용된다. 현재 이 슈퍼컴퓨터의 가장 중요한 구성 요소인 서버를 생산 판매할 수 있는 기업이 있는 나라는 미국, 중국, 일본 그리고 프랑스 등이다.

일반적으로 책상 정도 크기에 약 60cm 두께의 반도체 덩어리인 서버는 1대당 가격이 수천만 원에서 수억 원을 넘기도 한다. 서버는 그 안에 수많은 반도체가 있으며 그 반도체를 효율적으로 작동시킬 수 있는 소프트웨어를 탑재하고 있다.

많은 인력과 장비 그리고 자본을 투자해서 만든 메모리, 프로세서, 아날로그, 파워칩 같은 반도체는 이런 서버에 집적되어서 챗GPT 같은 AI 서비스를 만들어낼 수 있다. 한국 기업도 더 늦기 전에 서버를 설계, 제작해 판매할 수 있는 역량을 갖추어 나가야 할 것이다. 여기서 미·중 기술패권 분쟁의 씨앗이 되었던 10년 전의 슈퍼컴퓨터 사건을 한번 살펴보자.

슈퍼컴퓨터 경쟁에서 먼저 시작된 미·중 분쟁

2013년 세계에서 가장 빠른 500대 슈퍼컴퓨터를 매년 발표하는 톱500(Top500.org)에서 놀라운 일이 발생했다. 당시 세계에서 가장 빠른 슈퍼컴퓨터는 대부분 미국의 컴퓨터가 차지했고 간간이 일본 혹은 유럽의 일부 국가가 1위를 가져갔다가 곧 미국이 그 자리를 되찾곤 했다. 그런데 2013년에 중국에서 만든 슈퍼컴퓨터 텐허-2가 압도적 성능으로 1위 자리를 차지했다.

그 후 중국의 텐허-2는 2년 넘게 1위 자리를 지켰다. 마치 스마트폰 CPU 성능 경쟁이 한창이던 2010년대 초에 나온 스마트폰을 능가하는 신형 스마트폰이 그 후 2년 넘게 나오지 못한 상황과 흡사하다. 놀랍게도 텐허-2는 중국 정부가 1986년에 시작한 '863 프로그램'의 최종 결과물로 만들어진 것이다.

이 프로그램은 1986년 약 100억 위안의 자금을 기반으로 만들어졌으며(100억 위안은 당시 중국 정부 한 해 예산의 5% 수준), 30년간 진행된 프로젝트로 설계, 운영되어서 2016년에 종료되었다. 그 결과는 2013년 세계에서 가장 빠른 슈퍼컴퓨터 텐허-2의 탄생이었다. 중국의 기술력에 놀란 미국 정부는 텐허-2의 주요한 프로세서를 공급한 미국의 인텔에게 향후 중국에 이 프로세서를 판매하지 못하도록 수출제한 조치를 취하게 된다.

현재 미·중 기술 분쟁에서 미국이 자국 혹은 동맹국의 주요 반도체 기업들의 주요 제품에 대해서 중국 수출을 통제하는 방식은 이미 이때부터 시작되었다. 당시 미국의 수출규제의 명분이 텐허-2 슈퍼컴퓨터가 핵무기 시뮬레이션 같은 군사 목적으로 사용되고 있어서 잠재적으로 미국의 안보에 큰 위협이 된다는 것이었다. 즉 무기체계의 개발, 검증이 이제 슈퍼컴퓨터에서 이루어지는 세상이 되었으며, 한 나라의 군사력이 그 나라가 보유한 슈퍼컴퓨터의 제작, 활용 그리고 응용 역량에 달려 있는 시대에 도달했다. CPU, GPU, 연산용 가속기, 메모리, 스토리지Storage, 네트워크칩, 파워칩 등 수많은 반도체의 집적으로 이루어진 슈퍼컴퓨터 개발 경쟁은 반도체 전쟁의 최전선인 셈이다. 그래서 미국의 〈IRA 법〉 등은 바로 반도체 전쟁에서 기술 패권을 지키기 위해 미국이 위기라고 느낄 때마다 들고 나오는 수단이다.

현재 미국 정부의 기술 규제는 이미 10년 전에 그 전조가 보였다. 미·중 기술패권 분쟁의 시작점이 반도체의 집적인 슈퍼컴퓨터였으며, 현재는 슈퍼컴퓨터를 구성하는 기본 요소인 다양한 반도체의 설계, 제조, 조립·검사, 판매의 전 영역으로 반도체 전쟁이 확대되고 있는 것이다.

슈퍼컴퓨터를 만드는 것은 왜 중요할까

반도체 기업들이 많은 돈을 들여 성능이 향상된 반도체를 만드는 이유는 결국 더 좋은 컴퓨터를 만들기 위해서이다. 일상에서 흔히 볼 수 있는 PC, 스마트폰, 태블릿 등은 모두 컴퓨터이다. 거리의 지능형 CCTV, 상점의 키오스크뿐만 아니라 자동차도 많은 반도체와 운영체제OS나 어플리케이션으로 작동하는 일종의 컴퓨터가 되었다.

최근에는 사물인터넷IoT 센서, 스마트 CCTV, 제조 공장의 생산기계 같은 기존의 기계Machine에 컴퓨터 기능을 넣은 산업용 컴퓨터Machinery Computer 같은 분야도 새로운 기회 산업으로 떠오르고 있다.

현재 연간 컴퓨터 산업의 시장규모는 개인용 컴퓨터가 800조 원이고 클라우드, 슈퍼컴퓨터 같은 초거대 컴퓨터는 약 800조 원으로 추산되며 산업용 컴퓨터는 아직 구체적 규모를 이야기하기 어렵다.

이처럼 거대한 시장을 주름잡는 기업들은 대부분 미국, 중국 그리고 대만에 집중적으로 분포되어 있다. 미국에는 노트북, 데스크톱, 스마트폰과 태블릿을 모두 만드는 애플, 개인용 컴퓨터와 클라우드, 슈퍼컴퓨터 같은 초거대 컴퓨터의 가장 중요한 요소인 서버를 만드는 HP와 델Dell이 있다. 중국에는 스마트폰과 서버를 만들 수 있는 회사가 화웨이 외에도 다른 회사가 몇 개씩 존재하는 상황이다.

반면 글로벌 시장에서 경쟁할 수 있는 한국 기업은 스마트폰을 만드는 삼성전자가 유일하다. PC도 삼성전자와 LG전자가 사업부 수준으로 생산·판매를 하고 있지만 대부분 세계 시장의 1/20 정도 되는 한국 내수시장을 중심으로 매출을 올리는 상황이다.

일상 속 깊숙이 컴퓨터화된 문명의 이기가 들어와 현대인들의 생활을 편리하게 해 주고 있다. 클라우드 컴퓨터 혹은 슈퍼컴퓨터 같은 초거대 컴퓨터는 일반인들이 평생 한 번도 직접 보기 어렵다. 초거대 컴퓨터가 어느 정도 크기인지 가늠하기 위해 클라우드 데이터센터 중 한 곳의 규모를 알아보자.

클라우드 데이터센터를 구축하고 운영하는 빅테크 기업들은 자사 데이터센터의 단위 크기나 규모를 정확히 공개하지 않는다. 다만 그들이 공개하는 마케팅 자료들을 기반으로 유출해볼 수 있다.

유튜브는 전통적 데이터센터의 운영 효율성을 개선해 에너지 소비를 절감하고 신속한 확장과 상호간섭이 배제되도록 설계된 모듈러 데이터센터를 구축해 운영하고 있다. 모듈형 데이터센터는 구축비용이 약 8,000억 원, 하루 전기사용량이 100MW(메가와트)라고 한다. 100MW면 우리나라 약 25,000가구가 한 해 동안 사용하는 전기와 맞먹는다. 이 정도 규모의 데이터센터들이 전 세계에 수십, 수백 개가 있어야 현재 전 세계적으로 이용하는 유튜브의 운영이 가능하다.

실제 데이터센터에 들어가 있는 서버의 수량은 상상을 초월한다. 글로벌 클라우드 서비스 공급자인 아마존이나 마이크로소프트 같은 기업도 전 세계 수십 혹은 수백 개 지역에 데이터센터를 운영하는데, 하나의 데이터센터당 대략 1만~1만 6,000대의 서버가 설치되어 있다. 챗GPT의 놀라운 성능도 수많은 서버 안에 1만여 개의 GPU라는 인공지능 연산에 적합한 프로세서가 들어가서 만들어내는 것이다.

안타깝게도 초거대 컴퓨터의 가장 중요한 요소인 서버를 직접 만들어서 판매할 수 있는 회사가 아직 한국에는 없다. 그러다 보니 서버 안에 들어가는 주요 부품인 AI 연산 칩을 만드는 회사도 시장을 개척하기에 많은 어려움이 있다. 국내에서 작은 벤처기업 수준의 스타트업들이 이런 글로벌 기업과 비즈니스 관계를 맺고 최종 제품 판매 단계까지 가는 과정이 얼마나 어려운 일인지 쉽게 상상이 갈 것이다.

그렇다고 현재 이 서버 시장에 국내 대기업이 뛰어드는 것도 쉬운 일이 아니다. 후발주자로서 확실한 시장과 선발주자 대비 가격경쟁력 외에도 확실한 기술적 우위를 가져야 하는데 현재 상황에서는 쉽지 않은 일이다.

물론 이런 문제 때문에 EU는 디지털주권Digital Sovereignty이라는 정책 프레임워크 아래에서 초거대 컴퓨터 인프라를 만들고 제공할 수 있는 유럽 회사를 육성하는 정책을 펴 왔다. 그 결과 아토스Atos라는 프랑스의 슈퍼컴퓨터 제조회사가 세계적 기업으로 성장해서 (현재는 에비덴Eviden이라는 이름으로 분사함) 한국을 포함한 아시아 지역으로 시장을 확대해 가고 있다.

유럽이 이런 노력을 기울이는 이유는 슈퍼컴퓨터가 반도체 생태계 구축의 화룡점정이기 때문이다. 한국도 유럽의 정책을 심도 있게 벤치마킹할 필요가 있다.

한국 반도체 생태계에 없는 것 4

유연한 조직문화

실리콘 밸리는 소프트웨어 밸리

1990년대 미국 캘리포니아주 샌프란시스코와 새너제이San Jose 사이의 지역에 수많은 팹리스 스타트업들이 생겨났다. 이곳을 실리콘 밸리라고 부르기 시작한 것은 1970년대부터다. 반도체의 주재료가 실리콘이라서 붙여진 이름이다.

실리콘 밸리에는 팹리스 기업뿐만 아니고, 반도체 장비회사, 반도체 설계 툴 회사 그리고 전방산업인 컴퓨터 제조・판매 회사도 같이 생겨나고 발전했다. 반도체 생태계가 완벽하게 갖추어진 셈이다. 어플라이드머티어리얼즈, 시놉시스Synopsys, HP, 시스코 같은 회사들이 실리콘 밸리를 기반으로 창업되고 성장한 대표적인 반도체 전・후방산업의 주요 기업들이다.

그런데 2000년 초 닷컴버블 붕괴 후에는 실리콘 밸리의 혁신 동력이 꺼져가는 것처럼 보였다. 많은 사람들이 실리콘 밸리가 이제 끝났다고 생각하기 시작할 무렵 인터넷을 기반으로 하는 회사들이 등장했다. 현재 글로벌기업으로 성장한 구글, 메타 같은 회사들이다. 이들의 등장 이후 혹자들은 실리콘 밸리를 '소프트웨어 밸리'라고 부르기 시작했다.

소프트웨어 중 가장 많이 쓰이는 인터넷을 기반으로 한 회사들의 탄생은 반도체 산업의 새로운 변화를 알리는 신호탄이었다. 즉 소프트웨어가 실리콘보다 더 중요한 반도체 산업의 요소로 떠오른 것이다.

소프트웨어는 컴퓨터에 동작방법을 지시하는 명령어의 집합이다. 소프트웨어는 결국 코딩의 문장이 어떤 요소로 구성되었느냐에 따라 제품이나 서비스의 방법이 달라진다. 명령어의 구성방법에 따라 다른 경쟁제품과의 차별화가 이루어지고 쉽게 모방하거나 복제할 수 없다.

스티브 잡스가 인문학과 IT의 융합을 강조한 것도 바로 소프트웨어 명령어의 구성에 대한 정확한 이해를 바탕으로 한 창의력이 중요하고 여기에 인문학적 상상력이 필요하기 때문이다. 소프트웨어의 장점인 유연성이 바로 이런 인문학적 상상력을 필요로 한다.

2000년대 이후 많은 실리콘 밸리 회사들이 소프트웨어 개발과 내재화를 통해 경쟁력을 확보하려고 많은 시간과 노력을 기울였다. 하드웨어를 만들던 회사들이 자체적으로 소프트웨어를 개발했다. 소프트웨어의 수요가 늘면서 자연스럽게 소프트웨어 인력의 수요도 폭발적으로 늘었다.

미국 HEA그룹에 따르면 미국 주요 대학 졸업생의 초임연봉이 가장 높은 전공은 대부분 컴퓨터 소프트웨어 관련 학과인 것으로 조사되었다.

미국 주요 대학 졸업생 초임연봉이 가장 높은 전공

대학	학과	초임연봉(달러)
하버드대	컴퓨터공학	256,539
칼텍(캘리포니아공대)	컴퓨터정보공학	253,305
카네기멜론대	컴퓨터공학	247,552
펜실베이니아대	컴퓨터정보공학	246,946
프린스턴대	컴퓨터엔지니어링공학	227,172
브라운대	컴퓨터공학	218,525
예일대	컴퓨터정보공학	203,685
캘리포니아대 버클리캠퍼스	전기전자엔지니어링	202,911
스탠퍼드대	컴퓨터공학	200,950

자료: The HEA Group, 2023년 5월 기준

소프트웨어 인력을 우대하는 경향은 반도체 회사도 예외가 아니다. 엄밀히 보면 반도체를 설계하는 것도 소프트웨어이고 반도체를 만든 후 컴퓨터에 넣고 사용하는 모든 것이 소프트웨어이다. 즉 반도체 기업의 경쟁력도 소프트웨어에서 결정된다.

최근에는 기업의 내부 비밀로 잘 공개하지 않지만 반도체 기업의 하드웨어 엔지니어와 소프트웨어 엔지니어 인력의 비율이 2:8 수준으로 소프트웨어 엔지니어가 월등히 많다.

한국은 소프트웨어 엔지니어링의 경쟁력이 낮다

그런데 우리나라는 소프트웨어 엔지니어링의 경쟁력이 글로벌 기업에 비해서 현저하게 낮다.

소프트웨어 엔지니어링 역량이 낮은 데는 여러 이유가 있다. 반도체 회사 중에서도 소프트웨어 역량이 상대적으로 높은 엔비

디아에서의 경험에 비추어 보면 조직문화의 차이가 역량의 차이로 이어지는 것으로 보인다. 그 차이란 구체적으로 무엇일까? 필자가 직접 겪은 경험을 전한다.

매니저는 나의 문제를 해결해 주는 사람이다

엔비디아에 막 입사하고 몇 달 후 매니저와 1:1 미팅이 있었다. 당시 매니저는 CEO인 젠슨과 다른 곳에서 함께 일한 인연으로 엔비디아 초창기부터 입사해서 일하던 독일계 미국인이었다.

한국 기업에서는 보통 1:1 면담을 할 때, 직원이 무얼 잘못했고 무얼 잘했는지 관리자가 먼저 피드백을 한다. 그런데 이때 그 매니저는 먼저 나에게 이 회사에서 맡은 역할을 수행하는 데 가장 큰 문제가 무엇인지 물었다. 한국에서처럼 매니저의 피드백을 기대하던 나는 대화를 이어가기가 어려웠다. 생각을 많이 안 해 봤기 때문이다.

매니저는 머뭇거리던 내 속을 들여다봤는지 이렇게 말했다.

"한국에 많이 가봐서 잘 아는데, 한국에서 매니저는 당신에게 일을 시키는 사람이지만 미국 회사인 엔비디아에서는 당신의 문제를 해결해 주는 사람이다. 그런데 당신이 문제가 무엇인지 이야기하지 않으면, 내가 당신의 문제를 해결해주지 못한다."

한국 기업과 미국 기업 간의 조직문화 차이가 무엇인지를 꿰뚫어 본 매니저와의 1:1 미팅은 아직까지도 생생한 기억으로 남아 있다.

일방적 상명하복上命下服이 아니라 상하좌우 소통형 조직을 만들고, 그것을 얼마나 효율적으로 운영할 수 있느냐, 즉 원활하게 소통하는 조직문화를 만드는 것은 소프트웨어 엔지니어가 제대로 역량을 발휘하기 위한 필수조건이다. 한두 명의 천재가 1만 명, 10만 명을 먹여 살린다는 말도 있지만 소프트웨어에서는 그 말도 정확히 통하지는 않는다. 한두 명의 천재가 있으면 좋긴 하지만, 결국 수백, 수천, 수만 명의 엔지니어들이 다양한 국가, 시·공간에서 함께 일하며 팀워크를 통해 만들어내는 소프트웨어가 결국 회사의 경쟁력을 좌지우지한다.

읽지 않은 메일 79,000개

엔비디아를 떠날 무렵, 메일함을 정리하던 중 발견한 숫자이다. 내가 특별한 게 아니고 당시 엔비디아에서 일하던 사람이면 대부분 이 정도 숫자가 메일함에 쌓여 있었을 것이다. 정말 이메일과 내부 미팅이 많다. 함께 일하는 동료들과 대화를 아주 많이 한다. 회사는 이런 과도한 커뮤니케이션을 장려한다. 그래서 이메일을 정말 많이 주고받는다. 협업 시스템에서 함께 일하는 직원들 상호간에 하루에 수천 개의 메일을 받는 날도 많다. 물론 다 읽지 않아도 되는 메일도 많다.

시간과 공간의 제약을 초월해서 끊임없이 함께 소통하다 보니 이메일에 형식이 없다. 실제로 '누구에게'라는 말도 안 쓴다. 그냥 '받는 사람'으로 지정된 사람이 이메일을 받는 사람이다.

이렇게 많은 소통은 결국 더 많은 사람들의 지혜와 지식 그리고 경험을 총합하는 과정이다. 엔비디아에서 소통은 그동안 인류가 풀어내지 못한 정말 어려운 문제까지 해결할 수 있는 무기이자, 경쟁력의 원천이다. 최첨단 기술 경쟁이 치열하게 벌어지고 있는 전 세계 반도체 생태계에서 이렇게 소통을 강조하는 기업이 비단 엔비디아만은 아닐 것이다.

퇴근을 4시에?

엔비디아가 언젠가부터 출퇴근 셔틀버스를 운영하기 시작했다. 노선에 따라 4시에 출발하는 버스도 있다. 그렇다고 과거 삼성처럼 '7시 출근·4시 퇴근제'는 아니다. 출근은 여전히 9시에 하면서 4시 퇴근을 용인하는 것이었다.

물론 여기에는 우리가 모르는 다른 배경이 있다. 미국은 초등학생들의 방과 후 돌봄 프로그램들이 거의 없고 스쿨버스 인프라도 좋지 않아서 대부분 부모들이 하교시간에 맞춰서 자녀들을 자동차로 데리러 간다. 그래서 직원들 중 어린아이가 있는 사람들은 대부분 4시 언저리에 퇴근한다. 퇴근 후 아이들과 같이 귀가해 저녁을 먹고 대부분 8시 이후부터 다시 못한 두어 시간의 일을 재택근무로 보충하는 식이다. 물론 이때도 한국처럼 반드시 컴퓨터를 켜고 서버에 접속해야 하는 의무 사항은 없다. 유연한 조직 운영으로 실제로 일·가정 양립이라는 사회적 목표도 달성하는 것이다. 회사는 일하기 좋은 유연한 근무환경을 만들고 구성원들은 성과에 철저하게 책임지는 문화가 엔비디아의 성공을 만든 기업문화의 한 단면이다.

소프트웨어 개발팀의 일하는 방식: 통합과 축적

소프트웨어를 개발하는 조직의 일하는 방식은 소프트웨어의 속성에서 비롯된 독특한 특징이 있다. 소프트웨어 엔지니어링의 경쟁력을 높이기 위해서는 그 속성을 잘 이해하고 그에 적합한 조직을 만들고 운영해야 한다.

첫째, 소프트웨어는 워낙 많은 사람들이 일하다 보니 파편화가 되기 쉽다. 워낙 다양한 버전이 있어서 같은 것이 하나도 없을 수 있다. 사실 한 사람만 다른 버전의 소프트웨어를 쓴다고 하면 나중에 결과가 엄청나게 달라질 수 있다.

스마트폰, AI, 클라우드 등 더 발전한 서비스를 위해 소프트웨어 개발의 규모가 커지면 하나의 프로젝트에 적게는 수십 명, 많게는 수천 명이 전 세계에 흩어져 소프트웨어 개발에 참여하는 경우가 허다하다. 이때 각 엔지니어들이 시작 단계에서만 개념을 맞춘 후 각자 개발한 다음 나중에 하나의 제품 혹은 서비스로 만들어야 할 때, 소프트웨어 통합이 안 되는 경우가 비일비재하다. 바로 소프트웨어의 파편화라는 속성 때문에 벌어지는 자연스러운 현상이다.

이럴 때 개발자들은 밤을 새워도 문제를 해결할 수 없는 지옥 같은 경험을 한다. 그래서 소프트웨어를 개발할 때 가장 힘든 순간이 언제냐고 질문하면 개발자들은 하나같이 개발과정 중에 새로운 소프트웨어를 통합해서 배포하는 날이라고 답한다.

그런데 최근 이런 문제도 쉽게 해결하는 개발방법들이 많이 나왔다. 이 방법은 모든 소프트웨어의 변화를 추적해 관리하고 변화된 코드를 어떤 경로와 과정을 거쳐 기존 코드와 통합하는지에 대해서 명확한 절차를 만들어 놓는 것이다.

예를 들면 예전에는 워드 파일을 서버에 공유해 놓고 여러 명이 한꺼번에 들어가서 편집을 할 수 없었지만, 지금은 클라우드에 공유한 상황에서 여러 명이 동시에 접근해서 편집할 수도 있는 것과 비슷하다.

다음으로 소프트웨어는 제품의 초창기부터 계속 연속성을 가져야 한다. 유연한 사고, 구성원 그리고 조직문화가 있어야 유연한 소프트웨어를 만들 수 있다. 하드웨어는 같은 회사에서 새로운 제품을 내놓을 때마다 기존의 디자인이나 기능을 버리거나 변경할 수 있다. 하지만 소프트웨어는 한번 정해지면 큰 문제가 없는 한 그 기능을 계속 유지할 수 있는 연속성이 담보된다. 그러다보니 소프트웨어 관련 팀은 상대적으로 근속기간이 상당히 길다. 이 연속성은 소프트웨어의 축적의 힘이다.

미국 빅테크 기업에서 소프트웨어 관련 핵심 인력들은 대부분 입사 시기도 상당히 빠르고 평균 근속연수도 수십 년이 넘는 경우가 많다. 엔비디아 소프트웨어 엔지니어를 총괄하는 드와이트

디에르크스Dwight Diercks 부사장은 회사가 창립된 1994년에 입사해 지금까지 소프트웨어를 계속 책임지고 있다. 이직이 많은 미국의 다른 업계 회사들과 상당히 대비된다.

ASML의 연속된 축적의 힘

극자외선EUV 노광장비를 만드는 네덜란드의 장비회사 ASML의 경우도 그렇다. 이 장비는 극자외선을 활용해 웨이퍼에 초미세 반도체 회로패턴을 그리는 장비로서 그야말로 첨단기술의 상징과도 같다. 1년에 40여 대밖에 생산하지 못하는데, 1대당 가격이 2,000억 원에 달하고 주문부터 납품까지 대략 1년이 걸린다. 이 장비가 없으면 7nm 이하의 미세 반도체공장을 짓지 못할 정도이다.

이 장비는 렌즈, 카메라, 레이저 같은 광원, 모터 등 전 세계 1천여 개 기업에서 공급하는 부품들로 구성되어 있다. 그런데 이 부품들은 ASML에만 공급되는 것이 아닐 텐데, 다른 어떤 기업도 ASML에 필적하는 장비를 만들어내지 못하고 있다.

사실 7nm 이전에 반도체 노광장비는 일본의 캐논, 니콘 같은 회사가 ASML보다 훨씬 시장점유율이 높았다. 그뿐만 아니고 무려 1980년 중반 일본의 기노시타 히로가 세계 최초로 EUV를 통한 노광기술을 실험실에서 성공하기도 했다. 그리고 일본 정부도 1990년대 말부터 반도체 선폭이 10nm 이하로 갈 경우 노광공정이 가장 중요해질 것이라고 예상하며 정부 주도의 10년

R&D 과제를 만들어서 일본의 주요 회사들과 노광장비 개발에 박차를 가했었다. 불행히도 일본의 이런 시도는 실패했으나 일본은 아직 포기하지 않았다.

주요 원인을 분석해 보면 ASML의 EUV 노광장비에 비해 성능이 주요하게 떨어지는 부분이 있었는데 그것이 트윈 스캔Twin Scan 기술이었다. 이 기술은 2개의 광원을 통해서 반도체 웨이퍼 2장을 동시에 빛에 노출시키는 방법으로 하나의 웨이퍼를 빛에 노출시키는 기존 방식에 비해 생산성이 2배 높다. 그런데 이렇게 할 경우 광원의 위치나 웨이퍼를 움직이는 스테핑 모터의 정확도가 부족하면 불량품이 쏟아져 나오게 된다. 하물며 그 길이나 두께가 수 nm 단위라면 감히 상상할 수 없는 정밀도가 보장되지 않으면 불량을 예방할 수 없다.

반면, ASML의 EUV 노광장비에서 정밀도를 보장하는 것이 40여 년간 개발해 온 모터제어 소프트웨어이다. ASML 장비의 사양을 놓고 추정해 보면 모터제어 소프트웨어의 라인 수가 수억 개라고 한다. 즉 창립 이래 끊임없는 경영상의 부침과 제품 개발의 어려움을 극복하며 ASML은 모터제어 소프트웨어를 계속 개발해서 이제 다른 기업은 도저히 모방할 수 없는 가장 중요한 반도체 장비를 만들어낸 것이다. 40여 년을 이어온 연속성이 이런 성취를 가능하게 했다.

3

한국 기업에 꼭 필요한 것

박영선

보다 유연한 기업문화에 대한 갈증 그리고 다양성에 대한 수용

이재용. 정의선. 최태원
누구나 다 아는 대표적인 한국 재벌가의 자제들이다. 이들 세 사람은 디지털 대전환 시대를 맞아 한국 기업의 선장이 되었다. 물려받은 거대한 항공모함의 선수를 어디로 돌리느냐에 따라 대한민국호의 미래가 열리거나 닫힌다.

과연 이들은 지금까지 운항해왔던 거선에서 한국 기업에 없었던, 아니 부족했던 새로운 것을 만들어낼 수 있을까?

그 새로운 것이란 바로 기업문화의 유연성과 다양성에 대한 수용이다. 다행히도 이 세 사람은 기업문화를 유연하게 바꿔야 새로운 것이 나온다는 것을 잘 알고 있다.

이 세 사람은 선친의 그늘에서 벗어나 대한민국의 대표기업을 이끌고 가는 시점도 앞서거니 뒤서거니 하지만 디지털 대전환 시대를 맞아 지금은 이 세 사람의 손에 한국 경제가 쥐어져 있는 셈이다. 세 사람 가운데 이재용, 최태원 두 사람은 메모리 반도체의 선두에 있는 세계 최대 기업들의 선장이고, 정의선은 자동차용 반도체의 최대 소비자이면서 동시에 생산주문자다.

선친으로부터 물려받은 회사를 디지털 시대에 맞게 변화시켜 어떻게 더 발전시키느냐의 과업과 고민 또한 이들의 공통점이며 그 공통점의 연결고리가 선친들의 통찰력에서 비롯된 것인지 우연인지는 모르겠으나, 반도체라고도 할 수 있다.

또한 이들 세 사람 모두의 최대의 고민은 한국 기업문화를 유연하게 변화시키는 것이고 그것이 혁신과 변화라는 관점에서 표출되곤 한다.

이 세 사람의 고민의 관점을 보다 세부적으로 들여다보면 '혁신과 변화'의 키워드는 늘 새로운 메시지가 나올 때마다 등장한다. 그런데 어떻게 혁신하고 어떻게 변화하느냐의 각도에서는 세 사람의 스타일과 고민의 관점이 조금씩 다르다.

1987년부터 MBC 경제부 기자, 2002년 경제부장으로 이어진 내 경험은 그것이 좋은 인연이든 아니든 이 세 사람과 가끔씩 대화를 할 기회를 가져왔고 국회의원이 되어서도, 중소벤처기업부 장관이 되어서도, 그리고 그 이후에도 그 대화는 간간히 이어졌다.

국회의원이 된 후 기업 지배구조 문제와 관련된 〈금산분리법〉[1]을 2006년 통과시키고 2010년 즈음 '우리나라 재벌 기업의 일감 몰아주기' 문제를 주도할 때, 나에게 직접 진솔하게 반응한 사람은 현대·기아자동차의 정의선 회장이었다.

나를 보자마자 그 특유의 다소 퉁명하면서도 질그릇 같은 목소리로 "저를 개혁하시면 됩니다!"라는 첫마디를 던졌다.

"무엇이 잘못 되었는지는 잘 알고 있습니다. 허심탄회하게 말씀해 주십시오!"

만나자마자 툭 던진 정 회장의 말은 나를 순간 당황시켰다.

아버지 정몽구 회장이 시세보다 비싼 값에 사서 화제가 되었던 강남 한국전력 사옥 부지와 관련해서도 정의선 회장은 그 부지에 자본이 많이 투입되는 초고층 빌딩을 짓는 것에 대해 강한 반대 의사를 나타내 다소 의외라는 생각을 하게 했다.

"건물에 자금을 쓰는 것보다는 현대·기아자동차의 혁신이 더 중요하다!"는 입장이었다.

---

1 은행업으로 대표되는 금융자본과 제조업을 중심으로 한 산업자본이 서로의 업종을 소유하거나 지배하는 것을 제한하는 법.

중기부 장관이 되어서는 주로 스타트업 관련 대화를 많이 나누었는데 그때 나는 정의선 회장의 새로운 첨단기술에 대한 호기심의 깊이와 넓이가 상당하다는 것을 알게 되었다. 그 당시 나는 중기부 장관으로서 '자상한 기업'(자발적 상생기업) 정책을 끌고 나가고 있었다. 디지털 대전환 시대를 맞아 대기업의 자본과 중소 스타트업의 첨단기술을 접목시켜 빠르게 변화하는 디지털 시대에 대기업과 중소기업이 상생을 통해 윈윈하는 방법을 모색하는 정책이었다.

현대 · 기아자동차의 경우 내연기관에서 전기자동차, 자율주행차로 옮겨 가야 하는 상황에서 부품업체들의 디지털 대전환과 스마트공장을 위한 협력이 필요했기에, 중기부와 함께 '자상한 기업' 프로젝트를 통해 내연기관 부품 중소기업을 전기자동차 부품업체로 전환시키는 문제는 매우 중요했다.

정의선 회장은 현대 · 기아자동차가 미래 자동차를 위해 투자하는 배터리 등 새로운 기술에 대해 오랜 시간을 들여 소상하게 설명했다. 그리고 자동차 관련 첨단기술 이외에도 양자컴퓨터, 로봇 등 새로운 벤처기업에 대한 투자를 확대하고 있다는 포부를 밝혔다. 새로운 기술에 대한 그의 도전정신이 느껴졌다.

이러한 도전정신은 선대 정주영 회장의 불굴의 정신이기도 했지만, 1백여 년간 지속되었던 내연기관에서 전기자동차, 자율주행차로 대전환이 이루어지는 가운데 살아남아야 하는 자동차 산업의 치열함이 자연스레 만든 것일 수도 있다.

그는 자동차 회사를 글로벌 기업으로 만들고 글로벌 경쟁에서 살아남기 위한 고민이 너무 힘들어서 자식에게는 회사를 물려주고 싶지 않다는 속내도 털어놨다.

정의선 회장과 나눈 여러 번의 대화 가운데 2021년 가을, 뉴욕에서 나누었던 긴 대화는 변화하는 현대·기아자동차의 미래를 느낄 수 있었던 매우 인상적인 시간이었다.

"기업문화를 유연하게 만들 수 있는 방법은 어디에 있다고 생각하십니까?"

정의선 회장의 가장 큰 고민은 회사의 문화를 어떻게 하면 좀 더 유연하게 그리고 보다 창의적으로 바꿀 수 있는가에 있었다. 직원들의 변화를 유도하기 위해 금요일이면 회장이 직접 청바지와 티셔츠를 입고 출근하는 등 새로운 시도를 하고 있지만, 회사의 문화를 바꾸는 일이 쉽지만은 않다는 것이었다.

매우 간단해 보이는 금요일 자율복장 제도도 하버드대 교수의 특강을 통해서 겨우 시행할 수 있었다고 했다. 강의하러 온 교수가 일률적으로 비슷비슷한 스타일의 정장을 입고 있는 임원들을 보고 '현대차 스타일'로 정장을 입는 임원은 한 사람만 있어도 충분하다며 이런 문화가 지속되면 다양한 아이디어가 나오지 않고 회사가 쇠락의 길을 걸을 확률이 높다고 지적했다. 놀랍게도 그 다음부터 복장이 다양해졌다는 것이다. 기업문화가 유연해야 다양성을 수용하기가 쉬운데, 경직된 한국 기업들은 다양성 수용도가 매우 낮다.

자율주행차, 전기자동차로 넘어가는 대전환기 미래 자동차 시대를 맞아 더 이상 수직적 명령하달의 분위기로는 회사의 경쟁력을 담보할 수 없다고 했다. 이 말을 들으면서 나는 정 회장이 그동안 한국 기업이 갖지 못했던 '유연한 기업문화'에 대해 절감하고 있음을 알 수 있었다.

나는 구글과 테슬라의 차이를 설명했다(PART 4 "테슬라와 애플은 무엇이 같고 다를까?" 참고). 제조업에 기반하지 않은 구글의 유연함과 제조업을 겸비한 테슬라의 수직적 문화의 차이가 주는 장단점을 설명했다. 테슬라는 제조업을 해야 하기 때문에 필요에 따라서는 수직적 문화가 존재하지만 대신 오너인 일론 머스크의 리더십은 직원들과 격의 없이 소통하는 데서 나온다는 이야기를 전했다.

정 회장은 직원들과의 소통의 중요성에 대해서 매우 수긍했다. 본인도 많이 노력하고 있는데 아직은 직원들이 어색해하는 경우도 있다고 했다.

자동차의 디자인이 많이 좋아졌다고 칭찬하자 그간 많은 노력이 있었음을 설명하기 시작했다. 정의선 회장 체제 이전 정몽구 회장 시절에는 경영의 상당 부분을 정몽구 회장의 직관에 의존하는 경우가 많았다. 예를 들어 새로운 자동차 디자인이 몇 가지 만들어지면 정몽구 회장이 낙점한 것이 최종적인 신차의 모델로 결정되었다. 그리고 그 직관은 비교적 맞았다.

그러나 아들 정의선 회장의 스타일은 달랐다. 아날로그 시대에서 디지털 시대로의 전환이라는 관점에서도 리더십의 형태는 당연히 바뀌어야 했다. 정의선 회장은 한국, 미국, 유럽 세 곳에 자동차디자인연구소를 세웠다. 그리고 피터 슈라이어, 람보르기니를 디자인한 루크 동커볼케 등 세계적 유명 자동차 디자이너를 영입하고 세 디자인연구소가 서로 경쟁하도록 했다. 그 세 곳이 디자인한 제품을 직원들에게 우선 선보이고 직원들의 선호를 존중하며 하향식 상명하달이 아닌 상향식 의견 전달로 신차 모델의 선택방식을 바꿨다.

현대·기아자동차의 디자인이 좋아졌다는 평가가 나오기 시작했다. 이러한 시장의 평가는 기업 오너가 기업문화를 변화시키겠다는 변화 의지의 리더십에서 시작되었다.

디지털 대전환 시대가 요구하는 수평적 리더십의 실천이 시작된 것이다. 이러한 수평적 리더십으로의 변화는 정의선 회장 입장에서는 아버지 정몽구 회장을 보필하던 임원진들을 어떻게 자연스럽게 무리 없이 교체하느냐의 숙제와도 직결된 것이었다.

정의선 회장은 "자동차 회사는 더 이상 하드웨어를 만드는 곳이 아니라 소프트웨어를 만드는 곳"이라는 것을 직원들에게 수없이 강조하고 다른 한편으로는 안전의 중요성을 각인시킴으로써 그의 리더십에 신뢰를 쌓아갔다.

"뒷자리에 앉으셔도 안전벨트는 꼭 매야 합니다!"

충돌실험을 여러 차례 직접 관전한 입장에서 안전벨트는 생명줄이라는 강한 소신과 함께 안전을 유연한 기업문화로의 변화와 함께 공장 사업장의 직원들에게도 늘 강조해 왔다.

"안전을 잃으면 모든 것을 잃는다!"는 그의 경영철학과 유연성의 강조는 직원들로부터 신뢰를 받기 시작한 중요한 요인 중의 하나였다.

그동안 한국 기업에는 없었던 유연한 기업문화 — 소통문화, 즉 수평적 리더십으로의 변화는 현대·기아자동차가 2023년 사상 최대의 흑자를 올릴 수 있게 한 중요 동력이었다.

삼성과 HBM: 1등 기업의 경직성과 도전정신 쇠퇴

이재용 삼성 회장의 고민의 지점도 같다. 보다 유연한 기업문화와 변화에 빠르게 적응하는 민첩한 조직을 갈망한다. 그러나 이미 대한민국 최고의 대기업에 올라선 삼성의 입장에서 관료적 문화를 없애고 민첩한 조직을 만드는 것은 그렇게 쉬워 보이지 않는다.

이 회장 자신은 해외출장을 갈 때도 경호원 없이 일반인들과 섞여 평범하게 혼자 다니는 것을 좋아한다. 그러나 회장을 수행하는 직원들 입장에서는 이 회장의 단신 출장이 더 곤혹스러울 것이다. 세계 최고 기업 삼성이라는 브랜드가 주는 부담감은 실수를 해서는 안 된다는 강박관념으로 연결되곤 한다. 그래서 최근 삼성이 보여주는 모습은 도전정신보다는 실수를 두려워하는 것 아닌가 생각하게 하는 경우가 많다.

확실한 것 아니면 투자하지 않거나 나서지 않는다. 이것이 아니라도 지금 잘하고 있는데, 굳이 리스크를 안고 갈 이유가 없다. 하버드 경영대학원 클레이턴 크리스텐슨Clayton M. Christensen 교수가 《혁신기업의 딜레마》에서 지적했듯이 시장을 선도하는 기술을 가진 어느 시점에서 더 이상 혁신을 이루어내지 못하고 후발기업의 기술에 시장지배력을 잠식당하는 혁신기업의 딜레마 현상이 보이고 있다. 세상의 이치가 늘 최고에 도달하고 나면 안전한 기업경영이 우선시될 수밖에 없다고 하지만 삼성의 딜레마는 대한민국 경제의 딜레마가 될 수 있다.

지금 삼성에게 더욱 필요한 것은 도전정신과 유연한 기업문화다. 이재용 회장이 이것을 너무나 잘 인지하고 있다.

그는 삼성의 경직된 기업문화를 유연한 기업문화로 바꾸는 문제에 대해서 대화의 긴 시간을 할애했다. 그때가 2020년과 2021년으로 기억된다.

이재용 회장은 현장을 비교적 자세히 파악하고 있다. 중소벤처기업부와 함께 진행한 스마트공장 프로젝트에 대해서도 그는 너무나 소상히 파악하고 있었다. 오랜 경험을 가진 숙련된 삼성 직원들의 스마트공장에 대한 노하우와 중소기업들을 접목시켰던 스마트공장 프로젝트는 코로나 팬데믹 시기 마스크 제조생산 그리고 2021년 화이자에 납품하면서 백신 문제를 해결했던 K-주사기(최소잔여형 특수주사기. 일명 '쥐어짜는 주사기') 제조생산 때 그 빛을 발했다.

그때 2020년 크리스마스의 선물이라고까지 불렸던 K-주사기는 삼성의 도움이 없었다면 미 FDA 승인을 쉽게 받기 어려웠을 것이다. 대기업과 중소기업의 진정한 협업 사례로 이 과정을 이재용 회장이 적극 지원했었다.

그런 이 회장은 오히려 나에게 "장관님이 어떻게 그렇게 기업 현장을 잘 아느냐?"고 질문했지만 그것은 곧 본인도 잘 알고 있다는 뜻이었다.

이재용 회장도 삼성의 기업문화를 보다 유연하게 바꾸는 것이 매우 시급한 일이고 그것이 필요하다는 사실을 너무나 잘 간파하고 있었다. 특히 그동안 메모리에 치중되었던, 어찌 보면 취해 있었던 사업 분야를 넘어서 비메모리의 비중을 늘리는 일은 기업문화와도 직결된다.

예를 들어 최근 화제가 되고 있는 메모리 반도체의 성능을 한층 높인 고대역폭 초고속 메모리 HBMHigh Bandwidth Memory의 경우도 그렇다.

HBM은 여러 개의 실리콘 메모리칩을 수직으로 쌓아 메모리 용량을 크게 늘리고 정보 전달 거리를 줄여 데이터 전송속도를 대폭 향상시킨, 이른바 요즘 뜨고 있는 고가의 신형 메모리 반도체다. AI반도체를 얘기할 때 빼놓지 않고 등장하는 이름이다.

2022년까지만 해도 전체 D램 매출의 1%를 밑돌았다. 그러나 올해 들어 챗GPT 같은 생성형 AI가 나오면서 수요가 크게 늘기 시작했다. 골드만삭스는 HBM이 2024년도엔 SK하이닉스 D램 매출의 15%, 삼성전자 D램 매출의 10%를 차지할 것으로 내다봤다.

이런 HBM에서는 SK하이닉스가 앞서고 있다. SK하이닉스는 "2022년 6월 세계 최초로 HBM3를 양산한 데 이어 2023년 8월에는 D램 단품 칩 12개를 수직 적층해 24GB를 구현한 HBM3 신제품을 개발했다"고 밝힌 바 있다.[2]

엔비디아에 HBM을 독점 공급하고 있는 것으로 알려진 SK하이닉스는 2017년 젠슨 황을 찾아가 엔비디아가 필요로 하는 HBM을 생산하겠다고 협의를 시작한 반면, 삼성전자는 엔비디아가 의견을 구했음에도 관심을 표명하지 않다가 2023년 9월이 되어서야 엔비디아와 납품계약을 체결했다. HBM에서는 삼성전자가 SK하이닉스를 추격하는 모양새다. 그동안 가격이 비싸서 외면받던 HBM의 수요가 폭발하기까지 SK하이닉스는 꾸준한 기술개발과 선투자를 했고 실패를 두려워한 삼성전자는 엔비디아의 요청을 받고도 투자를 주춤했기 때문이다.

SK하이닉스는 모바일 D램 속도 경쟁에서도 삼성전자나 마이크론에 비해 한발 앞섰다. 고성능 저전력 특성을 갖춘 'LPDDR' 기술을 주도하며 삼성전자를 위협하고 있다.

---

2 SK하이닉스 뉴스룸(2023. 4.23).

HBM 패키징
: 삼성, SK하이닉스의 미래 고부가가치시장

《칩 워》의 저자 크리스 밀러는 앞으로 HBM 시장은 선두주자 SK하이닉스와 삼성전자 그리고 미국 마이크론의 추격전이 될 것으로 내다봤다. 그런데 HBM을 활용한 패키징 시장이 주목받고 있다.

"현재 SK하이닉스가 웨이퍼 상태로 HBM을 TSMC에 보내고 TSMC가 엔비디아 칩으로 패키지를 만든다. 그러나 반대로 SK하이닉스가 TSMC로부터 엔비디아 칩을 받아 HBM을 패키징할 수도 있다. 현재 삼성과 SK하이닉스는 패키징 사업은 별로 하고 있지 않다. 그러나 HBM과 프로세서를 섞는 좀더 복잡한 패키징 사업은 부가가치가 높을 수 있다. 삼성과 SK하이닉스가 이런 패키징 분야에서 좀 더 큰 플레이어가 되는 미래 구상도 가능하다."

여기서 크리스 밀러가 얘기하는 패키징 사업은 최근 미래 공정기술로 관심을 받고 있는 칩렛chiplet으로 연결되는 분야다. 칩렛에 대해서는 책 말미에 한국의 반도체 미래 부문에서 자세히 기술한다.

크리스 밀러의 말처럼 패키징 분야의 고부가가치를 올리는 일은 삼성과 SK하이닉스가 만들어 가야 하는 반도체의 미래 영역이다. 현재 다국적기업으로 한국에 공장을 두고 패키징을 히는 기업으로는 앞서 설명한 앰코 테크놀로지Amkor Technology가 있다.

실수를 두려워하는, 아니 실패를 두려워하는 안위주의, 관료주의를 깨기 위해 필요한 것은 바로 이재용 회장이 직시한 '유연한 기업문화'다. 직원들이 자유롭게 의사 표시를 하고 의사결정 과정에 참여하며 다양한 아이디어들이 대화와 소통 속에서 만들어지는 문화가 유연한 기업문화다.

직급을 없애는 단순한 조직의 변화만으로는 기업문화의 변화를 가져오기 힘들다. 오전 7시 출근, 오후 4시 퇴근의 근무형태 변화로도 쉽게 만들어지지 않는다. 의사결정 문화를 동시에 바꿔야 한다. 직원과 직장상사가 커뮤니케이션하고 의사결정하는 방식, 즉 일하는 방식 자체를 바꿔야 한다.

예를 들어 어떤 사안을 결정할 때 윗사람 한두 명의 판단이 크게 좌우하고 그 판단에 의견을 제출하기 힘든 기업문화라면 그것은 경직된 기업문화이다. 격의 없이 토론할 수 있는 문화 그리고 이러한 토론문화를 잘 끌고 갈 수 있는 리더십이 필요하다.

중기부 장관 시절의 경험이다. 회의에서 장관이 직원들의 의견을 경청하지 않고 결론을 먼저 얘기해 버리면 그 일은 무조건 장관의 결론대로 진행된다. 장관이 의견을 모호하게 얘기하면 직원들은 회의가 끝난 후 장관의 모호한 발언이 무슨 뜻인지를 알아보기 위해 수소문한다. 회의에서 격의 없는 충분한 토론이 이루어진 후 결론이 난 사항은 일의 진행 속도도 빠르고 아래 직원들의 실수도 훨씬 적다. 소통을 통해 직원들 간에도 일의 방향과 의미가 충분히 전달됐기 때문이다. 물론 여기서 가장 중요한 것은 훌륭한 결론을 잘 끌어내는 리더십과 직원들이 격의 없이 자신의 생각을 이야기하도록 하는 토론 분위기이다.

삼성이 HBM에 대한 투자를 보류하는 결정을 할 때 그 결정이 어떤 과정을 거쳤는지는 확실히 알려져 있지 않다. 엔비디아 측이 삼성에게 의견을 구했으나 삼성 측에서 별 반응이 없었다는 정도로 알려져 있다. 그런데 만약 그때 관련된 직원들이 직급에 관련 없이 토론에 참여할 수 있었다면 이런 유보 결정이 쉽게 내려지지는 않았을 것이다. 그러나 지나친 성과주의 그리고 그 성과가 승진에만 반영되는 관행은 기업문화의 경직성을 가속화시킨다.

익명을 요구한 반도체 전문가는 "삼성의 우수한 인재들의 생각과 연구결과가 개인의 이름으로 세상에 알려지기보다는 삼성의 이름으로 알려지고, 그 결과가 임원들의 승진에 이용되다 보니 삼성의 기업문화가 경직되고 있다"고 진단했다.

반대로 테슬라의 CEO 일론 머스크를 살펴보자. 그는 중요한 사항은 직접 보고받고 직원에게 직접 이메일을 보낸다. 특히 공장 현장에 문제가 발생하면 엔지니어 미팅을 직접 소집한다. 2017년 테슬라 모델3의 양산이 잘 진행되지 않아 파산 직전까지 간 적이 있다. 그때 일론 머스크는 침낭을 들고 아예 공장에서 살았다. 각 조립작업장마다 새벽 3시부터 소리를 지르면서 다녔다는 일화는 유명하다.

상명하복의 수직적 조직문화로는 AI디지털 시대에 제대로 살아남을 수 없다고 인식한 많은 한국 기업들은 유연한 수평적 조직문화를 만들기 위해 지속적으로 노력해 왔다. 새로운 직급체계를 도입하거나 직급 호칭 대신 '님'이나 영어 이름을 부르는 호칭 파괴도 시도했다. 그러나 거기에는 핵심이 빠져 있었다. 의사결정 방식의 변화, 즉 격의 없는 토론문화를 정착시키는 방법에 대한 노력과 대안이 아직 부족하다.

앞서 소개한 2023년 하버드대 케네디스쿨의 반도체 심포지엄 담당자가 겉으로 내세운, 한국을 초청하지 않은 이유도 한국의 수직적 조직문화였다.

"한국 정부나 기업의 문화가 너무 수직적이고 경직되어 있어서 의사결정에 시간이 많이 소요되어서 섭외하기가 힘들어요."

한번 굳어진 조직문화를 바꾸는 일은 사람의 체질을 바꾸는 것만큼 쉽지 않다. 신생 스타트업이 아니고 대기업에서 오랫동안 굳어진 조직문화라면 더욱 그렇다. 보여주기식 단발성 이벤트를 하거나 인사부서가 새로운 제도를 도입한다고 해서 직급 차이를 신경 쓰지 않고 CEO와도 거리낌 없이 토론하는 조직문화가 저절로 형성되지 않는다.

CEO부터 사원까지 모두가 일하는 방식에서 실질적 변화가 일어나고 정착될 때까지 지속적으로 조직문화의 변화 과정을 관리해야 한다. 유연한 조직문화 없이 미래 시장에서 살아남을 수 없다는 사실에 눈감지 않는 기업이라면, 조직문화 개선은 기업 구성원 전체가 필사적으로 매달려야 할 중대한 과제이다.

SK, ARM 인수 포기라는 쓴 약과 SK하이닉스의 탄생

현대전자에서 LG반도체를 합병하고 SK로 넘어간 SK하이닉스. Hynix는 현대의 Hy와 금성 일렉트로닉스의 Nix가 합쳐진 이름이다.

1949년 국도 건설로 시작한 정주영 회장이 현대전자의 창립자다. 삼성의 이병철 회장과 함께 정주영 회장도 1980년대 전자산업에 관심을 가진 선각자였다. 이러한 연유에서 1998년 LG반도체를 합병한 이후 현대그룹이 2000년대 초 '왕자의 난'을 겪지 않고 현대전자를 지금껏 가지고 있었다면 차량용 반도체 분야가 또 어떻게 달라졌을지 모를 일이다. 이런 역사를 알게 되면 정의선 회장이 차량용 반도체 생산에 미련을 두는 것도 이유가 있을 법하다. 정의선 회장은 한때 현대·기아자동차가 자동차용 반도체를 생산하는 문제에 대해 깊이 있는 검토를 했었다. 내게도 의견을 물어본 적이 있다.

그때 나는 "삼성전자 이재용 회장과 만나서 현대·기아자동차의 반도체 생산을 삼성에 의뢰하고, 삼성이 대신 자동차를 만들지 않는다는 신뢰를 쌓는 것이 어떠한가?"라고 조언한 적이 있다. 그러한 정의선 회장의 생각이 2023년 가을에 이재용 회장을 만나서 이루어졌고 이제 삼성이 자동차용 반도체를 현대에 제공하고 함께 개발하는 사업을 진행 중이다.

현대전자는 2001년 회사명을 Hynix로 바꿨다. LG반도체의 무리한 인수로 부채가 증가한 현대전자는 메모리를 제외한 다른 부문을 전부 매각한다. SK가 메모리 부문만 남은 하이닉스를 인수한 것은 2011년이다. SK 입장에서 이 당시 하이닉스 인수는 매우 잘한 일이다. 어찌 보면 SK의 하이닉스 인수는 2009년 쓰라린 경험의 산물이라고도 볼 수 있다.

SK 최태원 회장은 2009년 1월부터 7월까지 영국의 반도체 기업 ARM을 인수하기 위한 회의를 SK지주회사 주도로 6차례 갖는다. 당시 ARM의 시가총액은 약 21억 달러였고 ARM 이사회 설득을 위한 프리미엄을 포함하여 100% 인수하는 30억 달러의 딜이었다. 그러나 SK텔레콤 고위 경영진들의 반대로 결국 ARM 인수를 포기한다. 그로부터 6년 후 일본의 소프트뱅크 손정의 회장이 ARM을 100% 인수했다. 협상가격은 SK와의 인수 협상 당시보다 10배 이상이 오른 330억 달러였다.

당시 SK지주회사 그룹 M&A를 총괄하던 이승훈 부문장은 "최태원 회장의 ARM 포기는 뼈아픈 경험이었을 것"이라고 회고한다. 현재(2024년 1월) ARM은 나스닥에 상장되어 시총 790억 달러를 호가하고 있다. SK의 ARM 인수 포기 역시 글로벌 전문가들의 의견을 충분히 청취하지 않는 폐쇄적 커뮤니케이션이 낳은 긴 후회가 남는 사례다. 그러나 결과적으로 ARM 포기는 하이닉스 인수를 견인하는 쓴 약이 되었다. SK는 반도체를 미래 성장동력으로 보고, 2년간 치밀한 인수 준비를 했다. SK가 ARM을 포기하였지만 하이닉스를 인수하여 정상화에 성공함으로써 우리는 국내에 세계적인 종합반도체기업 두 개를 보유하게 된 것이다.

최태원 회장은 정의선, 이재용 회장과는 결을 달리하는 '기업의 사회적 책임'을 강조하는 경영철학을 설파하고 있다. 그러나 이것 역시 얼마나 체화된 기업 경영철학인가에 대한 신뢰가 중요하다.

최태원 회장과는 2019년 여름 대한상공회의소 제주 포럼에서 불화수소 문제를 놓고 설전을 벌인 적이 있다.

일본이 싸움을 걸어온 반도체 소재 무역전쟁과 관련하여 불화수소에 관한 내 발언에 최 회장이 반박을 하면서 시작되었다.

그 당시 대부분의 양을 일본에서 수입하던 불화수소는 한국에서도 생산이 되는데 한국의 대기업들이 이를 사주지 않는다는 것이 내 발언의 요지였고, 이에 대해 최태원 회장은 한국 중소기업이 생산하는 불화수소를 한국의 대기업들이 안 사는 이유는 순도가 떨어져서 안 쓰고 있다고 반박한 것이다.

그로부터 1년 후인 2020년, SK 계열의 SK머티리얼즈는 초고순도 불화수소 국산화에 성공한다. 최 회장과 나의 설전 이전에 불화수소 기술을 가지고 있던 중소기업을 인수했던 SK는 그 후 협력사들이 고순도 가스 정제 과정에서 필요로 하는 기술과 노하우를 공유하기로 했다. 돌이켜보면 그날의 설전이 대한민국 소·부·장 생태계의 경쟁력 강화에 조금이나마 보탬이 되었는지도 모르겠다.

불화수소 국산화 책임 놓고, 최태원 반박에 박영선 재반박[3]

박영선 중소벤처기업부 장관이 18일 자신의 페이스북에 이런 글을 올리며 최태원 SK그룹 회장을 정조준했다. 최 회장의 "국내 중소기업이 불화수소를 만들 수는 있겠지만, 품질이 다르다"는 발언에 반박한 것이다.

이날 오후 2시쯤 박 장관의 페이스북에는 짧은 글이 하나 올라왔다. 박 장관은 해당 글에서 "대한상의 제주 포럼 마치고 공항 가는 길에 '(대기업이 한국 중소기업 불화수소 안 쓴다?) 품질·순도 문제'라는 기사를 봤다"며, "첫술에 배부를 수 있을까요? 만약 20년 전부터 대기업과 중소기업이 함께 R&D(연구개발) 투자를 하면서 서로 밀어주고 끌어주고 했다면 지금의 상황은 어떠했을까요?"라고 지적했다.

박영선 중소벤처기업부 장관이 최태원 SK회장의 발언에 대한 반박 견해를 18일 개인 SNS에 올렸다.

日 수출규제에 …

박영선 "국내 불화수소 왜 안 쓰나" vs. 최태원 "품질·순도 문제"

이 상황은 이날 오전 제주 신라호텔에서 열린 제44회 대한상의 제주포럼의 연장선상이다. 박 장관은 이날 포럼에서 '축적의 시간과 중소기업 중심의 경제구조'를 주제로 강연했다. 강연 말미에 그는 "(국내) 중소

---

3 〈중앙일보〉(2019. 7.18).

기업을 만나 물어보니 불화수소 생산이 가능하다고 한다"면서, "그런데 (문제는) 대기업이 안 사준다는 것"이라고 주장했다.

이어 "일본과의 갈등 관계가 위기이지만 기회도 될 수 있다"며 "핵심 부품을 대기업에서 모두 만들 순 없다"고 말했다. 고순도 불화수소는 대표적인 반도체·디스플레이 핵심소재로 지난 4일 일본 정부가 발표한 수출규제 품목이다. SK하이닉스와 삼성전자 등은 최근 불화수소 공급처 다변화를 꾀하는 중이다.

같은 포럼에 참석한 최태원 회장은 강연이 끝난 뒤 박 장관의 주장에 대해 어떻게 생각하느냐는 기자들의 질문에 "물론 만들 수 있겠지만, 품질의 문제"라며 "반도체 역시 중국도 다 만들지만, 순도가 얼마인지, 또 공정마다 불화수소 분자 크기도 다른데 그게 어떤지가 문제"라고 말했다. 그러면서 "공정에 맞는 불화수소가 나와야 하지만 국내에서 그 정도 디테일은 못 들어가고 있다"고 지적했다.

박 장관은 그간 "일본 수출규제를 소재·부품 산업의 독립 기회로 봐야 한다"고 주장해왔다. 지난 8일 기자 간담회와 16일 취임 100일 메시지에서도 같은 취지의 '부품·소재 산업 독립 선언' 발언을 꺼냈다. 중기부 관계자는 "10일 청와대-30대 기업 총수 간담회 때 '어려워도 중기 제품을 적극적으로 키웠어야 했다'는 기업인 발언이 나왔는데, 현장에서 공감대가 형성되는 것을 본 장관이 희망을 느낀 듯했다"며, "이후 식사 자리에서 비슷한 얘기를 몇 번 더 했다"고 배경을 설명했다.

4

반도체 주권국가의 길

박영선 · 강성천 · 차정훈

반도체의 3대 조건[1]

사람, 물, 전기

물

2021년 초, 대만에 57년 만에 극심한 겨울 가뭄이 이어졌다.

2020년에는 태풍도 상륙하지 않았고 몇 달 동안 비가 내리지 않았다. 대만 남부의 저수 비율은 20%를 밑돌아 물 부족 문제는 일상도 힘들게 했다. 기후변화로 인한 이러한 대만의 물 부족 현상은 당시 세계 반도체 시장 전체를 긴장시키며 속을 태웠다. 대만 정부는 농업용수까지 끌어오고 물탱크 트럭을 대기시키고 갖

1 공저자 박영선의 글.

은 방법을 동원했지만 반도체 생산량을 맞추지 못해 글로벌 반도체 업계 전체의 발을 동동 구르게 했다.

반도체 산업에서 물은 왜 중요할까?

불순물을 제거한 초순수Ultrapure Water가 없으면 반도체 공정은 멈춰서야 한다. 초순수는 웨이퍼와 반도체를 씻는 세정공정이나 웨이퍼를 깎는 식각공정에 들어간다. 반도체는 마이크로미터 단위(100만분의 1m)의 불순물에도 반응하기 때문에 깨끗한 물은 반도체 생산품질과 직결된다. 즉 수율관리가 생산품질을 높이는 데 필수적인 것이다.

영국의 〈파이낸셜타임스〉는 "대만의 남부과학단지의 TSMC에서만 하루 9만 9,000톤의 물을 소비한다"고 보도했다.[2]

남부과학단지의 TSMC 세정공정, 식각공정에 들어가는 공업용수가 하루 10만 톤가량 필요하다는 얘기인데, 다른 지역까지 합치면 하루 20만 톤 이상의 물이 TSMC 반도체에 소요되는 것으로 추산된다.

하버드대 케네디스쿨에서 만난 대만 국민당의 당직자는 "대만 정부는 대만 국민들의 식수보다도 TSMC의 물 사용을 더 중요시한다"고 말해, 대만 정부가 얼마나 반도체 산업에 전력을 쏟는지를 가늠하게 했다.

---

2 Financial Times(2023. 3.29).

반도체 생산이 늘면서 반도체 산업의 3대 핵심요소 가운데 하나인 물 사용량도 점점 늘어나는 추세다. 코트라 대만 무역관의 자료를 보면 TSMC의 연간 물 사용량은 2019년 5,800만 톤, 2020년 7,060만 톤, 2021년 7,610만 톤으로 증가했다.[3]

미국에 신축되는 TSMC 애리조나공장도 물 부족 문제가 대두되고 있다.

2023년 초 핵심 수자원인 콜로라도강 수위가 1/3로 줄어들 정도로 최악의 가뭄이 닥쳐 반도체 생산에 필요한 용수 공급에 차질이 생길 가능성이 높아지고 있다.

물 부족 문제는 TSMC만의 문제는 아니다.

독일 작센안할트주 마그데부르크에 300억 유로(약 42조 원) 규모로 들어서는 미국 인텔의 반도체공장도 공업용수 확보에 적색등이 켜졌다. 이 지역에 최근 가뭄이 이어지면서 공업용수의 충분한 확보가 어려워질 것이라는 보도가 전해지고 있다.

2023년 6월 독일 정부와 서명한 인텔의 독일 마그데부르크공장은 한국, 대만에 치우친 반도체 공급망에 대한 지정학적 리스크를 피하기 위한 대안 공장으로, 독일의 역대 최대 외국인 투자로 관심을 모았던 곳이다.

텍사스 삼성전자 공장도 2021년 물 부족 때문에 멈춰 섰다. 텍

---

3 코트라 대만 무역관 자료(2022.12. 2).

사스 지역에 강추위가 몰아치면서 강이 얼어붙고 수도관이 파열되면서 물 공급이 원활히 되지 않았다.

한국도 마찬가지다.

SK하이닉스가 용인 클러스터를 추진하는 과정에서 여주시와 물 사용 문제로 의견이 좁혀지지 않아 착공이 늦어졌고 결국 당초 계획보다 축소되었다.

SK하이닉스와 용인시는 또 한 차례의 물 전쟁을 더 치러야 했다. 하루 26만 톤 규모의 물을 팔당에서 하남을 거쳐 용인으로 끌어오는 방안을 검토했으나 하남시가 여기에 공식적으로 반대 의견을 제출했다. 주민들의 반대가 그 이유였다.

2021년 가을 삼성전자 평택공장을 방문했을 때 삼성전자는 반도체 세척용수를 정화해 환경문제도 해결하고 재사용으로 절수의 방법을 찾고 있었다. 삼성전자는 현재(2023년 11월) 하루 51만 톤의 물을 사용하고 있다. 기흥공장 12만 톤, 화성공장 20만 톤, 1, 2기 공장과 3기 공장이 절반 가동되는 평택공장 19만 톤이다.[4] 삼성전자 평택공장의 공업용수 확보 계획은 그 준비에만 평택시와 10년이 걸렸다.

평택시는 현재 삼성전자가 지난 2020년 평택공장 증설을 계획하면서 증설에 필요한 추가 물 사용분을 요청해 옴에 따라 이를

---

4 삼성전자 측 답변.

준비 중이다. 3, 4기 공장이 완료되는 2026년이 되면 평택공장은 하루 29만 톤의 공업용수를 사용하게 되고, 2029년에 완공 예정인 5기와 6기는 용적률을 높이기 때문에 25만 톤이 추가로 필요하여 앞으로 평택공장에서만 총 47만 톤이 사용될 것으로 예측된다.[5]

이에 따라 평택시는 2025년까지 팔당으로부터 용수를 끌어와 삼성전자에 물을 추가로 공급하게 된다. 공업용수라 정수장을 통하지 않고 바로 보내지면 삼성전자에서 직접 초순수로 만들어 쓴다는 것이 평택시 정장선 시장의 답변이다. 삼성전자 평택공장은 국가 균형발전 문제로 초기에 부지 마련 등에 어려움을 겪었는데 정장선 시장이 국회의원 당시 평택 부지 마련과 정부 허가에 따른 어려움을 해결하는 데 큰 노력을 기울였던 것으로 알려졌다.

한국은 물 사용량 세계 3위 국가다.

2020년 기준 한국의 하루 1인당 물 사용량은 295리터로 미국, 일본에 이어 3위다. UN에서는 연간 1인당 사용 가능한 물이 1,700m^3 이상이면 '물 풍요 국가', 1,700m^3 미만이면 '물 부족 국가', 1,000m^3 미만은 '물 기근 국가'로 분류한다. 2023년 현재 우리나라는 연간 1인당 사용 가능한 사용량이 1,453m^3이므로

5 삼성전자, 평택시청 답변(2023.11).

물 부족 위험성이 높은 '물 스트레스 국가'이다.

2021년 물 기근 사태를 겪었던 대만 정부와 TSMC는 급수 안정화를 위한 재생수 공장 설립사업을 대안으로 마련했다. 대만 가오슝시 정부와 TSMC가 공동출자 형태로 추진하는 재생수 공장은 2026년부터 하루 3만 톤의 물을 TSMC에 공급한다.[6]

대만은 TSMC를 비롯한 반도체 기업들이 다수 입주해 있는 신주과학단지와 남부과학단지를 중심으로 해수海水 담수화淡水化 사업도 추진하고 있다.

한국도 반도체 주권국가가 되기 위해서는 반도체 산업을 위한 대책뿐만 아니라 국가적 수자원 확보 계획이 필수적이다. 최근 환경부가 처음으로 지역별 수요량과 공급량을 조사하는 전국 물 수지 현황 분석에 착수했다는 보도는 늦었지만 다행스러운 일이다.[7] 정부는 2023년 초 잇단 가뭄으로 남부 지방의 용수 고갈 상태가 계속되자 물 재이용 정책의 필요성을 뒤늦게 깨닫고 이 대책을 수립한 것으로 보인다. 대만의 재생수 공장 설립사업을 벤치마킹할 필요가 있다.

---

6 코트라 대만 무역관 자료

7 〈매일경제〉(2023.11. 5).

전기

반도체 기업들은 공장을 세울 때 물 공급은 물론 전력 공급 문제를 가장 먼저 검토한다. 전력사용량 1위인 삼성전자의 2022년 전력사용량은 21.73TWh(테라와트시)다. 부산광역시 전체 전력 사용량 21.49TWh보다 많은 사용량이다. 전력사용량 2위 SK하이닉스의 2022년 전력사용량은 10.04TWh다. 이는 대전광역시 전력사용량 10.02TWh보다 많다.[8]

대만전력공사가 판매하는 전력의 1/5을 대만의 반도체 제조업이 사용한다. 대만전력공사의 업종별 전력판매량 통계를 보면 2021년 반도체 제조업의 전력사용량은 32.8TWh로 전체 전력판매량의 19.7%를 차지했다.[9] 대만은 2021년과 2022년 2년 사이 모두 3차례 대정전 사태가 발생했다.

전력수급 불안은 반도체 업계에 치명적 리스크이다. 이에 따라 대만전력공사는 TSMC 2nm 공장이 들어서는 신주과학단지 등에 초고압 변전소를 확충 신설하고 있다.

반도체공장의 멈춤은 그냥 단순한 멈춤이 아니다. 생산라인에 있는 웨이퍼를 모두 폐기 처분해야 한다.

2018년 3월 9일 삼성전자 평택공장에 정전사고가 발생했다.

---

8 한국전력 국회 제출 자료(2023.10).

9 코트라 대만 무역관.

40분간 전력 공급이 끊겼다. 공장이 멈춰서면서 클린룸 청정진공 상태가 무너졌다. 반도체 제품에 먼지가 붙게 되면서 불량제품이 되어 버렸다. 증착공정(반도체에 얇은 막을 입히는 공정) 제품들은 굳어 버렸다. 300mm 웨이퍼 최소 3만 장, 3D 낸드플래시 6만 장이 피해를 입었다. 그 당시 피해액은 500억 원 정도로 추산됐다. 세계 낸드플래시 월공급량의 4%에 해당하는 물량이다.[10]

대만의 IT 전문매체 〈디지타임스〉는 "삼성전자 정전사고로 낸드플래시 3월 전 세계 생산량이 3.5% 줄어들 것"이라고 보도했는데, 이는 낸드플래시 가격에도 영향을 미친다는 소리다.

2019년 12월 31일에도 화성 삼성반도체공장에서 1분간 정전사고가 있었다. D램과 낸드플래시 반도체 라인에 차질이 빚어졌고 수십억 원의 피해가 발생했다. 일상에서의 1분 정전은 큰 문제가 되지 않지만 당시 1분간의 정전으로 공정 중이던 재료와 생산제품을 거의 폐기했다. 실리콘 웨이퍼에 nm 단위의 회로를 새기는 작업에는 단 1분의 정전에도 미세한 오차가 발생하기 때문이다.

삼성전자가 300조 원을 투입하여 반도체 팹 5개를 건설하고 팹리스, 소·부·장 기업 200여 개를 유치하여 조성할 용인 시스템 반도체 클러스터가 들어서면 물 문제뿐 아니라 전력 공급도

---

10 〈한국경제〉(2018. 3.15).

큰 문제다. 현재 예측으로는 2030년까지 0.4GW, 2042년에는 7GW, 그리고 모든 시설이 가동되는 2050년에는 10GW 규모의 전력 설비용량이 필요할 것으로 보고 있는데, 이는 수도권 전체 전력수요의 1/4을 공급할 수 있는 설비용량에 해당할 정도의 막대한 전력량이다.

용인 시스템 반도체 클러스터는 삼성전자가 대만의 TSMC를 꺾고 파운드리 세계 1위 기업으로 등극하기 위해 던진 승부수라고 볼 수 있다. 이 클러스터가 제때 가동되기 위해서는 단지 준공단계에 맞춰 전력 공급이 차질 없이 이루어져야 한다.

최근 정부와 한국전력은 용인 시스템 반도체 클러스터에 대한 3단계 전력 공급방안을 발표했다. 1단계는 3GW 규모의 가스(LNG) 화력발전소 6기를 지어 초기 전력수요에 대응하는 것이다. 2단계는 강원과 경북 지역의 석탄화력발전소와 원자력발전소에서 생산한 전력을 공급하는 방안이다. 이를 위해서 강원, 경북 지역과 수도권을 잇는 고전압 직류송전선로HVDC를 2030년대 초·중반까지 건설한다는 것이다. 3단계는 호남 지역에서 수도권으로 이어지는 해저 HVDC를 건설하여 서해안 해상풍력발전소 등 호남의 재생에너지 발전 전력을 용인 시스템 반도체 클러스터 가동에 활용하는 방안이다.

그러나 이 방안의 추진에 적잖은 난관이 예상된다. 무엇보다 전력 생산지역과 수도권을 연결하는 송전선로를 제때 건설할 수 있어야 하나 최근 2년간 누적적자가 47조 원에 달할 정도로 경영이 어려운 한국전력이 송전선로 구축에 막대한 재원을 투자할 수 있을지 의문이다. 또한 송전선로 인접 지역의 주민 수용성을 어떻게 확보할지도 큰 숙제이다. 삼성전자 평택캠퍼스에 필요한 전력을 공급할 고덕~서안성 송전선로도 주민 수용성 확보 문제로 건설 착수 10년 만인 최근 준공된 바 있다.

또한 반도체 클러스터에 대한 전력 공급 계획을 2050 탄소중립 목표와 세계적인 RE100 추세와 어떻게 조화시킬지도 큰 숙제이다. 반도체 최대 수요기업 중 하나인 애플은 2030년까지 RE100을 달성한다는 목표를 설정했으며 협력업체들에게도 동참을 요구하고 있다. 애플 협력사인 TSMC는 최근 RE100 목표 시기를 2050년에서 2040년으로 10년 앞당기겠다고 발표했다. 삼성전자와 SK하이닉스도 RE100에 이미 가입한 만큼 다양한 방식으로 재생에너지 전력공급원을 늘려나가야 하는 상황이다.

앞서 기술한 바처럼 일본 경제산업성이 홋카이도 반도체단지를 소개하며 사람·물·전기의 3대 요소를 강조한 이유 가운데 하나가 홋카이도가 바람을 이용한 풍력 재생에너지로 전기를 만들어 그 비용절감 효과로 경쟁력이 있다는 점을 부각시키기 위함이었다.

최근 〈월스트리트저널WSJ〉은 마이크로소프트가 AI 가동에 필요한 전력 조달을 위해 미국 내 소형원전SMR 사업 승인절차를 밟고 있다고 보도했다.[11] 마이크로소프트는 2023년 가을 SMR 관련 전문가 채용 공고를 내기도 했는데 이는 생성형 AI 학습・운용에 필요한 대규모 데이터센터를 가동하는 데 천문학적 수준의 전력이 필요하기 때문이다. 그동안 마이크로소프트의 빌게이츠가 SMR 개발과 관련한 사업에 관여했던 것도 이와 무관하지 않은 것으로 보인다. 전문가들은 생성형 AI에 필요한 전력 수요가 기존 전기자동차 충전에 필요한 전력 수요의 5~6배는 될 것이라고 예상한다. 구글, 마이크로소프트 등 AI 기업들이 재생에너지를 비롯한 환경문제에 관심을 가져야 하는 이유이고, 역으로 이들 기업들이 지구 온난화의 원인 제공자로 지목받는 이유이기도 하다. 전기는 이제 반도체 제조공정뿐 아니라 관련 산업에도 매우 중요한 문제로 대두되고 있다.

물 먹는 하마와 같은 반도체 관련 산업의 전력 수요는 전기를 무엇으로 생산할 것인가를 국가적 프로젝트로 만들었다. 전기의 공급원이 무엇인가에 따라 가격경쟁력은 물론 기후변화와 직결된 탄소중립의 문제가 지구촌 전체의 미래와 연결되어 있기 때문이다.

---

11 WSJ(2023.12.12).

사람

반도체 산업에 필요한 사람은 크게 3가지 유형으로 나누어 볼 수 있다.

첫째, 이병철, 이건희, 모리스 창, 젠슨 황과 같은 경험과 직관에 바탕을 둔 통찰력insight을 가진 리더.

둘째, 시스템 반도체 디자인과 설계를 담당하는 창의력을 가진 고급인력.

셋째, 제조 부문의 숙련된 노동자. 반도체 제조에서 빼놓을 수 없는 숙련된 엔지니어.

반도체 주권국가가 되기 위해서는 통찰력을 가진 리더, 창의력을 가진 고급인력, 제조 부문의 숙련된 노동자, 엔지니어 등 3가지 유형의 사람이 모두 필요하다.

세계 반도체 시장은 급성장할 전망이지만 각국이 이에 맞추어 반도체 인력을 충분히 확보할 수 있을지가 앞으로 반도체 시장의 패권을 결정할 것으로 보인다. 최근 주요 국가들은 반도체 인력난에 시달리고 있다.

미국은 통찰력을 가진 리더들과 창의적 고급인력은 있는데 숙련된 엔지니어가 부족한 현실이다. 반도체 리쇼어링 정책에 따라 투자가 급증하고 있으나 2030년 기준으로 반도체 인력이 약 6만 7,000명 정도 부족할 것이라는 전망이 나왔다. TSMC도 결국 인력난 때문에 애리조나공장 가동을 2024년에서 2025년으로 1년 연기했다.

일본은 과학기술부 장관을 지낸 기시다 총리라는 리더가 등장하면서 잃어버린 30년을 되찾겠다는 재건 노력이 시작됐다. 그러나 일본도 TSMC 구마모토공장과 라피더스 홋카이도공장이 본격 가동되기 위해서는 반도체 인력이 대폭 늘어나야 하나 그간의 반도체 산업 침체로 인력풀이 매우 협소한 실정이다.

중국은 시진핑이라는 강력한 리더십하에서 반도체 굴기를 추진하고 있지만 20만 명 정도의 반도체 엔지니어와 설계인력이 부족하다는 보고서가 2021년 발표됐다.

대만은 올해 92세의 모리스 창이라는 TSMC 창립자가 그동안 대만 반도체의 리더였고 창의력을 가진 고급인력과 숙련된 노동자를 갖추고 있는 셈이지만 이제부터가 문제다.

한국은 이병철-이건희로 이어지는 리더십과 숙련된 엔지니어들이 메모리 반도체 강국을 이끌어 왔으나 정부나 민간에서 창의력을 가진 고급인력과 엔지니어 양성에 말만 앞설 뿐 실질적인 성공을 거두지 못하고 있다.

반도체 산업협회에 따르면 2031년에 국내 반도체 인력 수요는 약 30만 4,000명에 달할 것으로 보이나 2021년 기준 반도체 인력은 약 17만 7,000명에 불과한 수준이다. 현재 수준의 인력 공급이 지속될 경우 2031년까지 7만 7,000명 정도의 인력이 부족할 것으로 전망된다.

2022년 7월 정부는 2031년까지 15만 명의 반도체 인력을 양성하는 의욕적 계획을 발표했다. 수도권대학의 반도체학과 신・증설 규제 완화, 반도체특성화대학(원) 지정, 반도체계약학과 확대, 대규모 R&D 투자를 통한 고급인력 양성 등을 추진할 계획이다.

그러나 이 같은 정부의 계획이 제대로 실현될 것인가에 대해서 회의적 시각이 많다. 무엇보다 우수 인재들의 '의대 쏠림'에 따른 이공계 기피 현상을 얼마나 극복할 수 있을지가 문제이다. 삼성전자와 SK하이닉스가 국내 유수 대학들과 운영하고 있는 반도체계약학과의 신입생 등록 포기율이 갈수록 높아지고 있다. 2023년 모 대학의 반도체공학과의 등록 포기율이 100%를 넘은 것으로 알려지고 있다.

또한 반도체 공정의 초미세화와 시스템 반도체 산업의 확대로 커지고 있는 석·박사급 고급인력 수요를 어떻게 충족할지도 문제이다. 반도체 산업협회에 따르면 반도체 분야의 석·박사급 취업인력은 2021년 기준으로 430명에 불과하다. 특히 우리나라가 취약한 팹리스 산업을 키우기 위해서는 고급 설계인력 확보가 필수다. 최근에 와서는 고급 패키징 인력 수요도 급증하고 있다.

반도체 고급인력 확보를 위해서 국내 인력 양성만이 아니라 재외한인을 포함한 해외 인력 유치에 한층 더 노력할 필요가 있다. 중국은 1990년대 중반부터 반도체를 포함한 해외 과학기술 인재 유치 프로그램인 '백인계획'과 '천인계획'을 최근까지 국가 차원에서 운영하였다. 유치된 인재들에 대해서는 주택구입 보조금, 수십만 달러의 연봉 지급 등 파격적 대우를 하였다. 최근에는 미국 등의 견제를 의식하여 프로그램 명칭과 소관부처를 변경하여 추진 중인 것으로 알려지고 있다.

한국도 미국의 MIT, 스탠퍼드대, 하버드대 등 명문대에서 칩 설계를 수학한 재외 한인들을 적극적으로 국내에 유치하여 국내 반도체 기업 취업과 팹리스 기업 창업을 하도록 적극 지원하여야 한다.

국내 팹리스 스타트업인 '리벨리온'은 2023년 AI 반도체 성능 테스트 대회인 '엠엘퍼프MLPerf'에서 엔비디아와 퀄컴보다 성능이 크게 앞선 AI 반도체를 내놓아 세계적 주목을 받았다. 리벨리온이 제작한 AI 반도체 '아톰'은 AI 언어모델 분야에서 엔비디아의 동급 반도체보다 1.4~2배 빠른 속도를 기록했고, AI 이미지 분석에서는 퀄컴보다 1.4배, 엔비디아보다 3배 빠른 작업 속도를 보였다. 리벨리온은 KT, 테마섹 등으로부터 1,000억 원이 넘는 초기 투자를 받았다.

리벨리온은 카이스트 졸업 후 MIT에서 석·박사를 마치고 인텔, 스페이스X 등에서 반도체를 설계한 박성현 대표와 IBM 왓슨연구소 출신인 오진욱 최고기술책임자 등 국내외 반도체 인재들이 모여 2020년 창업한 회사이다.

최근 박성현 대표와 공동저자 강성천 원장이 국내 팹리스 산업의 발전방안에 대해 논의할 기회가 있었다. 박 대표는 팹리스 산업을 키우기 위해서는 국내 인력만으로는 부족하고 해외에서

트레이닝을 받은 한인 고급인력들을 적극적으로 유치하여 국내에서 반도체를 설계하도록 지원하여야 한다고 역설하였다. 판교 등 팹리스 밀집 지역에 해외에서 들어온 반도체 인력을 위한 전용 주거공간을 만들어주면 큰 도움이 될 것이라고 했다.

또한 반도체 고급인력 양성을 위해서는 정부의 반도체 R&D 투자가 크게 늘어나야 한다. 우리나라 반도체 설계인력이 부족한 이유 중 하나로 최근 10년간 반도체 분야의 대규모 국책 R&D 사업이 없었다는 것이 지적되고 있다. 반도체는 삼성전자, SK하이닉스와 같은 대기업이 충분히 투자하고 있으므로 정부의 R&D 지원이 불필요하다는 논리가 작용한 것으로 보인다. R&D 참여를 통해 석·박사 과정 학생 등을 실전형 고급 반도체 인재로 키워내는 효과가 도외시된 것이다.

최근 영화 〈오펜하이머〉를 통해서 다시금 조명되고 있는 미국의 핵개발 프로젝트인 맨해튼 프로젝트에 당시 돈으로 천문학적인 20억 달러(2023년 가치로 환산하면 약 330억 달러, 40조 원)가 투자되었고, 수천 명의 일류 학자들이 동원되었다. 우리나라가 반도체 주권국가로 가기 위해서 '반도체판 맨해튼 프로젝트'가 필요한 시점이다.

반도체 주권국가를 위한 G7 프로젝트 2.0[12]

G7 프로젝트의 꿈

지금으로부터 30여 년 전인 1992년 12월 우리에게도 '거위의 꿈'이 있었다.

'21세기 과학기술 G7 국가 진입'이라는 당시로서는 요원해 보였지만 원대한 목표를 가진 프로젝트가 탄생했다. '선도기술 개발 사업'이라는 공식 명칭보다 'G7 프로젝트'라는 별칭으로 많이 알려진 R&D 프로젝트이다. 반도체, 디스플레이, 전기자동차, 바이오, 의료기기, 원전, 연료전지, 광대역정보통신망 등 핵심 기술들이 G7 프로젝트를 통해 씨앗이 뿌려지고 이들이 21세기 대한민국의 주력 상품으로 발전하는 토대를 만들었다.

달성 불가능할 것 같았던 '과학기술 G7 진입'이라는 꿈은 현실이 되었다. 그리고 지난 30년 동안 한국 경제의 버팀목이 되는 황금알을 낳았다.

1990년대 초 미·소 냉전체제의 종식으로 세계 질서는 이념 중심에서 경제력 중심으로 재편되고 있었고, 첨단기술을 둘러싸고 미국, 유럽, 일본 등 선진국들 간의 경쟁이 치열하게 전개되고 있었다.

미국은 〈기술이전촉진법〉, 〈공동연구지원법〉 등을 제정하여

---

12 공저자 강성천의 글.

민간의 기술개발 지원을 강화하였다. 유럽공동체EC는 차세대 통신 기술개발 계획, 유전공학 연구 등 회원국 공동으로 연구 프로젝트를 진행했다. 일본은 초고집적 반도체 연구조합을 결성하는 등 첨단기술 개발에 박차를 가하고 있었다. 한국에서는 1980년대 후반의 3저 호황이 끝나면서 생긴 경제적 난국을 첨단기술 개발을 통해 돌파할 필요성이 제기되었다.

이러한 배경에서 탄생한 G7 프로젝트는 1992년부터 2001년까지 10년 동안 정부와 기업이 총 3조 6,000억 원을 투입하여 18개의 첨단기술 개발 과제를 추진했다. 256MD램, 25~29인치 LCD, 차세대 원자로, 200kW급 연료전지, 한국형 고속전철과 같은 세계 시장을 선도할 첨단제품 개발을 위한 기술과 함께 첨단소재, 친환경, 신기능 생물소재, 첨단생산시스템 등 선진국과의 경쟁에 필수적인 기반 기술을 동시에 개발하였다.

G7 프로젝트는 추진방식에서도 혁신적이고 도전적인 시도를 하여 이후 추진된 국가 연구개발 사업의 모델이 되었다.

첫째, 관계부처가 칸막이를 헐고 함께 추진하는 최초의 범부처 프로젝트였다. 과학기술처, 상공부, 복지부, 체신부, 건설교통부, 농림부, 환경부 등 정부의 자원과 역량을 총동원함으로써 성공 가능성을 높일 수 있었다.

둘째, 철저하게 목표지향적인 연구개발 사업이었다. 민간 전문가들이 사전 연구기획을 통해 기술개발 목표와 개발 로드맵을 사전에 제시하여 추진한 최초의 기술개발 프로젝트였다. G7 프로젝트의 하나였던 차세대 반도체 기술개발 사업은 64MD램 기술개발을 1994년까지, 256MD램급 이상의 기술개발을 1996년까지 완료한다는 구체적 목표를 설정하여 추진하였다.

셋째, 산학연 협력으로 추진하되 기술의 최종 수요자인 기업이 기술개발을 주도하게 함으로써 사업화 성공 가능성을 높이는 전략을 취했다. 차세대 반도체 개발 사업의 경우 한국전자통신연구소ETRI 등 총 36개 연구기관과 삼성전자, LG 등 48개 기업이 참여하여 추진하였고, 그 결과 삼성전자가 세계 최초로 256MD램, 1GD램 시제품 개발에 성공하였다.

넷째, 대한민국 최초로 중장기 대형프로젝트로 추진되었다. 그 이전 정부 기술개발 프로젝트는 과제당 평균 1억 원 수준, 사업기간은 1~3년 정도에 불과했으나 G7 프로젝트는 사업당 평균 약 250억 원이 지원되고 사업기간이 최장 10년에 이르는 당시로는 상상하기 어려웠던 메가 프로젝트였다. 과학기술을 통해 경제 난국을 돌파하고 선진국으로 도약하겠다는 간절한 열망이 있었기 때문에 가능했다.

G7 프로젝트 2.0

미국 트럼프 행정부 출범 이후, 과거 30여 년간 세계 경제를 지탱해온 세계무역기구WTO 중심의 자유무역체제가 급속도로 쇠락했다. 그리고 자국 전략산업 육성을 위해 정부의 직접적인 개입이 경쟁적으로 이루어지는 바야흐로 '국가 주도 신산업정책의 시대'로 진입했다. 특히 반도체 산업에 대해 각국의 산업정책 경쟁이 가장 치열하게 전개되고 있다.

미국은 〈반도체 지원법〉을 통해 500억 달러(65조 원)가 넘는 보조금을 반도체 기업들에게 지원 중이고, 중국은 '국가 반도체 산업 투자기금'을 24조 원 → 58조 원 → 190조 원으로 천문학적 규모로 늘리고 있다. 일본은 라피더스에 약 3,300억 엔(약 3조 원)을 지원할 예정이며 5,900억 엔(약 5.2조 원)을 추가로 지급할 계획이다. 대만은 〈반도체법〉을 2023년 초 제정하여 반도체 연구개발과 설비투자에 대한 세제지원을 확대하고 있다. 반도체 후발주자격인 EU도 2023년 9월 21일 〈유럽 반도체법〉을 시행하고 2030년까지 민관 합동으로 430억 유로(약 61조 원)를 반도체 부문에 투자할 계획이다.

동원할 수 있는 재정 여력이 크게 부족한 우리나라가 이들 국가와 경쟁하기 위해서는 어느 때보다도 스마트하고 적극적인 산업정책이 필요하다. 이러한 차원에서 기존 관행을 과감히 깨고 혁신적 방식으로 추진함으로써 성공한 것으로 평가되는 G7 프로젝트는 한 치 앞을 내다보기 어려울 정도로 급격하게 진행 중인 세계 반도체 산업 재편에 대응해야 하는 지금 우리에게 시사하는 바가 크다.

무엇보다 21세기 들어 크게 취약해진 민간과 정부의 파트너십을 신속히 재구축해야 한다. 한정된 자원을 적시에 효과적으로 투입하기 위해서는 민관 간의 적극적 소통을 통한 전략 수립과 역할 분담이 필수적이다.

G7 프로젝트로 추진된 차세대 반도체 개발 사업은 삼성전자, LG전자 등 반도체 기업이 주축이 되고 한국전자통신연구소, 서울대 등 국내 연구기관이 총동원되었다. 사전 연구기획을 통해 철저한 역할분담을 하여 시너지를 창출하였다. 민간은 반도체 연구개발조합을 결성하여 정부와 긴밀히 소통하였다. 그러나 최근에는 한국에서 민관의 긴밀한 파트너십이 바탕이 된 프로젝트를 찾아보기 어려운 실정이다.

미국 바이든 행정부는 대통령부터 나서서 반도체 기업들과 수시로 회의를 개최하여 기업의 수요를 파악하고 정부의 정책에 대한 협의를 진행하고 있다. 일본 경제산업성은 반도체 합작회사인 라피더스를 민간 8개사가 함께 설립할 수 있도록 배후에서 지원하는 산파 역할을 하였다.

반도체 산업에 대해서는 민관이 공동운명체라는 인식을 갖고 기업 전략과 국가 전략이 한 방향으로 같이 가야 한다. 기업의 신뢰를 얻기 위해서 산업정책 관료들의 실력을 더 키워야 한다. 기업 현장과 시시각각 변화하는 반도체 산업의 트렌드에 대해 철저한 이해와 지식을 갖추어야 한다. 미국의 상무부, 일본의 경산성, 중국의 공신부 등 경쟁국의 산업정책 관료들과 치열한 정책 경쟁에서 이길 수 있는 실전형 산업정책 관료가 필요하다.

또한 최소한 반도체 부문에 대해서는 특정부처가 독점하지 않고 관계부처를 모두 망라하는 총력 지원체제를 가동해야 한다. 기술개발, 설비투자, 양산에 이르는 전 과정을 효과적으로 지원하기 위해서는 한 부처의 역량만으로는 부족하다. 부처 간 할거주의가 활개 치던 시절 과감하게 추진했던 G7 프로젝트의 부처 간 협업시스템을 지금 시각으로 더욱 발전시켜야 한다.

일본 수출규제의 위기를 극복하는 데 "소·부·장 경쟁력 강화위원회"를 컨트롤타워로 한 부처 간 협업시스템 구축이 크게 기여한 것도 상기할 필요가 있다. 당시 산업통상자원부, 중소벤처기업부, 환경부, 노동고용부, 금융위원회, 기획재정부, 관세청 등 관계부처들이 국가적 위기 극복을 위해 일사불란하게 움직였다.

30여 년 전 과학기술 G7 국가 진입이라는 열망을 담은 G7 프로젝트를 성공적으로 추진했던 귀중한 경험을 되살려 대한민국이 반도체 주권국가로 가기 위해 G7 프로젝트 2. 0을 범국가적인 지혜와 역량을 모아 추진해야 할 시점이다.

한국 반도체 산업의 미래[13]

G7 프로젝트 2.0

한국 반도체 산업의 미래를 위하여

한국의 반도체 산업의 미래를 위해서 크게 세 가지 맥락의 노력이 필요하다.

첫째, 메모리를 중심으로 하는 제조 및 판매의 리더십을 계속 유지해 가는 일, 즉 있는 것을 강화하는 일이다.

둘째, 취약한 시스템 반도체의 국제 경쟁력을 갖춰 나가는 일, 즉 없는 것을 보완하는 일이다.

셋째, 한국이 틈새시장을 치고 올라가던 1990년대의 G7 프로젝트처럼 국가적 미래 계획을 세우는 일이다.

지금 세계는 미・중 갈등과 새로운 반도체 기술 패러다임의 등장으로 반도체 산업 대전환 시대를 맞고 있다. 반도체 산업의 생태계 변화에 따라 새로 생겨날 수 있는 미래 산업구조를 예측하고 이에 따른 적확한 실행 전략을 국가와 기업이 함께 만들어 내는 일이 무엇보다 중요하다.

이는 기존의 강점을 살려 나가면서 어떻게 반도체 대전환 시대를 위한 국가적 미래 전략을 수립하여 추진할 것인가로 요약될 수 있다.

---

13 공저자 박영선・차정훈의 글

정부는 물론 기업도 종합적이고 장기적이며 또한 굉장히 정밀한 전략을 세워야 한다. 관련부처와 업계가 긴밀하게 소통하는 출중한 리더십을 가진 "반도체 위원회"가 필요하다. 한두 개 부처의 종합계획이나 정권에 따른 정책적 집중도의 급격한 변화 혹은 현재 기업의 운영자들을 통해서 듣는 민원성 문제해결 같은 단기적 처방으로는 이 전략을 실행해 나가기 쉽지 않을 것이다.

이러한 차원에서 2023년 12월 한국과 네덜란드가 맺은 "반도체 동맹"은 반도체 제조강국 대한민국과 반도체 장비강국 네덜란드의 상호보완적인 발걸음이라는 점에서 의미를 부여할 수 있다. 세계 최고와 초격차를 목표로 하고 있는 양국의 협력은 지금까지 한국 반도체 산업이 달려왔던 더 작고 더 빠른 컴팩트한 제품을 만들기 위한 노력을 가속화시켜 줄 모멘텀을 제공할 것이다.

칩이 작아질수록 에너지 소비는 낮아지고 속도는 더욱 빨라진다. 현재 2nm 프로세서 칩을 만들기 위해 세계 최고 반도체 회사들이 치열하게 경쟁하고 있다. 이 경쟁에서 TSMC가 앞서고 있지만 삼성전자와 인텔이 도전장을 내밀고 있다.

영국의 〈파이낸셜타임스〉는 "삼성전자는 2nm가 게임 체인저가 될 것이라고 보고 있는데, 아직 3nm에서도 수율이 낮은 삼성전자가 TSMC보다 2nm 공정을 더 잘 할 수 있을지에 대해서는 좀더 지켜봐야 한다"고 보도했다.[14] 이어 삼성전자와 인텔은 상

---

14 〈파이낸셜타임스〉(2023.12.11).

업적 이유나 대만에 대한 중국의 잠재적 위협과 같은 지정학적 우려로든 TSMC에 대한 의존도를 줄이려는 잠재고객을 기대하고 있다고 덧붙였다. 잠재고객으로는 미국의 AMD 등을 들 수 있다.

최근 2nm 경쟁에서 주목할 것이 네덜란드 장비회사인 ASML의 차세대 EUV 노광장비 확보 경쟁이다. '하이 NA' EUV 장비로 불리는 이 장비는 2nm 이하 초미세공정에 필수적이며, ASML이 2024년이나 2025년으로 양산시점을 계획하고 있는데 연간 생산량이 수십 대에 불과할 전망이다.[15] 이 장비를 확보하기 위해 TSMC, 삼성전자, 인텔의 경쟁이 불가피할 전망인데, 2023년 12월 21일 ASML이 첫 하이 NA EUV 시스템을 인텔에 배송할 계획이라고 밝혀 인텔이 한발 앞선 모양새이다.

그런데 여기서 우리가 결코 놓쳐서는 안 되는 또 다른 반도체의 미래 분야가 있다. 반도체 제조가 1nm 이하로는 제조 한계에 봉착했기 때문이다. 이러한 초격차의 한계가 만든 반도체 산업의 새로운 전환, 그것은 지금까지 반도체 산업을 지배해왔던 무어의 법칙을 넘어서 펼쳐지는 '칩렛Chip Let'이라 불리는 또 다른 반도체의 미래 세계이기도 하다.

---

15 하이 NA EUV 노광장비는 빛 집광능력이 기존 EUV 노광장비보다 높아 훨씬 세밀한 반도체 회로를 그릴 수 있다. 가격도 기존 EUV 장비가 2,000~3,000억 원이나 하이 NA EUV 장비는 5,000억 원에 달할 것으로 추정되고 있다. 〈전자신문〉(2023.12.21).

무어의 법칙을 넘어서

무어의 법칙은 계속될 수 있을까?

반도체 업계의 최근 10여 년간 가장 큰 화두는 '무어의 법칙이 과연 종말을 고하는가?'였다. 무어의 법칙은 단순화하면 반도체의 성능이 매 2년마다 2배씩 증가한다는 것이다. 인텔의 공동창업자 고든 무어가 1965년 논문에서 천명한 것으로 50여 년간 실제 그 트렌드를 명확히 보여 왔다.

이러한 기조가 2010년대 들어와서 흔들리기 시작했으며, 2020년대에는 무어의 법칙이 깨졌다는 것이 업계에서 인식되기 시작했다. 예전에는 65nm 공정에서 45nm 공정으로 가는 속도가 2~3년 내에 가능했는데, 현재는 7nm에서 5nm 혹은 3nm로 진화하는 속도가 짧게 봐도 4~5년씩 걸리고 있기 때문이다. 10억분의 1 크기 나노는 상상만으로도 그 미세한 크기를 가늠하기 쉽지 않다. 원자 하나의 크기가 약 0. 1nm이니 실제 우리 눈으로는 그 크기를 분간하지 못한다.

반도체에서 사용하는 트랜지스터의 크기가 실제로 원자보다 10배 정도 큰 사이즈로 만들어진다. 결국 '더 작게의 싸움'인 반도체의 크기를 줄이는 일이 물리적 한계에 봉착하고 있다는 것이다. 이런 상황에서도 반도체가 연산해야 할 양은 과거에 비해서 수백, 수천 배 높아지고 있고 향후에는 수백만 배보다도 높게 나타날 것으로 예상되고 있다.

이러한 물리적 한계를 극복하는 가장 효율적인 방안을 찾아내는 것이 현재 전 세계 반도체 업계가 맞닥뜨린 과제이다. 성능은 매년 10% 정도밖에 증가하지 못하는데, 연산해야 할 성능은 매 5년에 1,000배씩 증가하는 실태다. 이런 고난도 고민 속에서 등장한 것이 칩렛chiplet이다.

칩렛(Chiplet) 시대가 오고 있다
: 칩렛 생태계를 선점하라

세상은 늘 수축과 이완이 반복된다. 반도체 역시 예외는 아니다. 작게, 더 작게 수축을 향해 지난 반세기 동안 끊임없이 달려오던 반도체는 수축의 한계에 다다라 이완의 몸짓을 시작했다. 이제는 초미세화 경쟁 대신 그 작은 것들의 연결로 새로운 미래 반도체의 전기轉機를 만들어 가고 있다.

무어의 법칙이 종말을 고하면서 미래의 반도체는 단일 칩에서 더 이상 성능을 향상시키지 못하는 한계에 이르렀다. 반도체 칩 설계자들은 지난 50년간 집적회로 선폭을 줄여 더 작게 초미세화의 길을 달려 왔다. 그러나 이제 선폭 크기를 줄일 수 있는 물리적 한계가 왔다. 또한 선폭이 너무 미세해지면서 누설전류 등 불량률 문제가 증가했다.

'더 작게 더 빠르게' 싸움의 한계를 극복하기 위해 그 대안으로 개발되는 기술이 바로 칩렛이다.

칩렛이란 '작은 칩 조각'이라는 뜻으로, 시스템 반도체의 구성을 하나의 반도체로 생산하는 것이 아니라 여러 모듈로 분할 생산한 다음 하나로 결합하는 형태이다.

2015년 AMDAdvanced Micro Devices의 엔지니어들이 하나의 큰 마이크로프로세서를 설계하는 대신 멀티칩모듈MCM 방식을 선보였다. MCM공정은 각각 생산된 여러 개의 반도체 칩을 하나의 기판에 패키징하는 기술이다. 2021년에는 MCM공정보다 한 차원 위의 칩렛 기술로 생산한 CPU를 사상 최초로 선보였다.

기존의 시스템 반도체는 연산, 저장, 통신 등 여러 기능을 하는 구성요소를 모두 하나의 칩에 결합하는 모놀리식Monolithic 방식으로 생산한다. 이에 반해 칩렛 방식으로 연산, 저장, 통신 등 서로 다른 기능을 하는 작은 칩들을 별도로 생산한 뒤에 이를 레고처럼 끼워 맞춰 하나의 전자두뇌처럼 함께 작동하도록 밀접하게 패키징하면 더 경제적이라는 것이 확인되었다. 물리적 한계에 부딪힌 반도체 선공정의 문제를 후공정에서 고도의 패키징 기술을 적용해 극복하고 있는 것이다.

이후 AMD를 비롯해 애플, 아마존, 테슬라, 인텔, IBM 등이 이러한 제품을 소개하면서 칩렛이 주목을 받았다.16

칩렛의 가장 큰 장점은 분할 생산 후 레고 형태로 끼워 맞추기 때문에 단일 칩으로 만들 때보다 생산비용이 줄고 개발 기간도 단축되며 불량률도 현저히 줄어 수율이 개선된다는 것이다. 기

---

16 〈뉴욕타임스〉(2023. 5.11).

업 입장에서 보면 자신들이 잘하는 분야의 IP만 개별적 조각, 즉 연산·저장·통신 등 특정 기능에 집중할 수 있어서 개발 및 상용화가 훨씬 유리할 수 있다. 산업계 차원에서 보면 개별 기업들이 모여서 IP 블록을 형성하는 생태계 구성이 관건이다. 그래서 칩렛 생태계를 만들기 위한 국가적 싸움이 이미 시작됐다.

미국과 중국이 가장 적극적이다. 미국은 통과된 〈반도체 지원법〉에 첨단 패키징에 대한 지원 내용을 포함시켜 칩렛 투자를 시작했다. 중국은 미국이 첨단 제조공정 규제를 가하자 칩렛으로 눈을 돌려 집중 투자하고 있다. 중국 1위 반도체 IP 기업 베리실리콘이 AI 반도체 스타트업 '블루오션'에 반도체 IP를 대거 공급해 블루오션이 칩렛 구조로 AI 반도체 칩을 개발할 예정이다. 중국 팹리스 룽송은 CPU를, 바이렌테크놀로지는 GPU를 칩렛 형태로 개발한 것이 대표적이다.

〈뉴욕타임스〉는 지난 2023년 5월 11일 "미국의 칩렛 활성화 정책: 칩렛은 미국 산업정책의 핵심요소가 되었다"라는 제목 아래 시장조사업체 욜그룹을 인용해 "2027년까지 마이크로프로세서의 80%가 칩렛 스타일의 디자인이 사용될 것으로 내다봤다"고 보도했다.[17]

현재 이 칩렛 생태계에서 가장 앞서가는 기업은 AMD와 인

---

17 〈뉴욕타임스〉(2023. 5.11).

텔, TSMC이다. AMD는 생성형 AI와 고성능 컴퓨팅 가속을 위한 서버용 칩 '인스팅트 MI300X' GPU를 선보이면서 TSMC 5nm급 공정에서 생산된 칩렛 12개를 결합했다. 인텔은 슈퍼컴에 사용될 '폰테 베키오Ponte Vecchio' 프로세서를 선보였는데 여기에는 47개의 칩 세트가 들어가 있다.

칩렛은 개별 회사가 만든 CPU 모듈, 메모리 모듈, 연산을 더 빠르게 가속하기 위한 가속기Accelerator 모듈, 입출력I/O 모듈 등을 합치는 과정에서 다양한 반도체 제조기법이 활용되어야 한다. 모듈과 모듈 사이를 연결하는 기술도 아주 중요하다. 문제는 이 모듈들이 각기 다른 회사에서 온다는 데 있다. 예를 들면 CPU 모듈은 인텔, 메모리 모듈은 삼성전자, 가속기 모듈은 엔비디아, 네트워크 모듈은 미디어텍, 그리고 연결하는 모듈은 블루치타Blue Cheetah 같은 업체에서 IP를 받는 형태다. 이 각기 다른 기능의 모듈을 통합하고 판매하는 기업은 누가 될 것인지가 중요한 문제다.

TSMC는 이런 고급 패키징을 기반으로 하는 칩렛 시장을 미리 내다보고 수년 전부터 레고 형태로 생산하는 역량을 갖춰 왔다. TSMC는 최근 첨단 칩렛 후공정을 담당하는 고성능 컴퓨팅HPC, AI 등 첨단 시스템 반도체에 특화된 제조라인을 만들었다. 다만 이 기술은 이제 시작하는 상황이어서 변화 및 진화의 여지가 무궁무진하다.

앞에서 언급했던 앰코 테크놀로지도 최근 미국 애리조나주에 최첨단 패키징 공장을 신설하겠다고 발표했다. 미국 정부도 국가 첨단 패키징 제조 프로그램National Advanced Packaging Manufacturing Program으로 칩렛 패킹징 공정을 지원하기 위한 보조금 규모를 30억 달러로 확정하고, 2024년부터 자금을 지원하겠다고 밝혔다. 앰코의 애리조나공장은 TSMC의 애리조나 팹 설비와 함께 장기적으로 애플의 공급망 안정에 큰 기여를 할 것이라는 애플 측의 공식 언급도 나왔다. 다만 기존 패키징 공정이 웨이퍼 파운드리 공정보다 자동화가 많이 되지 않아서 인력 의존도가 큰 영역이어서 미국 내 숙련된 인력을 찾기 어려운 난제는 풀어나가야 할 것으로 보인다.

최근 싱가포르 경제개발청EDB와 연합으로 약 2조 5,000억 원(26억 싱가포르달러) 투자로 세워진 실리콘박스Silicon Box라는 신생 반도체 스타트업은 칩렛 패키징 전문기업이다. 기존의 원형 웨이퍼 대신 사각형 패널에 개별 칩을 넣는 기술을 기반으로 칩렛 생산을 가능하게 해 비용을 1/4로 줄이고 전기 소비량도 1/2로 줄인다.

실리콘박스는 2023년 10월부터 칩렛 생산에 들어갔다. 상호보완 관계에 있는 TSMC와 협력적이면서도 경쟁할 수 있는 기술을 확보하겠다는 전략이다. 실리콘박스의 공동창업자가 한국인 한병준 대표라는 점도 주목할 만한 일이다.

공동창업자 한병준 대표는 "싱가포르는 내가 경험한 나라 중에 정부가 가장 효율적이고, 현재로서는 엔지니어들이 가장 선호하는 나라일 것이다"라고 싱가포르에 헤드쿼터를 세우는 이유를 설명하며 "현재 8개 나라에서 제 2공장을 세워 달라고 요청이 왔지만 바빠서 아직 대응을 못 하고 있다"고 했다. 8개국 중 한국이 있는지 물었더니 "요청은 왔으나 진지한 것은 아니라고 보여 8개국에는 포함시키지 않았다"고 답변했다.

이처럼 싱가포르의 실리콘박스가 칩렛 패키징으로 주목받는 것은 싱가포르 정부의 투명성 그리고 지정학적 중립성(미국과 중국의 공통분모를 수용)이 강점으로 작용한 것으로 보인다. 현재 반도체는 싱가포르 GDP의 7%를 차지하고 있다. 싱가포르 정부는 생성형 AI 등장의 영향 등으로 2030년까지 반도체 시장이 지금보다 2배 성장할 것으로 보고 미래 반도체 시장의 허브를 꿈꾸고 있다.

싱가포르의 이러한 상황은 하버드대 반도체 심포지엄에서 백악관 전 조정관 로니 채터지가 언급한 신 반도체 공급망에 싱가포르가 패키징의 나라로 표기된 것과 연관지어 볼 필요가 있다.

물론 한국 기업들도 칩렛 개발에 속도를 내고 있다. SK하이닉스는 2023년 2월 특허청에 칩렛 제조방식 중심으로 전환하는 반도체 솔루션 개발 과정에 대한 방법을 브랜드화한 '모자이크'의 상표권을 출원했다. 삼성전자도 글로벌 IP 파트너들과 함께 칩렛을 포함한 최첨단 패키지용 UCIeUniversal Chiplet Interconnect Express

같은 기술 개발에 착수했다. LG 이노텍도 여기에 뛰어들었다. 그러나 미국, 중국 등이 국가 차원에서 이를 끌고 나가는 것과 달리 한국은 기업이 알아서 하고 있는 실정이다.

2023년 5월 과기부가 발표한 '반도체 미래기술 로드맵'에 칩렛은 적혀 있지만 구체적 방법론이 결여되어 있다. 차세대 공정기술로 이종집적(칩렛), 3D 패키징, 원자층 증착을 선정하고 기술 경쟁력을 강화한다는 내용이 담겨 있다. 첨단 패키징을 위한 11개 공정 원천기술 개발 전략을 발표하면서 5년간 1,000억 원을 투입하기로 했다.

그러나 글로벌 전문가들은 개별 기술의 경쟁력 강화도 필요하고 업계가 요구하는 반도체 패키징 특화 전문인력 확보도 시급하지만 칩렛 기반의 반도체 생태계에 필요한 IP 기술 확보, 패키징 기술에 대한 투자 환경 조성이 더 절실하다고 역설하고 있다. 생태계 조성을 위한 더 큰 그림이 필요하다는 것이다.

예를 들면 TSMC의 칩렛 기술인 CoWoSChip on Wafer on Substrate에 걸린 특허를 비켜가면서 신기술 개발이 쉽지 않은 상황이다. 또한 칩렛의 성공을 위해서는 레고와 같은 낱개의 조각들이 결합되어 정확하게 작동하는지의 여부를 확인하고 검증하며 판매 시 책임을 질 수 있는 칩렛 집적회사Chiplet Integrator가 필요하다. 이 역할을 TSMC가 하겠다고 선언했다. 앞으로 칩렛의 생태계를 누가 주도하느냐의 여부가 바로 여기에 달려 있다.

칩렛 생태계는 각 레고 블록을 만드는 단순 참여자, 그 레고 블록의 사실상 표준de facto standard를 만드는 주도적 참여자 그리고 통합Integration과 판매 시 제품에 대한 보증을 책임지는 생태계 운전자(주도자)로 나뉘지 않을까 예상된다.

정부 차원의 보다 적극적인 지원과 생태계 조성을 위한 장기 계획이 절실한 이유이다.

반도체 기업들은 칩렛으로 제품을 더 쉽게 조립할 수 있도록 기술표준을 마련하는 일에 이미 착수했다. AMD, 인텔, 삼성전자, TSMC, ARM 등이 개방형 칩렛 생태계 구축을 위해 컨소시엄을 만들었다. 서로 다른 공급업체가 칩렛을 함께 작동할 수 있도록 반도체 상호연결 기술을 표준화하겠다는 것이다.

이는 인공지능, 자율주행차, 군사용 하드웨어와 같은 분야에서 혁신을 주도하는 가장 큰 변화이기도 하다.

연결기술 국제 표준화의 주도권을 확보하는 문제는 미래 반도체 생태계를 좌지우지할 만큼 중요하다. 국제표준화의 주도권 확보를 위해서는 정부도 함께 외교력을 발휘해야 하는 문제이기도 하다. 아무리 기술이 뛰어나더라도 국제표준화 주도권에서 밀려나면 과거 일본의 전철을 밟을 수 있다.

기술 표준화 문제는 과거 아날로그 TV송출 방식에서 미국 주도의 NTSC 방식이냐, 유럽 · 러시아 중국이 채택했던 PAL 혹은 SECAM 방식이냐의 경제영역을 둘러싼 다툼이나, 이동통신에서 미국이나 한국이 채택한 CDMA, 유럽의 GSM, 일본의

PDC 등이 대표적이다.

2G 이동통신 시절인 1990년대 말 미국과 한국은 휴대전화 접속방식으로 CDMA(코드분할 다중접속방식)를 채택했다. 중국이 WTO 가입과 함께 그동안 사용하던 유럽의 GSM(시간분할 다중접속방식)에서 CDMA을 채택함으로써 삼성전자와 LG전자의 휴대전화가 중국 시장에서 열풍을 일으킬 수 있었다. 당시 일본은 자국이 개발한 PDC(일본 정부 주도로 일본전파산업협회에서 개발한 표준화된 디지털 휴대전화시스템)를 고집함으로써 휴대전화, 통신 시장에서 퇴보하게 되는 결과를 초래했다.

이제 한국의 반도체 전략도 국제 표준화를 주도할 수 있도록 수정되어야 할 것이다. 더 나아가서는 칩렛 기반 생태계의 주도자로서 자리매김할 글로벌 기업도 배출해 내야 할 것이다. 칩렛은 이제 시작이기 때문에 더욱 그렇다.

싱가포르 정부로부터 배워야 할 것들

싱가포르 정부는 2016년 3월 경제개혁 조치로 최첨단 주롱혁신지구JID: Jurong Inovation District 건설계획을 발표한다. 2022년 완공을 목표로 연구, 개혁, 생산이 긴밀히 연결되는 새로운 산업단지의 모형을 발표했다. 과거의 싱가포르 산업단지가 생산에 집중되어 있었다면 주롱혁신지구는 R&D 중심의 연구와 개혁이 생산으로 연결되는 형태이다.

토지 부족 문제를 겪고 있는 싱가포르 정부는 자국의 대표산업인 정유는 단위면적당 부가가치 창출 능력이 1m^2당 80달러인 반면 반도체·컴퓨터 산업은 1m^2당 약 8,000달러가 된다는 점에 착안해 산업단지 시설을 고밀도로 재개발하는 정책에 박차를 가한다.

이러한 주롱혁신지구의 대표적 입주기업이 현대차그룹이다. 현대차그룹 싱가포르 글로벌혁신센터HMGICS는 싱가포르에서 자동차를 생산하는 유일한 회사다. 전 공정을 200개의 로봇과 AI가 생산한다. 소비자의 주문생산에 맞춰 자동차를 출고하는 세계에서 가장 앞선 전기자동차 제조라인이다. 기존의 컨베이어벨트가 있는 자동차공장과 달리 '셀'이라고 불리는 개별 작업장에서 로봇이 필요 부품을 조달하고 너트를 조이고 배터리를 장착한다.

HMGICS는 1914년 미국의 포드자동차가 도입한 컨베이어벨트-대량생산시스템을 110년 만에 걷어치우고 완벽한 주문형으로 생산방식을 바꾸었다. 수공업시대의 공방 형태와 유사한 셀 형태로 공방에서 사람이 하던 모든 일을 로봇이 대신 수행한다. 로봇의 움직임은 디지털센터에 데이터로 모여 실시간 작업상황이 점검된다. 보스턴다이내믹스의 4족 자율보행 로봇개 '스팟'도 이곳에서 한 역할을 담당하고 있다. 로봇개 스팟은 차량 조립 초기 단계부터 완성 전 차량 내·외부를 사진 촬영해 불량을 잡아내는 파수꾼 역할이다. 인공지능화된 이 모든 공정의 첨단부품이 결국 모두 반도체다.

전 세계의 다른 자동차공장들도 로봇을 활용한 스마트공장으로 변모하고 있지만, 이곳처럼 100% 인공지능형 로봇으로 연구개발과 생산공정을 연결한 곳은 아직 없다. 특히 이곳은 고객이 자동차를 직접 체험하고 구매를 결정할 수 있도록 건물 옥상에 620m 길이의 가파른 각도로 설계된 스카이트랙이 마련되어 있다.

이곳에서 만난 정대석 상무는 "현대차그룹의 싱가포르 글로벌 혁신센터는 소비자의 주문생산이 가능한 그동안의 패스트팔로워Fast Follower(빠른 추종자)에서 퍼스트무버First Mover(선도자)로서 자리매김하는 테스트베드와 같은 곳"이라고 그 의미를 설명했다.

싱가포르에서는 싱가포르와 현대차그룹 혁신센터의 공통점을 '진보를 위한 씨앗'이라고 말한다. 싱가포르 정부는 현대차그룹 혁신센터를 유치하면서 기존의 상업부지를 산업부지로 용도 변경하여 임대료를 파격적으로 낮추는 조건을 제시하였다. 토지가 부족한 싱가포르는 정부가 땅을 소유하고 사업자에게 임대하는 형식으로 혁신지구가 운영된다. 정부가 혁신지구 입주 기업을 엄격하게 선발한다.

싱가포르 정부는 R&D의 경우 ① 인건비의 30~50%를 지원하고, ② 장비구입비도 30% 지원 혜택을 주며, ③ 기업 연구소의 경우 연구자금을 기업이 50%를 내면 싱가포르 정부가 50%를 부담하는 연구기금 제도도 마련하고, ④ 지원기간은 협상에 따라 3~5년이다.

싱가포르는 그동안 동아시아의 경제 금융허브 역할을 해왔던 홍콩의 대안으로 거듭나기 위해 이제는 미·중 갈등 속 지정학적 요인을 전략으로 활용해 미국과 중국의 다리 역할을 하겠다는 세밀한 계획을 세우고 있다. 실제로 싱가포르의 비비안 발라크리쉬난 외교장관은 2023년 6월 15일 미 외교협회 포럼에서 "미국과 중국이 자신들의 편에 서도록 강요하는 냉전 스타일의 선긋기보다는 싱가포르는 미국, 중국 모두와 교류하기를 원한다"라고 일갈한 바 있다. 미국과 중국 중 어느 한편을 선택해야 하는 상황에 도달하는 것은 '외교적 실패'라는 것이 싱가포르 정부의 입장이요, 전략이다.

중국화 되고 있는 홍콩의 대안으로서 싱가포르와 서울이 거론되어 왔지만, 서울이 동아시아 글로벌 경제허브 도시로서 제 기능을 하지 못하는 공백을 싱가포르가 채워 가고 있다는 현실은 우리에게는 뼈아픈 점이다.

현대차그룹 싱가포르 글로벌혁신센터

컨베이어벨트를 대신한 개별 작업장 '셀'에서 로봇과 AI가 전기자동차를 생산한다.

차체, 부품을 셀로 운반하는 모바일 로봇

셀 생산공정에서 불량을 잡아내는
4족 자율보행 로봇개 '스팟

미래 양자 반도체를 대비하라,
5차 산업혁명을 준비하라

반도체 기술 진보의 역사는 다섯 단계로 요약할 수 있다.

1. 전자공학의 시작, 진공관

1904년 발명된 진공관은 전자공학의 시작을 알렸다. 크기가 크고 전력소비가 높아 제한적으로 사용되었다. 19세기 중반부터 시작한 반도체 기술과 연계하여 전기신호를 변환하는 데 사용되었다.

2. 트랜지스터의 탄생

1948년 벨 연구소는 진공관의 단점을 해결할 수 있는 트랜지스터를 발표했다. 작고 효율적인 전력소비로 기능이 크게 향상되었다. 전자제품의 크기가 줄고 성능이 향상되어 전자제품의 대중화 시대를 열었다.

3. 집적회로 기술 도입

1958년 잭 킬비는 소자들을 1개의 게르마늄 칩 위에 집적集積하는 데 성공했다. 집체만 한 컴퓨터 정보를 손톱 크기로 소형화하는 데 기여했다. PC, 휴대전화 등 디지털 시대를 선도했다.

4. 나노 기술의 도입

초미세 회로를 구현한 반도체의 극초소형화의 시대를 열었다. '더 작게 더 빠르게' 그리고 더 적은 전력 소비로 인공지능, 자율주행차의 시대가 펼쳐졌다.

5. 양자반도체의 등장 예고

미국과 중국은 양자컴퓨팅의 상용화에 따른 양자반도체를 누가 선점하느냐의 문제를 놓고 치열한 전투를 벌이고 있다. 양자컴퓨팅이 상용화되면 제 5차 산업혁명을 예고한다. 반도체의 생태계도 양자반도체를 중심으로 또 한번 대전환을 맞을 것이다.

한국은 양자통신, 양자센싱보다 상대적으로 양자컴퓨터 분야에서는 앞서지 못하고 있다.

양자컴퓨터는 앞서 설명한 초격차 제조 한계에 봉착한 기존의 슈퍼컴퓨터와 반도체 기술의 난관을 해결해줄 대안으로 거론된다. 맥킨지의 최신 양자기술 모니터 보고서는 자동차, 화학, 금융, 생명과학의 4개 분야가 양자 컴퓨팅으로 초기에 경제적으로 가장 먼저 영향을 받을 것으로 내다봤다.[18] 이들 4개 분야는 2035년까지 최대 1조 3,000억 달러의 가치 창출 잠재력을 가질 것으로 전망했다. 맥킨지는 인수분해, 시뮬레이션, 양자 기반 머신러닝과 AI, 샘플링, 검색 애플리케이션에서 이런 잠재력을 발휘할 것으로 전망했다. 2022년에는 양자 관련 스타트업만 전 세계적으로 19만 개가 만들어졌다.

1차 산업혁명이 1760년에서 1840년 사이 증기기관의 발명으로 사람의 손으로 생산하던 수공업을 기계에 의한 생산으로 바꾼 물과 증기기관 기반의 기계화 혁명이었다면, 2차 산업혁명은 전기 에너지 기반의 대량생산 혁명이었다. 1914년 헨리 포드가 자동차공장에 컨베이어벨트를 도입하여 대량생산을 통한 원가 절감을 실현한 것이 그 시작이다.

1, 2차 산업혁명은 인간의 근육을 기계가 대체한 시대다. 3차

---

18 Quantum Technology Monitor 2023.

산업혁명은 컴퓨터와 인터넷 기반의 지식정보 IT혁명이다. 하드웨어에서 소프트웨어로 무게 중심이 옮겨진 시대이다. 3차 산업혁명이 IT혁명이라면 4차 산업혁명은 ICT혁명이다. 사람과 물건이 소통할 수 있는 시대가 되었다. AI의 출현으로 기계와 인간 사이의 경계가 허물어지면서 인간의 두뇌를 대신하는 인공지능 시대가 열렸다.

'산업혁명'이라는 말은 역사학자 아놀드 토인비가 처음 사용했다. 4차 산업혁명은 2016년 스위스 다보스포럼에서 처음 사용되었는데, 5차 산업혁명을 준비하자는 논의가 2019년부터 나오기 시작했다. 5차 산업혁명은 인공지능의 혁명, 양자컴퓨터가 가져올 획기적 변화에 의한 인간과 기계의 대융합 등 4차 산업혁명의 연장선상에서 주로 거론된다.

인간과 인공지능의 공존이 공멸의 길이라는 비판도 존재하지만 그래서 오히려 '인간성의 회복'이라는 화두에 더욱 관심이 쏠릴 것으로 예측되기도 한다. 마치 1, 2차 산업혁명 직후 자연으로 돌아가자는 생태주의 사상이 현대문명의 비판적 시대정신으로 자리 잡았던 것과 유사하다.

한 가지 확실한 것은 인간과 인공지능이 공존하는 휴먼 테크놀로지가 지배하는 세상이 도래하고 있다는 점이다. 휴먼 테크놀로지의 큰 의미 속에는 '인간성 회복'이 공생의 방법으로서 존재하며 또한 인간의 존엄성을 위해 놓칠 수 없는 부분이다. 예를 들어 EU의 유럽위원회가 5차 산업혁명을 인간과 사회, 환경의 관점으로 확장해 '유럽 그린딜 정책', '디지털 시대의 유럽 전략'과 '사람들을 위한 경제'라는 시각에서 바라보는 것 등이 그렇다.

5차 산업혁명의 핵심기술로는 협동로봇, 셀 인더스트리 등을 꼽을 수 있다.

협동로봇은 인간과 로봇기술이 융합된, 인간과 같은 공간에서 일하는 로봇을 말한다. 이는 4차 산업혁명 시대에 인간과 분리된 안전장벽 뒤에서 일한 산업로봇과 구별된 개념이다.

'셀 인더스트리'는 디지털기술과 생명공학이 융합된, 즉 디지털기술을 통해 생물 세포가 가진 물질 생산능력을 고도로 디자인하거나 최적의 형태로 제어한 세포 등을 말한다. 자연계에 존재하는 생물을 인공적으로 재현해 인체에 유해하지 않은 물질을 만들어 기존의 화학제품을 대체한다든가(예를 들어 화학비료 대체재 등) 유전자 치료 등이 셀 인더스트리 산업의 대표적인 것이다.

이러한 5차 산업혁명 핵심 기술의 중심에도 반도체가 있다.

5차 산업혁명에서의 반도체는 그 종류와 영역이 매우 다양해질 것이다. 지금까지의 소품종 대량생산에서 다품종 주문생산 시대로 전환될 것이다. 미래의 반도체 산업에서 유연성과 다양성이 더 중요한 가치로 평가받는 이유이다. 앞서 수차례 강조한 것처럼 아직 부족한 유연성과 다양성에 대한 수용을 높이는 것이 대한민국 반도체 기업에게는 미래 시장에서 생존하기 위해 반드시 풀어야 할 과제인 이유기도 하다.

미래는 불확실성의 세계이다. 그래서 막연하게 느껴진다. 그러나 유연함과 다양성을 수용하기 위해 끊임없이 노력한다면 그 과정에서 대담한 상상력을 얻고, 그 상상력으로 그린 꿈은 미래의 불확실성과 막연함을 선명한 현실로 바꿀 것이다. 유연함과 다양성의 수용은 곧 격의 없는 유쾌한 소통에서 시작된다. 소통은 상상력을 만들고 상상력은 꿈을 현실로 만든다. 유쾌한 소통은 상쾌한 미래를 만드는 원천이다.

한 치 앞을 내다보기 어려울 정도로 급변하고 있는 반도체 대전환의 시대에 대한민국이 반도체 주권국가로 발돋움하기 위해서는 기업, 대학, 연구소, 정부가 하나가 되는 G7 프로젝트 2.0 추진이 필요하다.

G7 프로젝트 2.0은 칩렛 기술과 양자반도체 등 미래 반도체 산업의 진화 방향에 대한 명확한 이해하에 메모리, 팹리스, 파운드리, 패키징, IP 기업과 이를 통합하는 운영자를 키워내는 반도체 생태계 차원의 종합 프로젝트여야 할 것이다.

또한 싱가포르와 같은 파격적인 정부 지원과 규제 개혁, 그리고 국제표준 선점을 위한 반도체동맹 결성 노력도 필수적이다. 칩렛 생태계와 같은 새로운 반도체 흐름에 제대로 대응하지 못한다면 우리 반도체 산업은 미래 반도체 생태계의 단순 참여자로 전락할 수도 있다.

미래 반도체 생태계 리더십을 차지하려는 세계 각국의 치열한 싸움은 이미 시작되었고 치열함은 더욱 높아져 가고 있다. 디지털 시대에 반도체는 모든 분야에서 결코 빼놓고 생각할 수 없는 필수 전략무기가 되었다. '디지털 = 반도체'의 시대에 우리가 살고 있기에 그 중요성은 날로 더해질 것이다.

PART 4

미래 산업 전쟁과 세계의 과학자들

박영선

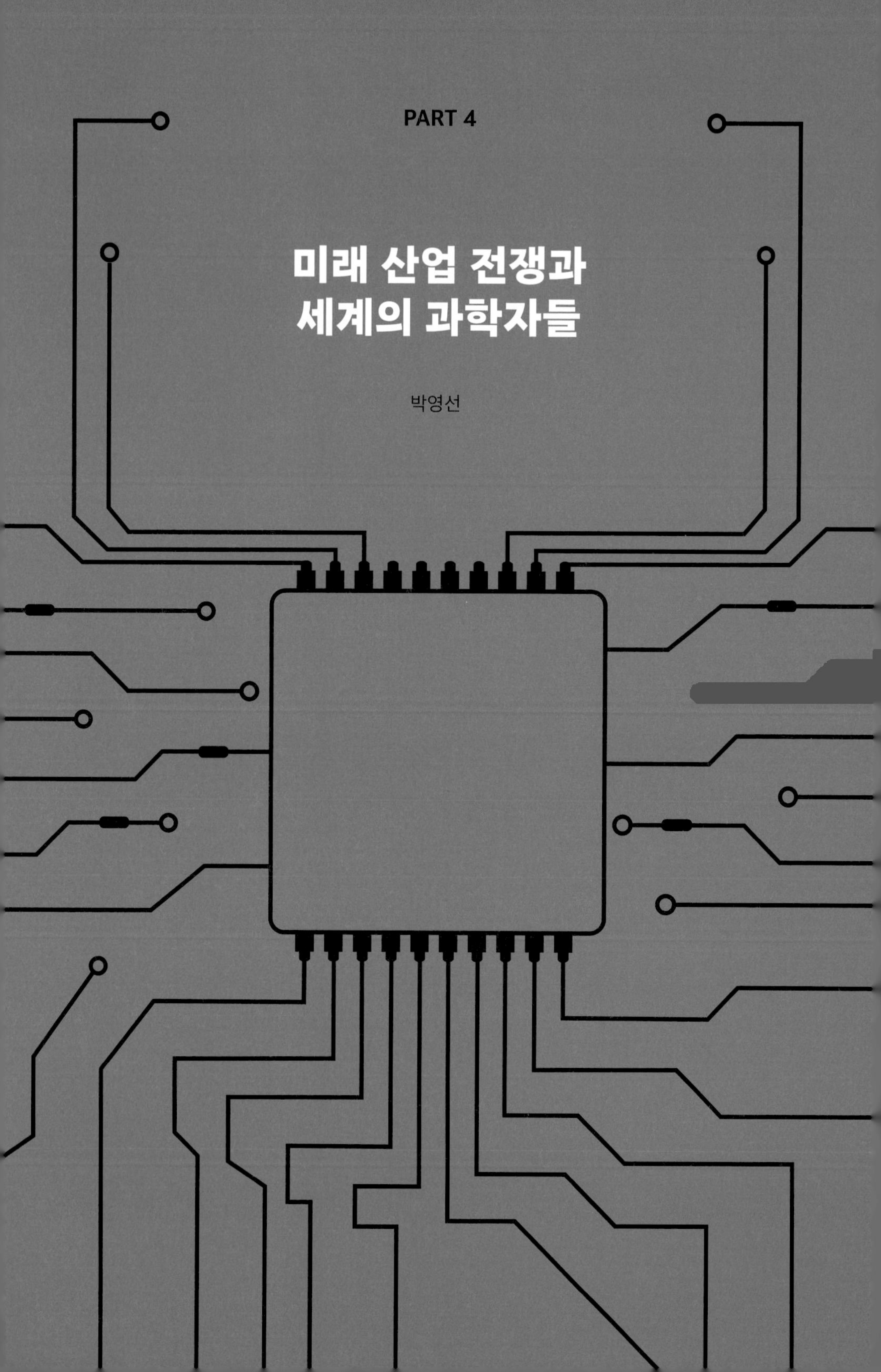

5G 시대와 유니콘 기업 원천기술의 가치

미국 싱크탱크, 랜드연구소

2021년 9월 9일 LA에서 미국의 주요 싱크탱크 중 하나인 랜드연구소RAND Corporation를 방문했다.

랜드연구소는 2차 세계대전 당시 일본의 진주만 공격 이후 미국이 받은 상처를 빠르게 치유할 목적으로 미국의 국방전략을 연구하기 위해 1948년 설립된 매우 보수적인 싱크탱크 중 하나이다. 특히 군사문제에 대한 연구에서 세계적으로 권위가 있다. 1,600여 명의 직원을 두고 있는 대규모 싱크탱크이고 박사과정도 유명하다.

랜드연구소에서는 4가지 주제, "5G 시대, 수소에너지, 수소전기자동차, 재생에너지, 사이버보안"에 대한 브리핑이 있었다.

브리핑 시간 동안 내내 살짝 전율이 느껴졌다. 특히, 5G 시대를 다루는 동안 대한민국이 수없이 언급되면서 5G 시대에 가장 앞서가는 나라로 대한민국을, 뒤처진 국가로 일본을 지목하던 순간이었다.

이동통신 세대별 선도국(2021년 9월 기준)

1G 시대 — 일본(1979년), 미국(1983년)

2G 시대 — 핀란드(1991년)

3G 시대 — 일본(2001년), 미국(2002년)

4G 시대 — 노르웨이 · 스웨덴(2009년)

5G 시대 — 대한민국(85개 도시), 중국(57개), 미국(50개)

미국과 중국의 패권전쟁에서 미국이 화웨이를 내칠 수밖에 없었던 이유들 가운데 하나가 바로 5G 시대를 둘러싼 통신장비와 기술상용화 문제이다. 2019년 세계에서 가장 먼저 5G를 상용화한 한국의 통신 네트워크 브랜드는 지금 미 · 중 갈등 속 반도체와 함께 매우 주목받고 있다.

한국 안에서 일상을 살고 있는 한국인들의 생각들과는 매우 다르게, 해외에서 보면 한국은 정말로 그 가치를 높이 인정받고 있는 나라이다. 미국의 보수적 싱크탱크가 5G 시대의 선도국으로 한국을 주목하고 있다는 사실에서도 알 수 있듯이 우리는 지금부터 다가오는 미래를 한 발 앞서 개척하기 위해 너무나 할 일이 많은 역동적인 국가인 것이다.

일반적으로 벤처 분야에서는 유니콘 기업의 숫자를 가지고 그동안 국가순위를 매겨왔다. 그러나 랜드연구소는 각 나라 유니콘 기업이 확보한 원천기술의 가치를 평가해 나라별 순위를 매기고 있다(2021년 5월 기준). 랜드연구소를 방문했을 때 아래와 같은 브리핑이 눈길을 끌었다.

국가별 유니콘 기업의 원천기술의 가치

1.

3위 스위스는 유니콘 기업의 숫자는 작지만 그 가치가 뛰어난 국가다.

4위 인도네시아도 유니콘 기업의 원천기술 가치를 크게 인정받았다.

2.

한국과 일본을 비교한 순위는 흥미롭다.

한국은 12위로 유니콘 기업 숫자는 10개, 그 기업들의 가치는 315억 달러에 달한다. 일본은 16위인데, 유니콘 기업은 3개이고 그 가치는 42억 달러이다.

* 일본에 대해 랜드연구소는 1G와 3G시대의 선도국이었으나 5G시대에는 뒤처지고 있다는 점을 지적했고, 이 같은 퇴보를 한국과 비교하며 혁신의 중요성을 강조했다.

3.

프랑스는 유니콘 기업이 5개로 약 600억 달러의 가치를 보유해 한국보다 앞선 11위, 독일은 유니콘 기업이 12개로 250억 달러의 가치를 보이며 13위를 기록, 한국을 앞뒤로 감싸고 있다.

4.

영국은 유니콘 기업 24개, 622억 달러의 가치로 8위였다. 호주(5위), 홍콩(6위), 인도(7위), 브라질(9위), 이스라엘(10위) 등의 순이다.

랜드연구소의 연구진과 함께.

문재인 대통령이 뉴욕을 방문하던 2021년 9월, UN산하기구 WIPO(세계지식재산권기구)가 한국의 혁신지수를 역대 최고 수준인 세계 5위, 아시아 1위로 평가했다는 기사를 접했다. 랜드연구소의 분석도 같은 흐름을 보이고 있다는 점에서 세계가 바라보는 2021년의 한국은 역동성이 넘치는 혁신국가라는 점을 확인할 수 있었다는 것이다.

페이스북 #백문일견[1] 1(2021.9.20),
#백문일견 2(2021. 9.21).

---

1 백문일견은 미국 국제관계전략연구소(CSIS) 수석고문으로 있던 2021년 가을, 미국 첨단 현장을 둘러본 견문록을 페이스북에 시리즈로 올린 것이다. 백문이 불여일견(百聞不如一見, 백 번 묻는 것보다 한 번 보는 것이 낫다)이라는 옛 가르침에서 따온 제목이다.

테슬라와 애플은 무엇이 같고 다를까?

현장의 한국인에게 듣다

테슬라 무선통신 책임자, 딜런 김

요즘 미국에서 테슬라를 탄다는 것은 '생각이 앞서가는 젊은 사람'으로 여겨지기도 한다. 2007년 스마트폰을 처음 선보였을 때의 애플과 비교한다면 스티브 잡스가 많이 서운해할까?

테슬라에서 '딜런 김'이라는 한국인 무선통신팀장을 만났다. 자율주행에서 빼놓을 수 없는 테슬라의 무선통신 책임자이니 정말 중요한 자리다. 딜런 김은 애플의 아이폰 무선개발팀에서도 일했었다. 게다가 대우전자를 다니다가 2000년 초 미국으로 건너간 토종 한국인이어서 테슬라에서 만난 그는 너무나 반가웠고 그의 성취는 놀라웠다.

딜런 김은 꿈을 찾아 한국을 떠났지만 이젠 한국이 '세계의 젊은이들이 꿈을 찾아 모이는 나라'가 되었으면 하는 또 다른 꿈을 꾸고 있다.

"테슬라는 스티브 잡스 시절의 애플과 사내 분위기가 비슷해요. 거의 대부분을 일론 머스크가 결정하는 탑다운 방식이고, 직원들의 CEO 의존도가 100%에 가깝다고 보면 됩니다. 관련 부서들이 협업해서 일론이 요구하는 사항을 빨리 처리해야 하기

테슬라의 딜런 김과 함께.

때문에 사내 정치 등은 자잘한 문제로 간주되며 신경 쓸 겨를이 없어요. 큰 목표가 정해지면 다들 미친 듯이 달려갑니다."

스티브 잡스의 애플처럼 테슬라도 수직적 의사결정 구조를 갖고 있다 보니 빠른 의사결정으로 속도전과 효율성이 강점이다. 직원의 직책에 관계없이 일론 머스크에게 직접 보고하고 또 일론이 궁금한 점이 있을 때 직접 직원에게 연락한다.

테슬라의 부품직접생산-수직계열화 경영방식도 아직까지는 성공적인 모습이다. 한때 중요한 동반자였던 젠슨 황의 엔비디아와 결별하면서 칩을 직접 설계하고 생산하기로 한 일론 머스크의 결정도 신의 한 수로 평가된다.

코로나로 인해 대부분 회사들이 재택근무를 하고 있었을 때도 테슬라는 회사 출근율이 높았고 내가 방문했던 날도 현관이 북적이고 자동차가 주차장을 꽉 채우는 등 미국의 다른 회사에서는 보기 힘든 풍경이 펼쳐졌다.

실리콘 밸리의 문화라 할 수 있는 질 좋은 공짜 식당밥, 음료도 없었다. 음료조차도 사 먹어야 했다. 보안도 철저해서 내부 사진도 못 찍게 했다.

그런데도 직원들은 미친 듯이 일한다. 이들에게 워라밸(일과 삶의 균형)은 후순위다. 그들에게는 우리가 살아가는 세상을 '혁명적 혁신으로 바꿀 수 있는 회사'에 근무한다는 자부심과 그런 회사의 최고 의사결정권자 '일론 머스크'와 직접 소통하며 일한다는 자신감이 그런 분위기를 만들고 있는 것으로 보였다.

일론 머스크는 전 직원을 모아놓고 정례조회도 한다. 그 조회에서 '담배보다 때론 더 나쁘다고 하는 가솔린차를 전기자동차를 만들어 사라지게 하는 것이 인류 발전에 얼마나 기여하는지' 자부심을 심어주고, 그런 테슬라의 비전을 직원들에게 각인시킴으로써 일할 의욕을 고취시킨다.

테슬라는 자율주행의 목표를 완벽에 두고 있는 것 같지는 않았다. 차에서 잠시 한눈을 팔아도 주행과 안전에 지장 없는 정도의 완성도라면 현실적이라고 보는 것이다. 인간에게 제공하는 편리성과 안전 문제와 구입 가능한 비용의 함수관계를 생각하는 매우 실용적인 접근이다. 값이 비싼 라이다Lidar 대신 카메라 8대로 자율주행을 구현하기로 방향을 정한 것도 그와 같은 실용적 접근의 산물로 보였다.

샌프란시스코로 향하는 고속도로에서 자율주행하는 동안 자동차 내부 오디오 사운드를 틀어보았다. 마치 음향시설이 완벽하게 갖춰진 콘서트홀에 앉아 있는 느낌보다 훨씬 더 큰 감동이 밀려왔다. 소음 없는 전기자동차의 장점과 주행 시 잠시 딴생각을 해도 괜찮다는 자율주행의 해방감이 맞물린 결과일 것이다.

"정말 사운드가 훌륭하다"고 말하니 일론 머스크가 직접 자동차 내부 음향기기를 결정한 것이라는 답변이다. 그런 면에서 "애플과 테슬라는 닮은꼴이 많아 보인다"고 했더니 비슷하지만 애플이 더 폐쇄적이라는 설명이다.

"애플은 개발팀 비밀주의security가 중요해서 타 부서와의 정보 공유는 정말 제한적으로 하고, 자기 분야만 깊이 파고들어 일하는 것이 중요해요. 테슬라는 상대적으로 타 부서들과 정보를 언제든지 공유하면서 프로젝트를 이끌어 나가는 것이 다릅니다."

스티브 잡스의 애플처럼 일론 머스크의 테슬라가 이 세상과 인류를 위해 어디까지 우리의 삶을 변화시키고 기여할지 그 끝은 어디일지를 상상해본다.

#백문일견 6(2021.10. 7).

구글 신사업개발 담당 제프 전

"Don't be evil! (나쁜 짓 하지 말자!)"

테슬라가 수직적 의사전달 체계의 조직문화라면, 구글은 수평적 의사결정 구조의 조직문화를 가지고 있다.

"You can make money without doing evil(나쁜 짓 하지 않고도 돈을 벌 수 있다)."이라는 구글의 철학은 구름 위를 떠가는 얘기처럼 들린다고 말하는 이들도 있지만 "Work should be challenging and the challenge should be fun(일은 도전이어야 하고 도전은 재미있어야 한다)."이라는 철학은 어찌 보면 인생을 살면서 가장 필요한 것이고 자신의 일을 찾는 젊은 후배들에게 꼭 해주고 싶은 말이기도 하다.

중소벤처기업부 장관을 하면서 내가 직원들에게 늘 간접적으로 하던 말이기도 했다.

이런 구글에서 예상치 않게 또 토종 한국인 팀장을 만났다.

제프Jeff 전이라고 불리는 그는 신사업개발 담당 및 개발구매 총괄 역할을 담당하고 있다. 군 복무도 마쳤고 경제학을 전공한 그는 삼성, 애플, 구글로 이어지는 경력의 소유자다.

"부서에서 모국어가 영어가 아닌 사람은 저 혼자예요."

구글의 제프 전과 함께

그에게 모국어가 영어가 아닌 사람으로서의 고달픔이 느껴졌지만 자랑스러웠다.

"삼성, 애플 시절이 벌써 각각 15년, 7년 전이라 그동안 문화가 많이 진화하였을 듯합니다만, 당시 제가 느낀 점은 삼성과 애플은 수직적 조직문화, 빠른 의사결정과 실행 속도, 선택과 집중, 효율성을 강조했다고 생각됩니다. 반면에 구글은 수평적 조직문화에, 의사결정 시 포괄적 투명성inclusive&transparent을 강조하고, 조직보다 직원 개개인의 성장 기회, 자율성, 업무만족도를 존중한다는 차이점이 있어요."

그래서 그런지 구글에서 만난 직원들에게는 긴장감보다는 여유로움이 느껴졌다. 그 유명한 공짜 식당밥도 맛있고 푸짐했고 아이스크림도 종류가 다양했다. (구글은 2023년 실적 부진으로 직원

1만 2,000명을 해고하면서 공짜 식당밥 등 복지를 축소했다. 2008년 금융위기 때도 복지를 축소한 적이 있다.)

"구글은 승진도 본인이 요청하면서 승진심사 프로세스가 시작되고 신청자를 위한 심사위원회가 열립니다. 부서·지역 간 이동 시 부서장 승인도 필요하지 않고 통보만 하면 됩니다. 부서장은 부서 안에서 직원 개인의 발전과 행복을 독려하는 역할만 합니다. 인사 관련 직원들의 불만을 없애고 이직하기보다 내부에서 먼저 기회를 찾아보라는 분위기입니다."

이런 구글의 문화는 애플, 테슬라, 아마존을 다니는 직원들이 부러워한다.

"구글은 완성된 일을 100으로 볼 때 일의 80%를 업무시간에 마칠 수 있는 범위까지만 설정하고 나머지 20%는 관심 있는 다른 부서 일도 경험할 수 있게 기회를 열어 두고 있습니다."

즉 주 5일 근무 기준으로 일주일 중 하루를 흥미로워하는 프로젝트에 사용하도록 허락된다. 구글의 새로운 서비스들, 예를 들어 Gmail, 구글 뉴스, AdSense는 이러한 직원들의 독립적인 자발적 프로젝트들에 의해서 시작되었다고 한다.

테슬라, 애플, 구글은 21세기를 대표하는 혁신기업 중의 혁신기업이지만 기업의 조직문화는 확연히 달랐다. 이들 회사들의 너무나 다른 조직문화와 의사결정 구조는 많은 것을 시사하고 있다.

제프 전은 5년 후쯤 귀국을 계획하고 있다. 귀국하면 한국의 청년세대를 위해 무언가 의미 있는 일을 꿈꾸고 있다고 했다. 그 꿈이 좋은 결과를 가져올 수 있도록 우리도 매일매일 혁신해야 하지 않을까.

#백문일견 7(2021.10.10).

* 실제로 제프 전은 2023년 귀국해 현재 국내 기업에서 일하고 있다.

탄소중립과 소형원자로

어니스트 모니즈 전 미국 에너지부 장관

기후변화.

요즘 매우 뜨거운 주제다. 어디를 가나 이 주제는 미래의 오래된 걱정인 동시에 오늘의 새로운 동력이다. 미국에서는 기후변화를 에너지 문제와 직결시켜 보고 있다. 기후변화와 에너지는 한국 지도자들의 가장 우선순위가 높은 관심사이기도 하다.

과거 1970~80년대 오일 경제Oil Economy로 세계를 휘저었던 미국의 영광만큼은 못하더라도 미국의 산업 분야 리더십 회복이라는 숙제 속에 새로운 에너지 분야 질서가 존재한다. 특히 '탄소중립'이 세계적 화두로 부각되면서 기후변화와 에너지 문제는 새로운 국면을 맞이했다.

"지난 10년간 미국의 환경단체들은 원자력발전에 반대해 왔습니다. 그러나 탄소중립 화두가 대두되면서 요즘은 시각이 바뀌고 있습니다. 보다 안전한 소형원자로SMR: Small Modular Reartor에 대한 관심이 늘어나고 있지요"

오바마 행정부에서 에너지부 장관을 지냈던(2013~2017년) 어니스트 모니즈 전 장관은 "트럼프는 클린에너지 예산을 매년 40%씩 깎으려 했지만, 의회가 오히려 10%씩 올렸다"며 2021년

어니스트 모니즈 미 전 에너지부 장관과 함께.

통과된 인프라 예산에 큰 의미를 부여했다.

"소형원자로는 그동안 민간자본으로 개발되었는데 바이든 대통령은 통과된 인프라 예산에서 미국 정부가 처음으로 첨단 소형원자로 개발에 지원하도록 했습니다. 이것은 매우 의미 있는 일이고 큰 변화입니다."

모니즈 전 장관의 이러한 의미 부여에는 미국 에너지 정책의 대 변화가 예고되어 있었다.

"소형원자로의 경우 전통적 경수로 방식을 쓰는 뉴스케일, 빌 게이츠가 관심 갖는 완전히 다른 방식의 헬륨가스를 쓰는 4세대 소형원자로 등이 있습니다. 문제는 비용입니다. 저는 개인적으로 용융염원자로Molton Salt Reactor 방식이 낫지 않나 생각합니다. 한국은 지금까지 비용 면에서 미국 것보다 나았습니다. 그러나 핵분열 방식은 어떤 형태로든 안전과 폐기물 문제가 남습니다. 한국에서 말하는 사용후 핵연료 재처리 방식은 완전한 해결책이 아닙니다. 앞으로 원자로 방식의 발전은 핵융합으로 갈 것입니다. 핵융합 방식이 완전히 성공한다면 안전과 핵폐기물을 걱정할 필요가 없으니까요."

모니즈 전 장관은 한국과 미국의 좋은 협력사례로 UAE 원전을 들었다. 특히 한국과 미국은 2030년까지 탄소배출 감소라는 같은 목표를 가지고 있다는 점에서 협력의 필요성이 더욱 커지고 있다. 모니즈 장관은 한국의 '수소경제'에도 관심을 표명하면서 미국상황을 설명했다.

"바이든 대통령의 인프라 예산 가운데 수소경제도 눈여겨봐야 합니다. 미국 내 수소 허브를 만드는 데 8조 원 이상의 예산이 배정되었습니다. 그런데 수소경제는 트럭·버스·기차·선박 등 대형 운송차량에 집중하는 것이 승산이 있어 보입니다. 소형차는 배터리가 더 쉬워 보여요."

모니즈 전 장관은 '탄소중립'이라는 화두가 가져올 에너지의 미래를 이렇게 내다봤다.

"물론 앞으로 풍력이나 태양광도 수요가 많아질 겁니다. 그러나 이것만으론 부족하고 완전할 수는 없어요. 그래서 안전한 첨단 원자로 기술에 관심이 모이고 있습니다. 전기도 계속 필요할 겁니다. 그렇다고 전기가 모든 것을 대체할 수는 없습니다. 값싸고 오래 쓸 수 있는 것이 연료니까요."

에너지 분야는 그동안 미국이 늘 우위를 점해 왔다. 그런데 '기후변화'와 '탄소중립'이라는 화두는 이제 새로운 질서를 만들기 시작했다.

과연 그린에너지 기술전쟁에서 미국은 새로운 리더십을 확고히 할 수 있을까?

소형원자로 분야에서 뒤지지 않고 있는 중국과 러시아와의 관계는 어떻게 정리될까?

그리고 이러한 고래들 싸움 속에 한국은 기술 면에서 그리고 공급망 분야에서 어떤 지위를 확보하며 지속적 성장을 이루어 갈 것인가?

앞으로 펼쳐질 '에너지 삼국지'에서 우리 정부는 에너지 대전환 포트폴리오 구성을 어떻게 가지고 갈 것인지에 대해 더욱 집중된 고민과 관심을 가져야 한다고 본다. 에너지 문제는 결국 포트폴리오 구성비의 문제와 맞닿아 있기에.

#백문일견 13(2021.11.21.).

미국 핵에너지 전문가, 리처드 레스터(MIT 교수)

김대중 대통령이 대한민국 전역에 브로드밴드, 즉 초고속인터넷망을 깔고 대한민국을 IT강국으로 만들었다면 노무현대통령은 과학기술부총리 자리를 만들고 ICT 강국으로 발전시켰다. (이후 집권한 MB정부는 거꾸로 한다며 정보통신부를 없애고 과학기술 부총리 자리도 없앴다. 참 뼈아픈 일이었다.)

문재인 대통령은 '디지털경제로의 대전환'을 통해 디지털 인프라를 깔았다. 이제 한국 정부는 '디지털 경제'를 확대 발전하면서 시대의 조류인 '에너지 대전환'에 박차를 가해야 한다.

에너지는 산업 리더십의 핵심이다. 석탄에서 기름으로의 대전환은 20세기 미국 주도의 오일 이코노미 시대를 가져왔다.

이제 또 한 번의 에너지 대전환이 눈앞에 다가왔다. 이번에는 기후변화가 그것을 촉발시켰고 기후변화 이슈는 탄소중립과 에너지 문제로 연결된다.

문재인 정부 때 선언한 '탈원전'은 일본 후쿠시마 원전사고 이후 시대의 조류였지만 시간이 흐르며 정치화되었다. 독일의 탈원전 선언이 불을 댕기며 재생에너지에 대한 관심이 모아졌으나 이슈는 다시 탄소중립으로 옮겨 붙었다.

이제 선진국들의 관심은 '탈원전'에서 '탈탄소'로 옮겨갔고 원

리처드 레스터 MIT 교수와 함께

전의 단점과 폐해를 보완하는 소형원자로SMR로 모아지고 있다.

MIT에서 만난 핵에너지 전문가 리처드 레스터 교수는 "독일이 탈원전을 선언했지만, 탄소배출량은 줄어들지 않고 오히려 늘어났다"며 "탄소중립과 에너지 대전환 이슈에서 원전을 빼놓고 말하는 것은 불가능하다"는 점을 매우 힘주어 강조했다.

"탄소중립을 위해선 원전만큼 효율적인 것이 없지요. 안전 문제, 폐기물 문제는 기술개발로 극복해야 합니다. 앞으로 5년에서 10년간 이 분야의 개발이 매우 활발할 겁니다. 그래서 이것을 놓치면 안 됩니다. 특히 한국은 가격 면에서 경쟁력을 가지고 있었기 때문에 첨단기술과 가격경쟁력이 함께 간다면 금상첨화지요. 태양광, 풍력도 중요하지만 이것에만 의존하는 데는 한계가 있습니다. 특히 가격경쟁력 면에서도 그렇고요."

한동안 신재생에너지에 몰입했던 미국, 프랑스, 영국 등은 그간 등한시했던 원전, 특히 소형원전 기술개발에 관심을 쏟고 있다. 다만 독일은 탈원전 기조를 아직 유지하며 경제기후보호부를 신설하고 2030 탈석탄을 선언했다.

향후 한국 정부가 추진해야 할 에너지 대전환은 탄소중립 이슈와 함께 재생에너지의 중요성을 재확인하면서 한국의 소형원자로 개발에 다시 관심을 쏟고 개발진을 격려하는 계기가 되어야 할 것이다.

에너지정책은 포트폴리오 구성을 얼마나 효율적으로 하느냐가 관건이다. 에너지는 곧 경제요, 국민생활과 직결된다. 대표적으로 전기요금이 그렇다.

인류의 역사를 보더라도 불의 발견이 가져온 에너지의 씨앗은 나무–석탄–기름–그린에너지로 옮겨 가며 산업혁명의 한 축을 담당해 왔고 앞으로도 그럴 것이고 기술진보와 함께하기에 더욱 그렇다.

#백문일견 17(2021.12. 1).

양자컴퓨팅 개발의 현주소

IBM 왓슨연구소

중소벤처기업부 장관으로 일할 때, 꿈의 컴퓨터라고 불리는 양자컴퓨터에 대해 관심을 표명한 적이 있다. 돌아온 답은 "왜 중기부에서 양자컴퓨터에 관심을 갖느냐?"는 것이었다. 그래도 굽히지 않고 양자컴퓨팅 관련 스타트업을 키워야 한다고 얘기했으나 "그것 상용화 되려면 멀었어요. 너무 앞서 가시네요"라는 답을 듣고 멈춰서야 했다.

IBM 연구 부분을 총괄하는 IBM 왓슨연구소는 한때 의료·건강 쪽 연구에 집중했으나 지금은 '양자컴퓨팅 상용화'에 집중하고 있다. 이곳을 방문하고 너무나 놀란 것은 한국에서 '상용화가 멀었다'고 하던 양자컴퓨터는 '이미 상용화되어 있었다'는 점이다.

"양자컴퓨터 시대는 이미 와 있어요. 한국에서도 양자물리학 지식이 없어도 누구나 무료로 IBM의 5큐비트와 15큐비트 양자컴퓨터를 체험해 볼 수 있죠. 의미 있는 실험을 해 볼 수 있는 65큐비트짜리 프리미엄 유료서비스를 이용하는 글로벌 기업 등이 170여 개나 됩니다."

IBM의 아파나 프라바커Aparna Prabhakar 부사장은 이렇게 말문을 열며 양자컴퓨팅 현황을 브리핑하기 시작했다.

미국 정부는 2000년대 초부터 양자컴퓨터에 대한 지원을 시작했다. 밑 빠진 독에 물 붓기처럼 보였던 R&D 지원금은 수조 원을 넘어섰지만, 그 인내심이 이제 꽃을 피우고 있는 것이다. IBM은 24시간 안정적으로 구동되는 23개의 양자컴퓨터를 보유하고 있는데, 2016년부터 클라우드 방식의 양자컴퓨팅 서비스를 제공하고 있다.

브리핑이 국가별 양자컴퓨팅 관련 지원과 스타트업 부분으로 넘어갔을 때 나는 잠시 숨이 멈췄다. 독일 · 일본 · 중국의 지원 규모와 관련 스타트업의 숫자는 기록되어 있으나, 한국은 공란이었다. 연관된 한국 스타트업이 하나도 없다는 것이 충격이었으나 어찌 보면 당연한 일이었다. 상용화가 멀었다며 도외시해 왔으니 말이다. IBM에선 삼성, 성균관대와 공동 연구하기로 협의가 되었다고 설명했다. 최근엔 연세대도 함께한다고 하니 그나마 다행이다.

양자컴퓨팅은 보안은 물론 국가 안보와 직결되어 있다. 양자컴퓨터가 상용화되면 기존 컴퓨터의 암호체계, 블록체인 분야의 암호가 다 풀릴 가능성이 높기 때문이다. 그래서 미국은 양자컴퓨터 분야에서 베일에 가려져 있는 중국을 경계한다. 그런데 중국은 미국과 거의 같거나 미국보다 더 앞서 있는 수준의 기술력을 가지고 있는 것으로 알려져 있다.

양자컴퓨터는 보안 분야에서도 중요한 역할을 하지만 특히 기존 컴퓨터가 근본적으로 풀기 어려운 문제들을 풀 수 있기에 미·중 기술패권 경쟁에서 가장 핵심 기술이라고 할 수 있다. 가령 재료공학, 화학, 머신러닝·AI 등의 분야에서 신소재 개발이나 중요한 계산에 양자컴퓨터를 활용하면 지금까지 할 수 없었던 것들을 해낼 수 있다.

특히 신약, 신소재 개발에서 화학반응의 계산은 양자컴퓨터가 기존의 컴퓨터보다 비교할 수 없을 정도로 빠르다는 것은 이미 수학적으로 증명되어 있다. AI의 경우에도 양자컴퓨터가 활용되면 또 다른 세상이 열릴 것이다. 화학물질이나 신소재의 크기나 정보량에 따라 시간이 너무 오래 걸려 연산이 거의 불가능했던 것을 양자컴퓨터는 가능하게 해주기 때문에 그 활용가치가 무궁무진하다.

양자컴퓨터는 기존 컴퓨터의 비트bit와 달리 정보가 0과 1이 중첩superposition된 양자 상태인 큐비트qubit로 존재한다. 양자컴퓨터의 큐비트는 0과 1을 동시에 처리한다. 한 칸에 두 가지가 동시에 존재하기 때문에 큐비트 개수가 많아질수록 2의 제곱으로 연산 속도가 빨라진다. 2비트는 2가지 연산을 하지만, 2큐비트는 동시에 4개의 연산을 수행하는 식이다.

양자 상태의 큐비트에 정보를 저장하여 간섭interference과 얽힘entanglement을 이용하면 일일이 정보를 입력하지 않고도 많은 양의 정보를 생성하고 처리할 수 있다. 기존의 컴퓨터로 1백만 년 걸리는 계산이 10시간 정도로 가능하다.

바이든 행정부는 2021년 10월 양자컴퓨터 회의를 소집했다. 백악관 과학기술정책실의 찰리 타핸 양자정보과학 담당 부국장은 "양자컴퓨터가 우리 사회에 기여 가능한 응용 사례가 무엇인지 정말로 진지하게 관심을 기울이고 싶다"고 밝힌 바 있다.

예를 들어 신약, 신소재 개발에서 복잡한 분자구조는 많은 '경우의 수'를 가져 기존 컴퓨터로는 사실상 계산이 불가하다. 양자컴퓨터는 단백질 3차원 구조 분석 등에 최적화된 알고리즘으로 이를 풀어낼 수 있다. AI 학습을 위한 시간도 줄어든다. 기존 컴퓨터에 많은 부하를 안기는 암호 해독, 자율주행, 교통, 금융 서비스 등도 양자컴퓨터가 효율적으로 쓰일 분야다.

미국 보스턴컨설팅그룹BCG은 세계 양자컴퓨터 시장이 2035년 20억 달러(약 2.6조 원)에서 2050년 2,600억 달러(약 330조 원)로 커질 것으로 예측하기도 했다.

현재 한국은 5G, 반도체에서 우위를 점하고 있지만 지금 5G 시대에 한 수 밀렸다고 보이는 일본은 그다음 시대 양자컴퓨터 개발에 박차를 가하고 있고 특히 대학은 물론 스타트업에서 앞서 가고 있다는 사실은 내겐 충격이었다.

#백문일견 14(2021.11.24).

IBM 양자컴퓨터 상용화에 기여한 한국인 백한희 박사

양자컴퓨터에 대한 IBM 왓슨연구소 브리핑에는 IBM의 양자컴퓨팅 책임자인 부사장 제이 감베타, IBM 시스템 양자컴퓨팅 부사장 스콧 크라우더, 그리고 양자컴퓨팅 부서에서 파트너십과 스타트업 관련 업무를 맡고 있는 아파나 프라바커 부사장이 참석했다.

IBM은 2021년 11월 16일 성능 고도화와 직결되는 127큐비트 이글프로세서를 발표해 양자컴퓨터의 범용화에 한발 더 다가섰다. 지금까지는 65큐비트. 물론 아직 노이즈가 있고, 이온트랩 양자컴퓨터 쪽에서는 노이즈가 많은 상태에서 큐비트의 숫자 늘리기는 큰 의미를 부여하지 않는다고 주장한다. 2023년에는 1,121큐비트 양자컴퓨터 '콘도르'를 선보일 예정이라고 브리핑했는데 실제로 IBM은 2023년에 예정대로 진행했다. (앞서 21세기 패권국가의 조건에 기술)

브리핑이 끝나가려는데 한국인으로 보이는 분이 자리에 함께 했다. 백한희 박사였다.

당시 IBM 양자컴퓨터 개발 연구원으로 매우 중요한 역할을 담당한 백 박사는 생머리 때문인지 학생처럼 풋풋하게 느껴졌고

IBM의 백한희 박사와 함께.

매우 씩씩한 목소리의 소유자였다.

"와! 반갑습니다. 여기도 한국인이 있군요."

"저 말고도 몇 분 더 계세요."

첨단 미래기술 개발에 한국인이 중추적 역할을 한다는 것도 반가웠지만 한국 여성이 책임을 맡고 있다는 사실이 뭔가 더욱 기분을 끌어올렸다. 그리고 이렇게 중요한 미래 분야에 한국인이 책임을 맡고 있다는 건 우리의 희망이기도 했다.

우리는 점심을 같이하며 긴 얘기를 나눴다.

"미국의 양자컴퓨터 R&D 지원은 지금 3단계에 와 있어요. 2000년대 초에는 양자컴퓨터 관련 연구 대학 위주로 10억 원씩 수백 곳을 줬고 그 후 2단계는 경쟁을 거쳐 숫자를 줄이는 대신

100억 원이 지원됐고 올해는 3단계로 1천억 원이 지원되지요."

한국과 비교하면 우선 R&D 지원에서 게임이 안 된다. 그래서 한국은 방향을 스타트업 육성에 방점을 찍어야 하지 않겠느냐고 질문했다.

"양자컴퓨터 분야에서 한국이 많이 늦었는데 지금이라도 관련 스타트업을 키워서 앱을 개발하는 방향으로 가야겠지요?"

"네, 그 방향으로 가야 합니다. 세계는 지금 양자컴퓨터 직접 개발은 물론 알고리즘과 앱 개발까지 양자 관련 지식재산권 확보에 열을 올리고 있어요. 한국도 빨리 경쟁에 뛰어들어야지요."

내가 질문을 이어갔다.

"제가 중소벤처기업부 장관을 하면서 보니까 한국이 유행하는 기술, 단기적인 것은 숨 넘어갈듯 열심히 잘 해왔지요. 그런데 길게 보고 하는 것은 책임지려 하지 않아서인지 아니면 과학이 정치화되어서인지 결정이 안 되어 너무 답답했어요."

"맞아요. 미국에 와서 공부해 보니 미래기술 투자에 정말로 어마어마한 돈을 쏟아부어요. 그리고 묵묵히 기다려주지요. 물론 지원금을 따는 데 경쟁은 치열하지만요."

내가 접했던 한국의 현황을 백 박사에게 짧게 소개했다.

"잘 안 알려져 있지만 한국의 포스텍에도 양자컴퓨터가 만들어져 있어요. 겉모습만 봐서는 IBM과 같은 초전도 방식으로 보여요. 포스텍, 성균관대, 한국표준연구원 등이 양자컴퓨터 연구를 하고 있는데, 초전도 방식은 큐비트를 개발하진 않고 큐비트

제어 칩을 개발하고 있는 것으로 알고 있고, 이온트랩도 개발하고 있는데 지금 얼마만큼 더 진전이 있는지는 모르겠습니다. 한국 떠나기 전에 미국에서 투자를 받는다고 전해 듣긴 했어요."

"협업도 가능할 듯해 보여요."라고 백한희 박사가 응답했다. "양자컴퓨터 하드웨어를 만드는 일과 양자컴퓨터를 이용해 앱을 만들고 하는 것은 또 다른 차원인데요. 협업은 소프트웨어와 어플리케이션 쪽으로 강화하면 좋을 듯합니다."

그는 한국에서 물리학으로 학사, 석사를 마치고 미국에 와서 박사학위를 받았다. IBM에는 2014년 합류했다.

백 박사는 양자컴퓨팅 발전에 기여한 세계적 연구자다. 획기적인 발상으로 새로운 초전도 큐비트 설계를 착안했고, 1마이크로초(100만분의 1초)에 불과하던 '결맞음성coherence 시간'을 수십 배 늘리는 데 기여했다.

이는 양자의 중첩고정 시간을 늘려 양자컴퓨터 상용화를 앞당기는 데 결정적 연구 성과를 올린 것이다. 양자컴퓨터의 성능은 큐비트가 중첩되는 양자 상태가 얼마나 지속되는지가 관건인데 과거엔 양자 상태 유지 시간이 1마이크로초 정도로 매우 짧아 불안정했으나, 백 박사는 큐비트를 구현하는 초전도 회로를 새로 설계해 양자 상태를 60배 정도 길게 유지하는 데 성공했다.

백한희 박사는 이 공로로 2021년 미국물리학회APS 펠로우(석학회원)가 되었다.

현재까지 퀀텀, 양자컴퓨팅 관련 총 22건의 특허를 출원했고

(전 세계적으로는 64개가 등록되거나 출원되어 기다리는 중), 이 중 18건이 등록됐다. 44건의 연구 발표 및 25건의 논문을 출간한 바 있다.

"현재 IBM 양자컴퓨터의 성능은 65큐비트에서 127큐비트로 상승했어요. 2023년이면 1,000큐비트를 달성해 최고 성능의 슈퍼컴퓨터도 뛰어넘을 것으로 보고 있어요."

양자컴퓨터 — 세상에 우리가 보지 못했던 것을 보여줄 수 있는 게임 체인저. 그야말로 곧 다가올 내일의 게임 체인저이다.

우리에게 시간은 그리 많지 않다. 동시에 이러한 인재들이 한국의 땅에서 마음껏 꿈을 펼치도록 할 수 있는 대한민국이 되기를 간절히 염원해 본다. 기술혁명 대전환! 그것이 대한민국 정부가 가야 할 최우선 과제이다.

#백문일견 15(2021.11.25.).

IBM과 대적하는 아이온 큐의 김정상 교수

IBM의 초전도 방식은 절대 0도(0K, 즉 -273℃)에 가까이 냉각할 때 전기저항이 소멸하면서 아무런 장애 없이 전자의 이동이 가능해 전자의 양자성질이 깨지지 않도록 해서 중첩현상을 만드는 것을 말한다.

현재 가장 많이 사용되는 방식이지만 초전도 상태(절대 0도, -273℃)를 안정적으로 유지하기 위해 거대한 냉동기를 사용해야 한다. 양자컴퓨터 본체의 칩은 작지만 그것을 담는 용기가 커서 전체 몸집은 꽤 크고 양자비트가 불안정하고 중첩을 안정적으로 유지할 수 있는 시간이 짧다는 단점이 있다. 이 단점을 IBM 한국인 백한희 박사가 중첩시간을 60배까지 늘려 보완했다.

이에 반해 이온트랩 방식은 상온에서 이온 하나하나를 양자비트로 사용한다. 이온이란 양전하陽電荷나 음전하陰電荷를 띠는 원자를 의미한다(원자가 전자를 잃으면 양전하를 띠는 양이온, 전자를 얻으면 음전하를 띠는 음이온이 된다). 이온의 중심에 양성자와 중성자가 있고 그 주위에 전자가 들어갈 수 있는 궤도가 있는데 그 전자가 두 궤도 중 어느 쪽에 있는지 확률을 가지고 0과 1을 나타낸다면, 이온 1개로 0과 1의 중첩인 양자비트 1개를 표현하는 것이다.

여기서 불필요한 원자와 분자의 충돌을 막기 위해 진공용기를

아이온 큐의 김정상 교수와 함께

만들고 그 안에 사용하고 싶은 이온을 담아 이온이 무엇과도 접촉하지 않게 공중에 띄운다. 이때 이온에 적절하게 전기력을 가하면 진공용기 안의 한 점에 이온이 뜬 상태로 멈춘다. 이 양자비트는 매우 안정적이어서 긴 시간 중첩을 유지할 수 있다.

이때 실행하고 싶은 연산순서에 맞춰 늘어선 이온에 레이저광선을 차례로 쏘는 방식이다.

이온트랩 양자컴퓨터의 장점은 매우 정확하게 연산할 수 있다는 점이다. 인간이 인위적으로 만든 초전도 방식에 비해 자연계에 존재하는 이온이기 때문에 제조오차가 거의 없다.

이런 이유로 이온트랩 양자컴퓨터의 연산 정확도는 현존 방식 중 최고이다. 반면 1개의 진공용기 안에 가두어 조정할 수 있는 이온의 숫자가 수십 개뿐이라는 한계가 있어 양자비트 수를 쉽게 늘릴 수 없다. 또한 이 역시 아직은 거대한 진공장치가 필요하다. 이 단점을 보완하려고 소규모 양자컴퓨터를 많이 만들어 이것을 연계해 대규모 양자컴퓨터로 만드는 방법이 연구되고 있다.

바로 이온트랩 양자컴퓨터 상용화에 박차를 가하고 있는 주인공이 듀크대의 한국인 김정상 교수다.

한국의 양자컴퓨터 기술은 뒤쳐져 있지만 미국에서 양자컴퓨터의 양대 산맥의 핵을 쥐고 있는 주인공들이 한국인이라는 것은 아이러니이면서 기쁨이요, 자부심이다. 김정상 교수도 IBM 백한희 박사와 함께 이번에 미국물리학회APS 펠로우(석학회원)에 이름을 올렸다. 양자컴퓨터 부문에서 석학회원이 된 2명이 모두 한국인이라는 것은 상당히 의미 있는 일이다.

2021년 가을 메릴랜드주에 있는 아이온 큐를 방문했을 때 김정상 교수는 2년 전 중소벤처기업부 장관 시절 양자컴퓨터 관련 한국스타트업을 양성해 보려고 만났을 때보다 훨씬 자신감에 넘쳐 있었다.

그도 그럴 것이 2년 전에는 삼성전자 등 일부 민간자본의 투자를 받고 가능성을 향해 뛰고 있었을 때였지만 지금은 주식시장에 상장도 했고 투자도 크게 유치해 회사가 비약적으로 성장했기 때문이다.

"구글, 마이크로소프트, 아마존 미국의 3대 클라우드 회사가 아이온 큐 양자컴퓨터를 사용하고 있어요. 이들은 IBM과 경쟁

관계에 있기도 해서 우리 것을 쓰지만 초전도 방식은 영하 273℃를 유지해야 해서 비용도 많이 들고 이온트랩 방식이 기술력에서는 앞서고 있기 때문에 시간이 지나면 이온트랩 방식이 승자가 될 것으로 확신합니다."

결의에 차 있었다.

IBM이라는 오랜 역사의 컴퓨터계 골리앗과 다윗의 싸움이지만 승자가 되겠다는 다짐이 정말 남달라 보였다.

김 교수는 인력 양성에도 관심이 많았다. 아니, 성공하기 위해서, 최종 승자가 되기 위해선 양자역학의 고급인력을 유치해야만 가능한 일이라는 것이다.

김 교수의 이런 의지는 한국 입장에서는 뒤처진 양자컴퓨터 기술을 만회할 수 있는 좋은 이니셔티브가 될 법하다. 왜냐하면 양자컴퓨터 하드웨어를 만드는 일과 별개로 양자컴퓨터를 이용해 각 분야에 활용할 수 있는 애플리케이션을 만드는 일은 앞으로 무궁무진하게 펼쳐질 세계이기 때문이다. 그래서 양자컴퓨터 관련 스타트업 양성이 중요하고 지금이라도 시작해야 하는 이유가 여기에 있다.

IBM은 아이온 큐와 경쟁관계라기보다 아이온 큐에서 IBM의 소프트웨어를 플랫폼으로 하는 공식적 업무 협약을 맺었다는 점을 강조하면서 서로 윈윈관계에 있음을 암시한다.

그런 시각에서 보면 결국 양자컴퓨팅 방식은 각자 가더라도 소프트웨어 개발은 플랫폼을 만들어 여기서 더 큰 승부가 결정된다는 의미로도 해석할 수 있다. IBM은 '키스킷Qiskit'이라는 이름의 양자컴퓨터 오픈소스 프로그램을 내놨다. 결국 하드웨어는 차치하더라도 소프트웨어 시장은 이제부터가 시작이다.

젊은이들에게 양질의 일자리는 바로 이런 곳에 있는 것이다. 따라서 이제 한국의 스타트업 지원 체계도 한 단계 업그레이드하면서 변화를 모색할 시점이다.

'R&D 지원 =고급인력 일자리'가 되도록, 정부도 단순 소규모 지원에서 대규모 투자지원으로 체제를 개편해야 한다. 그러면 정부 지원이 마중물이 되어 민간 투자가 눈덩이처럼 불어나면서 선순환 구조를 만들 수 있다. 이러한 기술혁명 대전환, 기술투자 대전환에 대한민국의 미래가 있다.

#백문일견 16(2021.11.25.).

* 김정상 교수가 이끄는 아이온 큐는 2023년 10월 공동창업자이자 수석 과학자 직책을 맡고 있던 크리스 먼로 박사가 연구에 집중하기 위해 학교로 돌아간다며 사임했다고 밝혔다. 크리스 먼로 박사의 사임이 아이온 큐의 미래와 어떤 연결이 있는지는 아직 정확히 밝혀지지 않았다(2023년 12월 현재).

로봇공학의 최첨단

보스턴다이내믹스에서 만난 마크 레이버트

현대·기아자동차가 사들여 우리에게 더 잘 알려진 보스턴다이내믹스는 로봇공학의 신기원을 이룩한 곳이다. 1992년 MIT의 스핀오프 회사 형태로 시작되어 2013년 12월 구글, 2017년 6월 소프트뱅크그룹에 인수되었다. 2020년 12월 현대·기아자동차에 인수된 보스턴다이내믹스는 새로운 주인을 맞아 새로운 도약을 꿈꾸고 있었다. 2021년 초겨울 나는 보스턴다이내믹스를 방문해 창업자 마크 레이버트를 만났다.

구글에 인수되기 전까지는 주로 미 국방부 DARPA의 R&D 자금 지원으로 인간을 대신하는 로봇의 가능성을 보여주면서 신기원을 열어 세상을 놀라게 했고, 이후 로봇의 역사를 만들어온 연구중심의 기업이다.

2005년 4족 보행 로봇 '빅독' 개발에 성공한 데 이어 2008년 개량형인 '알파독'을 공개해 세계적 화제를 모았다. 2012년에는 '치타', 2013년에는 개량형인 '와일드캣'이라는 속보로봇을 선보인다. 이 역시 미 국방부 DARPA의 연구비를 받은 것이다. 8m 이상의 장애물을 뛰어넘을 수 있는 소형 점프 로봇 샌드플리SandFlea, 직각 벽을 자유자재로 기어오르는 라이즈RiSE 등 다양한

보스턴다이내믹스의 창업자 마크 레이버트와 함께.

로봇을 개발했다.

구글에 인수된 이후부터는 로봇의 상용화에 초점이 맞춰졌으나 그 속도가 빠르지 못했다. 로봇과 인공지능의 결합에서 인간을 닮은 보행까지는 큰 진전이 있었으나, 가령 손의 기능(즉 물건을 잡으려면 얼마나 악력을 줘야 하는지 가늠하는 부문)부터는 규칙적 알고리즘을 만드는 것이 쉽지 않은 단계에 왔기 때문이다. 즉 만지는 일, 힘을 조절하는 일, 예를 들어 무언가를 쥐었다가 놓는 일 하나만 해도 일정한 무게와 두께의 물건이 아닌 이상 파손 위험 등이 있어 현재 기술로는 자연스러운 동작이 불가능하다.

현재는 커피머신 정도가 상용화된 단계이다. 그만큼 인간이 하는 행동을 기계가 자연스럽게 따라 하는 일, 인간이 무의식중에 판단하는 일과 관련해서는 얼마만큼의 연구와 노력이 따라야 하는지를 보여주는 대목이기도 하다. (2023년 12월 테슬라는 계란을 잡는 휴머노이드 로봇 옵티머스를 공개해 눈길을 끌기도 했다. 더 유연해지고 인간의 손동작에 가까워졌다.)

그러한 고민 속에서 보스턴다이내믹스는 현대·기아자동차라는 새 주인을 만났다. 보스턴다이내믹스 입장에선 처음으로 제조업에 기반을 둔 회사를 주인으로 맞은 것이다. 로봇과 자동차는 유사성과 상호 보완성을 가지고 있다는 점이 우선 두 회사의 만남과 결합에 긍정적이다.

첫째, 자동차를 움직이는 엔진과 로봇을 움직이는 엔진이 같다(현재는 둘 다 배터리 사용시간과 무게가 기술의 핵심).

둘째, 자율주행을 해야 한다는 면에서 연구의 틀이 같다.

셋째, 자동차가 가지 못하는 곳을 대신 로봇이 간다는 상호 보완성을 가지고 있다.

그런 면에서 볼 때 새 주인 현대·기아자동차는 지금까지 보스턴다이내믹스가 갖고 있지 못했던 대량생산과 상호 보완 연구의 길을 꿈꾸게 해 주었다. 현대·기아자동차도 미래 산업 도전과 자동차 산업 변화 측면에서 인공지능 등 새로운 경쟁력을 확보할 수 있는 파트너를 만났다.

이제 얼마만큼 서로 시너지를 낼 것인가? 그리고 상품성 있는 로봇을 만들어 얼마만큼 시장을 확보하고 수익을 낼 것인가? 그것을 기다려 줄 수 있는가? 이것이 관건이다.

보스턴다이내믹스는 우선 로봇의 상용화와 관련해 물류 부문에서의 로봇 활용에 중점을 두고 있다. 인력난으로 물류대란을 겪고 있는 미국에서 사람이 물건을 운반하는 대신 로봇을 활용하는 방안이다. 우선 들어 올리는 손의 역할에 센서와 진공을 이용한 흡착방식을 활용한 로봇이 시험 가동되고 있었다.

자동화 개념의 로봇에서 인공지능을 겸비한 로봇의 시대는 그동안 인간에게 기대감과 함께 두려움도 안겼다. 그러나 지금 로봇이 인간을 대신하기 위해 풀어야 할 난관을 극복하기 위한 또 한 번의 도전은 그 알고리즘을 만드는 일로서 간단치 않은 문제다. 아직 아무도 이 일에 성공하지 못했다. 그래서 이 문제를 풀기 위해서는 10년은 걸릴 것으로 전문가들은 보고 있다.

보행 로봇의 아버지라고도 할 수 있는 창업자 마크 레이버트는 "로봇 개발의 기술 가운데 가장 중요했던 것이 균형감각이었다."고 말했다. 그 균형감을 공학적으로 풀어내는 데 그의 청춘이 바쳐졌으리라. 대화 도중 레이버트가 젊은 시절 캘리포니아주 파사데나에 있는 나사NASA의 제트추진연구소JPL: Jet Propulsion Laboratory에 근무했었다는 얘기를 들었을 때 그가 왜 균형감각을 강조하는지 보다 많은 것을 이해하게 되었다.

LA 특파원 시절 취재했던 JPL의 1997년 화성탐사선 로봇 패스파인더Path Finder 제작에는 당시까지 사용되지 않았던 신기술들이 새롭게 사용되었는데, 임무 수행 중 장애물을 만나더라도 균형감을 잃지 않도록 설계된 이 로봇이 큰 역할을 했었다.

레이버트의 방에는 젊은 시절의 기타 연주 공연장면 사진과 함께 기타가 놓여 있었다.

"기타 연주를 무척 좋아하시는군요."

그의 대답은 의외였다.

"로봇공학은 노력한 만큼 업적을 남겼지만 기타는 아무리 열심히 해도 업적을 남기지 못했어요. 그래서 지금도 열심히 연습해요."

나는 그의 답변을 들으면서 로봇공학과 인간의 감수성의 연관성에 대해 생각했다. 인간에게 유용한 인간을 닮은 로봇을 만들어 보겠다는 그의 집념 한편에는 따뜻한 인간의 감수성이 늘 존재하고 있었다는 것을 느낄 수 있었다.

#백문일견 18(2021.12. 5).

4족 보행 로봇의 세계적 권위자, MIT 김상배 교수

2019년 네이버랩스가 개발한 '미니치타'가 문재인 대통령 앞에서 공중제비 돌기 등 묘기를 보여 로봇에 대한 국민들의 호기심을 크게 자극한 적이 있다. 바로 그 '미니치타'를 만든 장본인이 MIT 김상배 교수다. 그는 이미 스타 교수다. 2006년 미국 시사주간지 〈타임〉이 선정한 '올해 최고의 발명품'인 '스티키봇'과 4족 로봇 '치타' 등도 그의 작품이었다.

그런데 그는 '돈이 되지 않는다'는 농담을 던지며 로봇 연구의 어려움을 토로했다. 그만큼 상용화가 쉽지 않다는 얘기다. 영화나 SF소설에서 등장하는 로봇을 현실에서 기술적으로 구현하는 것은 현재 기술로는 아직 불가능한데, 사람들의 기대치가 너무 올라가 버렸다는 것이다.

"현재 로봇의 문제는 '만지는 능력'이 없다는 것입니다. 위치제어만 할 뿐인데 사람의 손처럼 물건을 자유자재로 만지고 조작하는 물리적 운동지능이 없어서 그것이 앞으로 로봇 연구의 최대 관건이지요."

운동지능 연구가 수반되어야 한다는 것이다.

"사람의 동작을 살펴보면 아주 단순한 작업에서 의사결정을 서너 번씩 바꾸는데, 문제는 무슨 동작을 했는지 사람은 기억하

김상배 MIT 교수와 함께

지 못하지요. 사람은 로봇처럼 동작을 외워서 하는 것이 아니잖아요? 무의식적 판단으로 그때그때 상황에 따라 하지요."

김 교수의 설명을 듣고 보니 인공지능과 인공근육의 결합, 즉 인간을 닮은 생각하는 로봇의 개발은 쉬운 과제가 아니었다. 인공지능과 바이오의 결합 연구 속도만큼 인공지능과 인공근육의 결합은 아직은 속도를 내지 못하고 있다. 인간의 무의식적 판단에 따른 알고리즘을 짜는 일이 쉽지 않아서이다.

김 교수는 지난 10년간 MIT에서 로봇 하드웨어의 디자인 패러다임을 바꿨다.

"MIT에서 나의 꿈은 딱딱하고, 위치 제어만 하는 로봇이 아니라, 파워풀하고 유연한 로봇을 만드는 것입니다. 정밀제어만 하는 로봇이 아니라 재난구조 등 돌발 상황에서도 움직이면서 균형을 잡고 힘 조절이 가능한 로봇이지요."

김 교수는 보스턴다이내믹스의 유압식 로봇이 대세를 이루던 당시에 전기모터 로봇으로 로봇의 새로운 역사를 만들기도 했다. 4족 로봇 '치타2'는 3차원 공간에서 움직이는 현재까지 나온 가장 빠른 로봇이다. 전기모터로는 불가능하다는 게 당시 학계의 상식이었던 상황에서 전기모터로 뛰고 점프하는 4족 로봇을 만들었다.

전기모터 로봇 특허를 왜 내지 않았느냐고 질문했더니 "애플의 스마트폰처럼 기존에 있던 것들을 조합한 것이라 특허가 쉽지 않았다"고 답했다. 그러나 전기모터 로봇이 가능해지면서 로봇의 소형화, 유연화 시대가 열렸다.

"로봇을 정의하기는 쉽지 않아요. 로봇은 '복잡한 노동 자동화'라고 볼 수 있지요. 1차 산업혁명 전에는 대부분 노동이 사람과 동물로부터 나왔어요. 증기기관이 발견하면서 동력을 기술에 의존하게 됐고, 사람이 천을 짤 필요가 없어졌어요.

2차 산업혁명 시대에 이르러 전기와 모터가 발명되면서 증기기관을 만들지 않고도 에너지 전달을 쉽게 할 수 있게 됐습니다. 3차 산업혁명은 정신노동의 자동화라고 볼 수 있지요. 소프트웨어를 널리 사용하고 디지털 사회, 소셜미디어 사회가 열리면서 정보의 교환이 매우 활발한 사회가 되었어요.

4차 산업혁명은 3차 산업혁명과 2차 산업혁명 기술이 통합돼 만들어졌다고 봐요. 3차 산업혁명에서 정보만 제공됐다면, 정보와 첨단 동력이란 2개의 기술이 지능과 결부되면서 스마트한 노동이 가능해졌지요. 즉 지능과 정보에 모터의 동력이 붙은 것이지요. 스마트한 노동을 자동화하는 것이 4차 산업혁명의 핵심이고, 이를 로봇이라고 정의해도 나쁘지 않을 것 같네요."

김 교수의 설명을 들으면서 "인간은 결국 생물학적 로봇일까?"라는 질문을 던져보게 된다.

다양한 생물학적 로봇이 군집된 곳이 사회이고 세상이라면, 결국 우리는 그 속에서 만들어진 오래전부터 내려오던 알고리즘 속에서 살아왔던 것이 아닐까? 그 알고리즘을 풀기 위해 인간은 다시 인공지능을 연구하고 만들어 가는 것이 아닐까? 결국 그래서 인간을 빼닮은 인공지능 로봇의 등장은 많은 시간을 요하는 것이 아닐까?

인공지능 AI가 프로 바둑기사 이세돌을 이겼다고 충격을 받았던 때가 2016년이다. 바둑은 정량화가 잘 되기 때문에 가능한 일이었다.

하지만 '넘어지지 않는다', '무엇을 잡는다'는 것은 수많은 상황이 있어 정량화하기 어렵다. 현존하는 알고리즘은 정량화 지표가 없으면 작동하지 않는다. 정량화되지 않는 인간의 많은 것들을 영화에서처럼 로봇이 대신하는 휴머노이드 로봇의 개발은 아직은 많은 시간을 요하는 일인 것이다.

#백문일견 19(2021.12. 6).

* 김상배 교수 팀은 2023년 5월 반사신경을 갖춘 로봇 '그리퍼'를 개발했다. 그리퍼는 물건을 잡는 데 실패할 경우 처음부터 다시 하는 것이 아니라 더 잘 잡기 위해 반사적으로 물체를 굴리거나 꼬집어 잡는 기능을 갖추고 있다.

실리콘을 넘어 차세대 반도체로

웨어러블 반도체의 선두주자, MIT 김지환 교수

질화갈륨Gallium Nitride은 2014년 노벨상을 타서 화제가 된 소재다. 그전에는 조명에서 볼 수 없었던 청색 LED를 일본인 과학자 3명이 개발할 때 사용한 재료로, 질소와 갈륨의 화합물로 원소기호로는 GaN으로 표기한다.

반도체 전쟁이 그 어느 때보다도 치열하게 벌어지고 있는 요즘 실리콘 반도체 이후를 준비하는 차세대 반도체 연구가 치열하게 진행 중이다.

2021년 당시 삼성 이재용 부회장이 미국을 방문한 이후 언급한 '냉혹한 현실'은 한 마디로 '피 말리는 전쟁'이다.

현재보다 더 밝고 높은 해상도의 화면을 만들 수 없을까? 전기자동차를 지금보다 더 빨리 충전할 수 없을까? 5G, 6G 이동통신의 대중화를 더 앞당기기 위해서 필요한 기술은 무엇일까? 바로 이러한 물음에 차세대 반도체 핵심 소재로 떠오르는 것이 GaN, 질화갈륨이다.

다만 너무 비싼 것이 문제다. 4인치 실리콘 반도체 웨이퍼 값이 25달러인데 이것을 질화갈륨으로 만들면 5,000달러 정도가 된다.

MIT 김지환 교수는 바로 이렇게 비싼 질화갈륨을 값싸게 상

김지환 MIT 교수

용화할 수 있는 특허기술 보유자다. 2017년 학술지 〈네이처〉는 반도체 웨이퍼 기판을 무한으로 재활용할 수 있는 제조기법을 개발한 김지환 교수의 연구결과를 표지로 채택했다. MIT 김지환 교수팀이 반도체 제작비용의 20% 이상을 차지하는 웨이퍼 기판을 재활용할 수 있는 제조기법을 개발했다는 내용이었다.

김 교수는 새로 개발한 이 제조기법을 '전자회로 복사기'라고 설명했다. 1대의 프린터로 여러 개의 인쇄물을 찍어내듯, 기판 1개를 이용해 여러 개의 전자회로를 찍어낼 수 있기 때문이다. 기술의 핵심은 흑연을 한층 떼어낸 얇은 막으로 표면이 미끄러워 다른 재료에 잘 달라붙지 않는 그래핀의 특성을 활용해 기판 위에 그래핀을 올려둔 전자회로를 새기면 기판의 손상 없이 회로를 분리해낼 수 있다는 것이다.

이렇게 되면 고성능 반도체 개발을 앞당길 수 있다. 그동안 질화갈륨은 실리콘보다 많은 장점을 가지고 있었으나 값이 비싸 다양하게 상용화되지 못했다. 그런데 김 교수가 개발한 제조기법을 적용한다면, 적은 비용으로 질화갈륨 소재를 활용하여 전력 반도체와 같은 화합물 반도체를 만들 수 있게 된다. 김 교수는 실제로 이의 상용화를 위해 스타트업 회사를 스핀오프시켰다.

김 교수는 "딱딱한 기판 없이 전자회로만 따로 사용할 수 있기 때문에 유연한 전자기기, 즉 피부에도 붙일 수 있는 웨어러블 반도체를 제작할 수 있다"며, "어디에나 붙이고 쌓을 수 있기 때문에 신체, 자동차, 기계 등의 표면에 쌓아올리는 사물인터넷IoT 전자기기 개발로 이어질 것"이라고 말했다.

실제로 김 교수가 화장품 회사 아모레의 주문으로 만든 피부에 부착할 수 있는 웨어러블 반도체 샘플을 내 손목에 부착해 보았다. 이는 피부의 상태를 측정해 맞춤형 피부관리가 가능하도록 고안된 것이었다.

물론 질화갈륨 소재 개발은 MIT에서만 이루어지고 있는 것은 아니다. 한국에서도 진행되고 있다. 문제는 '반도체 한국'을 추월하겠다며 소재에 강한 일본과 중국이 질화갈륨 등 차세대 반도체 개발에 엄청난 노력을 쏟아붓고 있다는 점이다. 2021년 당시 이재용 부회장의 '냉혹한 현실' 속에는 현기증 날 정도의 '피 말리는 전쟁'이 이렇게 펼쳐지고 있었다.

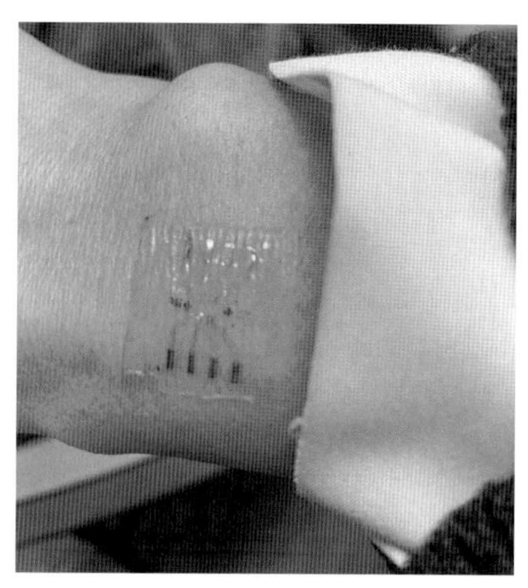

김지환 교수가 개발한
피부관리용 웨어러블 반도체 샘플

우리에게는 시간이 없다.

앞으로 향후 5년.

차세대 반도체, 양자컴퓨터, 융합바이오는 대한민국의 미래를 좌우할 대전환의 3대 핵심요소가 될 것이다.

#백문일견 20(2021.12. 7).

융합바이오의 새 지평

자폐아 증상 완화의 길 열리나?

글로리아 최(MIT 신경생물학)와
허준렬(하버드대 면역학) 한국인 부부 교수

"자폐 증세가 있는 아이들이 몸에 열이 나면, 갑자기 못 하던 말도 몇 마디 하게 되고 다른 사람에게 눈도 맞추는 등, 자폐 증상이 완화된다는 연구가 있었어요. 왜 그렇게 될까? 이유가 뭘까? 여기에 골몰했어요. 그래서 연구를 시작했는데, 실험적 환경에서는 그 원인을 찾은 것 같습니다."

MIT 신경생물학 교수인 글로리아 최의 설명이다.

2020년 1월 과학전문 학술지 〈네이처〉는 발열 상태에서 자폐 증상이 완화되는 메커니즘을 밝혀내고, 앞으로 자폐증상을 완화할 수 있는 새 치료법에 대한 가능성을 보여주는 연구결과를 소개했다.

글로리아 최(최보윤) 교수 연구팀과 허준렬 교수 연구팀은 자폐증상을 보이는 아이들이 열에 시달릴 때마다 자폐 증세가 완화되는 현상에 주목해, 쥐에 대한 생체실험을 통해 이 같은 현상이 발생하는 신경면역학적 메커니즘을 찾아냈다.

쥐에게 생체실험을 한 결과, 감염infection되어 몸에 열이 나면 '인

허준렬 하버드대 교수, 글로리아 최 MIT 교수 부부와 함께.

터루킨 17A^{IL-17A}'이라 불리는 사이토카인 면역분자immune molecule가 생산되고, 이 면역물질이 대뇌피질Cerebral cortex의 특정 부분에 작용해 실험쥐의 사회행동 결핍에 긍정적인 영향을 미치는 사실을 밝혀낸 것이다.

"몸에 열이 나면 사이토카인이 뇌로 들어가는 것을 찾아냈어요. 면역세포가 만들어낸 면역분자가 뇌의 기능과 그에 따른 행동 변화를 조절할 수 있다는 새로운 가설을 증명한 것이지요. 우리 면역시스템이 뇌에 영향을 미칠 수 있는 길을 찾아낸 겁니다."

이 말은 결국 그동안 치료할 수 없었던 여러 신경과 관련한 병들을, 면역시스템을 이용해 치료할 수 있는 길이 열린다는 얘기다.

"면역체계를 활성화시켜 암을 치료하는 면역항암요법이 최근

들어 널리 사용되고 있습니다. 마찬가지로 면역시스템을 이용해, 자폐 증상을 완화할 수 있는 길이 앞으로 열릴 것이라 생각합니다. 이런 기술이 더 발전되면, 치매나 파킨슨병 혹은 우울증 등을 치료할 수 있는 길도 열릴 것이고요."

남편 허준렬 교수는 하버드대에서 면역학, 부인 글로리아 최 교수는 MIT에서 뇌신경학을 연구하는데, 두 부부가 서로 다른 분야의 연구역량을 합친 결과 이런 놀라운 성과를 얻었다. 융합바이오의 영역이 앞으로 무궁무진하게 펼쳐질 것이라는 것을 의미하기도 하고, 또한 최근 융합바이오가 주목받는 이유이기도 하다.

남편 허준렬 교수는 "바이오산업은 면역학과 뇌신경 연구, 대사생물학과 미생물학, 생물정보학과 신약 개발 등이 앞으로 더욱 서로 융합하는 형태로 발전해갈 것"이라며, "한국의 바이오 분야는 개별 연구가 뛰어나고 데이터도 많이 있지만 이것을 연결하는 플랫폼을 만들지 못하는 것이 너무 안타깝다."고 했다.

"한국이 보스턴처럼 바이오산업의 산실이 되기 위해서는, 정부와 병원 학계 그리고 민간이 함께 서로 임상과 기초 데이터를 공유하며, 약을 개발하기 위한 단계별 실험이 가능하도록, 신약 개발 플랫폼을 제공해주는 바이오 생태계를 만드는 것이 중요하다"고 강조했다.

결국 우수한 개개인을 연결하는 '연결의 힘'은 앞으로 인간의 삶을 획기적으로 바꿀 '융합바이오'에서도 해결의 열쇠임을 느끼게 하는 대목이다.

"저희 연구를 통해 자폐아동의 증상을 조금이나마 완화할 수 있다면, 그 부모님들이 얼마나 기뻐하실까요? 이 연구가 결실을 맺게 해 달라고 간절히 기도합니다."

미국에서 주목받고 있는 한국인 부부 교수의 간절한 연구는 우리 모두에게 커다란 희망을 전해주고 있다.

#백문일견 21(2021.12.11).

에필로그

"신흥 강국과 기존 패권국이 충돌하는 투키디데스의 함정은 불가피하지 않다."

시진핑 국가주석이 중국을 방문한 미국 의회대표단 앞에서 2023년 10월 9일 한 얘기다. 과연 그럴까?

'투키디데스의 함정Thucydides Trap'이란 개념을 통해 미·중 갈등의 위험을 경고해온 사람은 하버드 케네디스쿨의 그레이엄 앨리슨Graham Allison 교수다.

앨리슨 교수는 지난 5백 년의 역사를 되돌아보면 16번의 신흥 강국과 기존 패권국의 충돌 사례에서 12번이 실제 전쟁으로 이어졌다고 분석했다.

전쟁으로 이어지지 않은 4번의 사례는 15세기 포르투갈과 스페인의 충돌, 20세기 초 영국과 미국의 충돌, 2차 세계대전 이후 미국과 소련의 충돌, 1990년대 베를린장벽 붕괴가 상징하는 영국·프랑스와 독일의 사례라고 밝혔다.

그러나 전쟁이 일어나지 않은 4번의 사례는 결국 패권이 이동하거나 나라가 없어지면서 끝났다.

이런 관점에서 볼 때 미국과 중국의 충돌은 결국 패권의 이동에 대한 미국의 두려움 혹은 미국에 눌린 중국의 압박감에서 비롯되는 것이다. 그 중심에 반도체가 있다.

두려움과 압박감의 전쟁은 이미 반도체를 통해서 시작됐다. 미국을 추격할 것 같은 중국의 기염에 대한 두려움에서 미국은 반도체 수출규제로 중국을 압박하기 시작했다. 이러한 두려움과 압박감 사이에 한국은 숨이 막힐 지경이다.

특히 "미·중의 군사충돌은 당사자인 미·중 지역에서의 직접 충돌보다 제 3국 또는 우방국을 둘러싼 갈등에서 비롯될 수 있다"는 앨리슨 교수의 예측은 우리를 더욱 긴장시킨다.

영국의 역사가 토인비는 "문명은 서진西進한다"고 했다. 《반도체 주권국가》를 써 내려가며 "정말 문명은 서진할까?"라는 질문을 스스로에게 수없이 던졌다.

로마, 스페인, 프랑스 등에서 맴돌던 문명이 19세기 영국으로 20세기에는 미국으로 건너가 분명 서진했다. 이후 그 문명은 잠시 일본을 들렀다가 한국을 거쳐 중국으로 넘어가고 있는 것일까? 이에 대한 해답을 찾기 위해 하버드대 교정에서 많은 사람과 대화를 나눴다. 상당수 사람들이 문명이 중국을 향하고 있다는 방향성에 동의하면서도 흔쾌하지는 않았다.

1996년 미국의 1/30에 불과했던 중국의 국방예산이 2020년 1/4에 불과하다는 사실은 미국인들에게 아직 안도감을 주고 있다. 미국은 '자유와 공정을 추구하는 민주주의 시스템과 기회의 나라', '창의력이 강점인 나라'라는 자부심이 그들을 위로하고 있는 것은 분명하다. 그러나 이미 중국의 구매력이 미국을 앞섰다는 점에 대해서는 심리적 압박감을 느끼고 있었다. 분명 미국인들에게는 중국으로 향하는 문명에 대한 두려움이 있었다.

내가 이 책을 마무리할 즈음인 2023년 10월 케임브리지 하버드대 교정에서는 이스라엘-팔레스타인 전쟁에 대한 우려와 공포가 급습하는 가운데 러시아-우크라이나 전쟁은 마치 먼 나라 이야기처럼 느껴졌다. 그러나 중국 문제에 대한 논쟁은 식지 않았다. 시진핑의 중국에 대해서는 바람만 스쳐도 시선이 꽂혔다.

하버드대 교실에서나 포럼에서 중국을 바라보는 미국의 눈이 이러한데 하물며 한국은 어떠하냐는 질문도 많이 받았다. 그럴 때마다 '고래싸움과 대한민국'을 얘기했다.

6·25 전쟁 이후 전쟁 없는 70여 년이 흘렀다.

전쟁이 없는 그 70년 동안 한국은 인구 5천만 명 이상 국가 가운데 1인당 국민소득 3만 달러를 넘어선 유일한 국가가 되었다. 1, 2차 세계대전에 실질적으로 가담했던 6개국—영국·프랑스·미국·독일·일본·이탈리아 다음으로 인구 5,000만 명, 1인당 국민소득 3만 달러 이상으로 발전한 나라는 2차 세계대전 이후 한국이 유일하다.

지금 세상은 다시 100년 전 1, 2차 세계대전 직전의 양상과 흡사하게 돌아가고 있다. 지구상의 패러다임 재편이 시작된 것이다. 그것은 중국의 부상이 가져온 변화다.

100년 전의 한국과 지금의 대한민국은 비교할 수 없을 만큼 위상이 다르다. 1, 2차 산업혁명이 낳은 기계산업이 자동차 시대를 알렸을 때 한국은 아예 지구상에서 존재의 의미를 부여하기 힘들만큼 초라했다. 3, 4차 산업혁명이 가져온 전자시대, 디지털 시대는 단군 이래 한국이 가장 뚜렷한 존재감을 드러낸 국가 부흥기다.

100년 전의 중국도 역시 굴욕의 세기에 있었다. 19세기 중반 아편전쟁에서 패한 중국은 영국, 일본, 러시아에 영토를 잇달아 점령당했다. 그런 중국이 다시 용트림을 하고 있다. 미·중 수교 이후 1978년부터 2007년까지 30년간 연간 10%의 경제성장률을 보인 나라 역시 중국이 유일하다.

시진핑의 중국몽中國夢은 19세기 아편전쟁 이전의 중국의 위상을 되찾고 2050년 즈음엔 미국의 패권을 넘겨받겠다는 야심찬 구상이다. 하지만 청년 실업률이 20%를 넘어서고 부동산 위기와 함께 지방정부의 부채가 중국 경제를 위협하는 상황을 타개해야 하는 난제가 놓여 있다. 중국의 노령인구가 급격히 늘어나고 있다는 점 또한 극복해야 할 과제다.

중국의 노령화 문제와 관련, 2023년 10월 30일 시진핑 주석이 "여성은 가정으로 돌아가 아이를 낳도록 지시했다"는 〈뉴욕타임스〉의 보도에서도 시대착오적 권위주의가 배어나오는 대목이지만 한편으로는 중국의 인구문제에 대한 우려와 정책적 변화가 감지된다.

무에서 유를 창조하다시피 한 한국의 저력이 무엇이냐고 묻는다면 그것은 '교육열'로 요약될 수 있다. 그러나 지나친 경쟁의식에 매몰된 한국의 교육열은 아이러니하게도 한국을 소멸 국가로 만들지 모른다는 두려움을 불러일으키고 있다.

합계출산율 0.6 시대를 눈앞에 둔 한국은 이곳 하버드대의 인구문제 학자들 사이에서 많은 관심이 쏠리는, 매우 중요한 사례로 꼽히고 있다. 한국인들의 지나친 '경쟁의식'이 인구감소의 중요 원인으로 귀결된다는 하버드대의 연구결과는 저출산 정책을 말로만 걱정하는 대한민국에 너무나 뼈아픈 지적이다.

인공지능 시대 챗GPT의 등장은 '암기시대의 종말'을 예고하고 있다. 암기 위주의 교육이 만든 한국의 신화에 경고등이 들어왔다. 챗GPT의 등장은 한동안 한국의 젊은이들을 들뜨게 하던 스타트업 시장에도 찬물을 끼얹었다. 스타트업이 할 수 있는 일들을 생성형 AI가 빨아들이고 있다. 다시 자본집약적인 거대한 것만이 살아남을 것 같은 구조로 산업이 움직이고 있다. 마치 1, 2차 산업혁명 후 중화학공업으로 대표되는 거대자본의 탄생이 세상을 지배하던 시기로 회귀되는 모양새다.

3, 4차 산업혁명의 결과물들도 지금 거대자본의 지배력 아래로 다시 들어가고 있다. 그런데 그 자본의 크기가 우리의 상상을 초월할 만큼 커지면서 초강대국들의 놀이터로 변모하며 기울어진 운동장이 되고 있다.

미국의 자본주의와 중국의 국가자본주의가 충돌하는 그 경계선에서 한국의 생존전략은 무엇일까? 전자시대에 확실한 존재감을 드러낸 한국은 21세기 다가오는 양자시대를 어떻게 준비해야 할까? 더 이상 나눌 수 없다는 에너지의 최소 단위 양자의 시대에 살아가려면 우리는 무엇을 해야 하나? 아이들에게는 무엇을 가르쳐야 하나?

이젠 혁신만으로도 부족하다.

이젠 판을 갈아엎는 새로운 패러다임이 요구되고 있다. 교육도 경제정책도 새로운 건설적 파괴가 필요하다. 새로운 패러다임과 제도가 필요하다.

자동차 산업은 영국에서 시작했다. 그러나 영국은 기득권에 안주해 자동차가 마차보다 빨리 달릴 수 없도록 〈붉은 깃발법〉을 만들었다. 결국 자동차 산업의 주도권은 미국으로 넘어갔다. 영국의 패권도 함께 미국으로 넘어갔다.

그동안 한국은 반도체에, 그것도 메모리 반도체에 너무 취해 있었다. 한국의 상징인 메모리 반도체는 똑같은 것을 반복적으로 만드는 대량생산이 가능한 제품이다. 반복적 학습과 암기에 강한 한국인의 특성과도 유사하다. 그런데 이제 그 반복적 학습과 암기는 인공지능의 영역이 되어 버렸다.

한국도 다시 깨어나야 한다.

6·25 전쟁 이후 이룩한 '반도체강국 대한민국', 'K-POP', 'K-드라마', 'K-FOOD', 'K-코스메틱'을 지속 가능한 세계의 것으로 만들기 위해서는 우리 스스로 알을 깨고 나와야 한다.

이 책 《반도체 주권국가》는 21세기에도 이어질 기술패권의 중심에 있는 반도체를 통해 우리 스스로를 돌아보고 미래를 준비해 보자는 생각에서 쓰였다. 《칩 워》의 저자 크리스 밀러가 내게 얘기한 것처럼 앞으로 반도체 산업에는 중국과 중국 아닌 나라들의 공급망이 형성될 것이고 기술경쟁이 시작될 것이다.

중국과의 초격차 전쟁을 벌여야 하고, 일본의 반도체 재무장이 예고된 상태에서 우리의 위치는 어디이고 우리는 어디를 향해 가야 하는가?

올해 92세인 TSMC의 창업자, 모리스 창은 2023년 10월 뉴욕 아시아 소사이어티에서 열린 특별대담에서 투키디데스의 함정을 언급하며 "미국과 중국이 서로를 향해 화를 내고 있는 것 같다"고 걱정했다. 그는 "우리의 유일한 희망은 상황이 심각해지지 않기를 바라는 것"이라며, "미국은 여전히 세계의 희망"이라고 말했다.

모리스 창은 TSMC의 경쟁상대가 누구냐는 한국계 김영준 변호사의 질문에 "우리의 경쟁상대는 없다"는 자신감을 드러냈다.

그러나 한국은 도전해야 할 과제가 아직 많이 있다. 경쟁상대가 있다. 여기서 멈출 수는 없다. 한국은 다시 달려야 한다. 그래서 끝까지 살아남는 존재가 되어야 한다.

반도체 주권국가!

그것은 대한민국 존재의 이유가 될 것이다. 6·25 전쟁 이후 지난 70년의 역사를 통해 후진국에서 개발도상국으로, 개발도상국에서 선진국으로 진입한 유일한 나라, 저력 있는 대한민국은 이제 반도체 주권국가로의 확고한 입지를 구축하고 선진, 선도국가의 대열에 합류해야 한다.

박영선, 강성천, 차정훈.

세 사람의 인생에 녹아 있는 경험의 축적을 여러분과 함께 나누면서 우리도 이제 희망을 얘기하고 싶다.

레바논의 시인 칼릴 지브란은 "우주의 비밀을 가로막는 문은 없다"고 했다. "마음이 무한한 우주에 펼쳐지는 문"이라고 〈우주의 비밀〉이라는 시에서 노래했다. 이제 다시 대한민국은 무한한 마음의 문을 열고 우리의 희망을 무한대로 펼쳐야 한다. 우리의 희망을 우주로 쏘아 올려야 한다.

나남출판 원고지

나남출판 원고지